BILLAUD VARENNE

MÉMOIRES
ET
CORRESPONDANCE

Il a été tiré de cet ouvrage :

25 exemplaires sur papier de Hollande,
475 — sur papier vélin.

OUVRAGES DU MÊME AUTEUR

CURIOSITÉS RÉVOLUTIONNAIRES :

1º **Notice sur Maximilien Robespierre et sur Joseph Lebon**, avec des lettres inédites. — Annuaire de la Société des *Amis des Livres*, année 1889 ; Paris, chez Conquet, libraire.

2º **Mlle de Sombreuil et le Verre de sang**, d'après un document inédit. — Annuaire de la Société des *Amis des Livres*, année 1890.

3º **Le Massacre de la princesse de Lamballe, dans la prison de la Force**, d'après un document inédit, avec le fac-simile d'une lettre de Marie-Antoinette. — Annuaire de la Société des *Amis des Livres*, année 1891. — Il a été fait un tirage à part de 25 exemplaires in-8º.

4º **Saint-Just ; son emprisonnement sous Louis XVI**, en exécution d'une lettre de cachet, avec la reproduction du cachet à la guillotine. — Annuaire de la Société des *Amis des Livres*, année 1892. — Il a été fait un tirage à part de 30 exemplaires in-8º.

5º **Le Registre d'écrou de la Bastille de 1782 à 1789.** — *Nouvelle Revue* du 1er décembre 1880. — Il a été fait un tirage à part de 100 exemplaires in-8º sur papier de Hollande.

EN PRÉPARATION

DOCUMENTS HISTORIQUES :

1º **Le Journal de la Bastille**, du 15 mai 1782 au 14 juillet 1789, rédigé par le major de Losme, massacré le 14 juillet 1789 ; accompagné de renseignements sur les officiers de l'état-major de la Bastille et sur les prisonniers détenus pendant cette période. Un fort vol. in-8º.

2º **Les Lettres de cachet**, mémoire historique rédigé par M. de Malesherbes, et accompagné de documents complémentaires. Un vol. in-8º.

Tous droits de reproduction et de traduction sont réservés.

BILLAUD VARENNES

*Député par le Dép.t de Paris à la Conv.on Nat.le
Condamné à la déportation l'an 4 de la Rép.*

CURIOSITÉS RÉVOLUTIONNAIRES

BILLAUD VARENNE

MEMBRE DU COMITÉ DE SALUT PUBLIC

MÉMOIRES INÉDITS

ET

CORRESPONDANCE

ACCOMPAGNÉS DE NOTICES BIOGRAPHIQUES

SUR

BILLAUD VARENNE ET COLLOT-D'HERBOIS

PAR

Alfred BEGIS

DE LA SOCIÉTÉ DES *AMIS DES LIVRES*

Précédés de deux portraits

PARIS

LIBRAIRIE DE LA *NOUVELLE REVUE*

18, BOULEVARD MONTMARTRE, 18

1893

PRÉFACE

Les historiens de la Révolution Française, le *Moniteur universel* et les autres journaux politiques du temps nous fournissent en abondance des renseignements de toute nature sur la vie politique de Billaud Varenne ; ils nous le représentent comme l'un des principaux agents de la Révolution, et comme l'un des membres les plus actifs et les plus influents du Comité de Salut public. Suivant la marche des événements et suivant les circonstances, nous le voyons se signaler par des mesures d'une rigueur exceptionnelle, à côté de Collot-d'Herbois, son collègue et son ami, tous deux dominés et entraînés par Robespierre et par Danton, qu'ils avaient acceptés pour chefs.

Cependant, Billaud Varenne et Collot-d'Herbois n'avaient pas fait pressentir, avant 1789, qu'ils pourraient un jour mener une existence politique aussi militante, ni qu'ils oseraient participer avec éclat aux mesures révolutionnaires les plus violentes. Tous deux avaient des goûts littéraires très prononcés, et ils avaient composé, l'un et l'autre, des poésies en l'honneur de Louis XVI, de Marie-Antoinette, des princes et des princesses de la Cour. Mis en rapport à l'occasion de leurs travaux pour le théâtre, et bientôt liés d'amitié, ils entrèrent ensemble dans la carrière politique, et ils la parcoururent à côté l'un de l'autre, d'abord comme membres de la Commune de Paris, au 10 août, mais surtout comme membres de la Convention Nationale et du Comité de Salut public, pendant la Terreur. Après la Révolution du 9 thermidor, ils furent plusieurs fois dénoncés, même par Legendre, leur ancien ami, comme complices de Robespierre. Ils furent mis en accusation, puis déportés à la Guyane, pour avoir exécuté des mesures révolutionnaires, adoptées par le Comité de Salut public et approuvées ou décrétées par la Convention Nationale.

Si la vie publique de Billaud Varenne et sa carrière politique sont bien connues, il n'en est pas de même de son caractère intime et sentimental ni de son existence privée, depuis son départ pour la Guyane jusqu'à sa mort.

Il a laissé un volume de *Mémoires* qu'il a rédigés à Cayenne. Cet ouvrage, transcrit par lui-même et conservé avec soin, est d'une authenticité incontestable. Il nous fait connaître en même temps sa véritable physionomie et le fond de son caractère; il nous révèle, en outre, sa pensée intime sur les événements principaux de la Révolution et particulièrement sur la journée du 9 thermidor.

Disciple de Jean-Jacques Rousseau, il se plaisait à étudier la nature et les passions humaines; aussi commença-t-il ses mémoires par des réflexions morales et philosophiques sur un passage d'un ouvrage du naturaliste genevois Bourrit, intitulé : *Description des cols et pas-*

sages des Alpes (1) et relatif à la pureté des mœurs des habitants d'une contrée de la Savoie. Il les continua par des réflexions amères et chagrines sur le divorce que sa femme avait fait prononcer contre lui, après son départ de France, par le motif, qu'ayant été condamné à la déportation, il était frappé d'une peine afflictive et qu'il était mort civilement; par la description de son existence malheureuse à la Guyane et par des renseignements et des appréciations personnels sur la Révolution et sur certains événements importants, en indiquant dans quelles circonstances ils se sont accomplis, la part qu'il y a prise et leurs conséquences, surtout à son point de vue. Il écrivait cet ouvrage en 1813, alors qu'il était devenu entièrement libre, par suite d'une amnistie générale et pendant que la Guyane était occupée par les Portugais.

Nous avons pensé que la publication de ce

---

(1) *Description des cols et passages des Alpes*, par Bourrit. — Genève, 1803 (an XI). 2 volumes in-8º.

précieux document pourrait servir à faire mieux connaître quelques points de l'histoire de la Révolution Française et l'esprit qui dirigeait ses principaux chefs. Avant d'en reproduire le texte, nous allons donner une notice biographique sur Billaud Varenne et sur sa famille, sur sa déportation et sur son séjour hors de France, tant à la Guyane qu'à Port-au-Prince où il est mort.

Pour compléter cette notice biographique, nous ajouterons quelques renseignements particuliers sur Collot-d'Herbois et sur les principales mesures révolutionnaires qui leur ont été reprochées et qui ont motivé leur déportation. Ces renseignements inédits ou peu connus ont été puisés, pour la plus grande partie, dans des correspondances privées et dans des documents émanant de Billaud Varenne ou de sa famille, et pour le surplus, dans les dossiers des *Archives Nationales* ou de celles du *Ministère de la Marine et des Colonies*.

Ces *Mémoires* ont été publiés par nous dans la *Nouvelle Revue*, les 15 octobre, 1ᵉʳ et 15 novembre 1892. Ils n'ont aucun rapport avec la publication faite en 1821, sous ce titre, par M***, en 2 volumes in-8°, ni avec celle faite dans la *Révolution Française* en 1888, d'après des documents conservés aux *Archives Nationales* et contenant seulement un tableau de la vie de collège, rédigé par Billaud Varenne, avant son arrivée à Paris.

Le manuscrit autographe de ces *Mémoires*, les documents personnels et les lettres originales de Billaud Varenne ou de sa famille font partie de notre collection particulière ; nous nous en réservons expressément la propriété littéraire, comme œuvres posthumes.

Paris, le 7 janvier 1893.

Alfred BEGIS.

BILLAUD VARENNE

NOTICE BIOGRAPHIQUE

Billaud Varenne (Jacques-Nicolas) est né à La Rochelle, le 23 avril 1756. Il était l'aîné de trois frères et le fils de Nicolas-Simond-Marie Billaud, avocat au siège présidial de La Rochelle, et de dame Henriette-Suzanne Marchand; il a fait ses études classiques à Paris, au collège d'Harcourt, et, en 1774, son père, qui le destinait au barreau, l'envoya à Poitiers pour y faire ses études de droit. A la fin de l'année 1778, ayant obtenu son diplôme d'avocat, il retourna à La Rochelle, auprès de son père qui occupait alors le premier rang parmi les avocats de cette ville et qui espérait que son fils, ayant terminé de brillantes études, pourrait bientôt lui succéder.

Pendant quelques années, le jeune Billaud vécut paisiblement au milieu de sa famille, travaillant avec son père et se préparant à suivre la même carrière. Il employait ses loisirs à cultiver ses goûts littéraires. Doué d'une mémoire exceptionnelle, il apprit les chefs-d'œuvre de nos poètes tragiques; il les déclamait, dit-on, avec passion et même avec un certain talent.

En 1781, il avait écrit sur les mœurs relâchées du siècle une comédie intitulée : *La femme comme il n'y en a plus*. Or cette femme était la femme vertueuse. La pièce représentée au théâtre de La Rochelle fut sifflée, et à cette occasion l'on fit circuler ce quatrain :

> Désertant le barreau qui n'y perd pas grand'chose,
> Billaud crut chez Thalie avoir plus de succès ;
> Mais, auteur sans talents, avocat sans procès,
> Quel fruit a-t-il tiré de sa métamorphose ?

Billaud, blessé dans son amour-propre d'auteur, quitta immédiatement La Rochelle et il vint à Paris avec de très faibles ressources fournies par sa famille. Il tenta d'abord d'utiliser sa science du droit, en rédigeant des mémoires pour les procureurs au Parlement et pour les avocats aux Conseils du Roi; mais il ne put se créer ainsi des ressources suffisantes pour subvenir à ses besoins. C'est dans ces circonstances et au mois de mars 1783 que, sur la recommandation de l'évêque de La Rochelle et de celle du procureur général de l'Ordre de la Charité, il entra chez les Oratoriens, au collège de Juilly, en qualité de professeur laïque, dispensé, à ce titre, de porter le costume de l'Ordre. Il fut nommé immédiatement préfet des études. Il se fit aimer de ses élèves et de ses confrères de l'Ordre par sa douceur et par l'affabilité de son caractère.

Malgré la gravité de ses occupations, il trouvait encore le temps de composer des pièces de théâtre. Il fit présenter une tragédie à Larive, comédien ordinaire du Roi, lequel refusa d'en être le parrain. Il fit ensuite présenter une comédie, intitulée *Murgan*, au Théâtre-Italien, par l'acteur Granger, auquel il avait proposé de partager ses droits d'auteur. Il désirait surtout, disait-il, avoir une pièce reçue, afin d'avoir ses entrées libres au théâtre, pendant les vacances. Il ne paraît pas y être parvenu.

Son frère Benjamin, plus jeune que lui de douze ans et resté à La Rochelle avec son père, lui écrivait, le 3 avril 1784, une lettre dans laquelle il lui manifestait l'étonnement que lui avait causé son entrée à l'Oratoire :

« Mon cher Frère,

« Deux années d'absence n'ont point effacé de mon cœur le souvenir d'un frère qui y régnera éternellement. Mon long silence, il est vrai, aurait pu vous paraître condamnable, si vous n'aviez pas aussi bien connu le sincère attachement que j'ai toujours eu pour vous.

« J'ai appris successivement, mon frère, toutes les choses qui vous sont arrivées depuis votre départ de La Rochelle. Votre entrée à l'Oratoire m'a surtout aussi affligé que surpris. Je vous avais toujours cru un très grand dégoût pour ces maisons-là. Sans doute que des raisons très fortes ont pu vous déterminer à y entrer. Je l'ignore, mais ce que je crains, c'est que vous ne soyez pas dans ce nouvel état aussi heureux que je le désirerais.

« Il ne s'est rien passé de bien considérable à La Rochelle, si ce n'est la mort de M. *La Faille*, qui a laissé sa bibliothèque au public, sous la garde de l'Académie.

« Benjamin BILLAUD. »

Sur l'insistance de son père, qui désirait lui voir suivre la carrière du barreau, il remercia le supérieur du collège de Juilly et il revint de nouveau se fixer à Paris, à la fin de 1784. Il s'installa rue de Savoie, n° 21, avec de nouvelles ressources fournies par son père et avec la promesse d'une faible pension. En 1785, il fut inscrit au tableau des avocats au Parlement, sous le nom de Billaud de Varenne, adopté par lui, pour n'être pas confondu avec son père, qui exerçait la même profession, emprunté d'un village des environs de La Rochelle, et dans lequel son père possédait une ferme. Il put enfin trouver dans sa profession des ressources qui, ajoutées à la faible pension fournie par son père, furent suffisantes pour subvenir à ses besoins, d'ailleurs très modérés.

En arrivant à Paris, Billaud Varenne avait rencontré dans sa maison une jeune fille dont il devint amoureux; Georges *Duval*, parlant d'elle dans ses *Souvenirs thermidoriens*, dit *qu'elle était une des plus belles femmes qu'il eût vues*. C'était la demoiselle Anne-Angélique Doye, fille de François Doye et de Anne-Angélique Tebbing. Née en 1766 à Osnabruck, en Westphalie, elle était arrivée à Paris depuis peu et à peu près sans ressources; elle était cependant munie de puissantes recommandations. Élevée dans le culte de la religion protestante, elle se convertit bientôt à la religion catholique et, suivant l'usage admis à cette époque, elle reçut une pension de 150 francs à titre de nouvelle convertie; cette pension lui fut d'abord payée sur les biens du clergé; elle fut ensuite réduite à 60 francs par an et payée par le Trésor national jusqu'en 1793 (*Archives nationales* F⁷ 565). Il est curieux de voir Billaud Varenne recueillant dans son ménage le profit de la conversion de sa femme au culte catholique, même après la publication de son ouvrage intitulé : *Le dernier coup porté aux préjugés.*

Billaud, devenu éperdument amoureux de cette jeune fille, demanda à son père et à sa mère leur consentement pour se marier avec elle. Ses parents refusèrent d'abord de consentir à cette union. Billaud écrivit alors à son père dans ces termes, pour le déterminer à céder :

« Mon père, ce nom est le titre qui me donne des droits sur votre cœur. Dans ce moment je les réclame..... refuseriez-vous de les reconnaître? J'ai depuis deux ans formé une inclination. Des mœurs honnêtes, un caractère doux, une humeur toujours égale, l'âme la plus belle, voilà l'ensemble de celle que je chéris. Cependant, mon père, le parti ne vous a pas paru convenable. Le peu de fortune de Mlle Doye vous a fait douter du bonheur de votre fils. Peut-être encore avez-vous regardé cette inclination comme l'effet d'un caprice et vous avez refusé de resserrer nos nœuds..... une constance de deux ans est la preuve que je ne changerai jamais. Pour la fortune..... de quel prix est-elle, quand elle est mise en parallèle avec la vertu? D'ailleurs, on est toujours heureux, mon père, quand on sait se suffire à soi-même. »

Les parents de la demoiselle Doye n'étaient pas non plus sans inquiétudes en la voyant disposée à contracter un mariage avec un jeune homme sans fortune et à peu près sans état. Billaud, pour les rassurer, écrivit à l'un des frères de celle-ci :

« Vous devez le savoir, Monsieur, les pères ne savent plus que calculer, quand l'amour parle au cœur de leurs enfants, et de là la source de bien des contrariétés. Quoi qu'il en soit, soyez bien persuadé que si je manque de pouvoir, je ne manquerai jamais d'honneur et de probité ; que jamais Mademoiselle votre sœur n'aura à se repentir de la préférence qu'elle daigne me donner ; que toujours elle sera la compagne de ma vie, l'épouse adorée que mon cœur a choisie ; qu'enfin je ne désire devenir votre ami que pour, s'il est possible, la chérir encore davantage. »

Billaud parvint enfin à vaincre cette double résistance et son mariage avec la demoiselle Doye fut célébré à Paris, dans l'église Saint-André-des-Arts, le 12 septembre 1786.

Nous allons reproduire le texte même de l'acte de mariage, d'après les registres de l'état civil détruits en 1871.

« *Paroisse de Saint-André-des-Arts* (1786).

« Le mardi 12 septembre 1786, après la publication des trois bans faite sans opposition dans cette église, les fiançailles ayant été célébrées la veille et les témoins ci-dessous nommés nous ayant certifié les noms, âges, qualités, domiciles, liberté et catholicité des contractants, ont été mariés par nous soussigné, curé de cette paroisse : Jacques-Nicolas Billaud, avocat au Parlement, fils majeur de Nicolas-Simon-Marie Billaud, avocat au Présidial de La Rochelle et de dame Suzanne Marchand, son épouse,

« Et Anne-Angélique Doye, fille majeure de défunt François Doye et de dame Anne-Angélique Tebbing; demeurant rue de Savoie, de cette paroisse;

« En présence du sieur Jules-François de Legall, marquis de Legall, ancien capitaine de cavalerie, demeurant rue du Bac, paroisse Saint-Sulpice; de Charles Lebouc de Forges, procureur au Parlement, demeurant rue du Cimetière, paroisse Saint-André-des-Arts; de Jean-Pierre Lesecq, bourgeois de Paris, demeurant hôtel de la Monnaie, rue Guénégaud, de cette paroisse; et Benoit-Louis Coïn, bourgeois de Paris, demeurant rue de Montmartre, paroisse Saint-Eustache.

« Soussignés : Anne-Angélique Doye, Billaud de Varenne, de Le Gall, Lebouc de Forges, Lesecq, Delisle, Doye.

« Desbois de Rochefort, curé. »

Billaud Varenne, très laborieux et ayant des goûts modestes, se trouva très heureux dans son ménage. Les nuages qui s'étaient élevés à l'occasion de son mariage, entre lui et sa famille, furent bientôt dissipés par l'influence de sa mère, qui avait pour lui la plus vive affection. Il ne l'ignorait pas; aussi les lettres qu'il lui adressait étaient-elles empreintes de l'amour filial le plus profond.

« Ma mère, lui écrivait-il en janvier 1787, avoir mille sentiments à vous exprimer, c'est la tâche ordinaire d'un fils tendre qui veut épancher son cœur. Que de choses n'aurais-je pas à vous dire. Si j'essayais de vous peindre ici tout ce qui se passe dans le mien, souhaits ardents pour votre santé, souhaits sincères pour votre bonheur, voilà les principales impulsions de mon âme. Daignez, ma chère maman, en agréer l'hommage que ma lettre est heureuse de pouvoir vous les porter! Si j'étais à sa place, je joindrais à mon hommage les plus tendres embrassements, et vous verriez qu'une mère, aussi sensible que vous, pourrait se reconnaître dans son ouvrage. »

La profession d'avocat fournissait à Billaud Varenne le complément indispensable de sa pension, pour l'entretien de son ménage. Se contentant alors de peu, il ne pouvait manquer d'être heureux, et il l'était en effet; ce qui comblait surtout ses vœux, c'était son indépendance absolue dans sa nouvelle position sociale, sa profession lui permettant de continuer, sans contrainte, les études, qu'il avait commencées avec passion depuis longtemps, sur les réformes à introduire dans la constitution du clergé, dans le droit public, dans les administrations et sur toutes les questions importantes qui, à cette époque, préoccupaient déjà singulièrement les esprits. C'est alors et au milieu de ses travaux judiciaires que Billaud Varenne eut l'occasion de rédiger des mémoires et des notes d'audience pour Danton, qui avait été nommé avocat aux Conseils du roi, le 5 mai 1787.

A partir de cette époque, désirant sans doute être agréable à sa femme et ajouter à sa considération, il avait adopté, dans ses relations mondaines, le nom de *M. de Varenne*. Nous avons rencontré un billet, de l'écriture de Billaud Varenne, recopié par sa femme, qui ne savait pas assez l'orthographe, et conçu en ces termes :

« Mme de Varenne a l'honneur de souhaiter le bonjour à M. de Chaufontaine et de s'excuser de n'avoir pu faire ce qu'elle lui avait promis, etc. » (*Archives nationales*, F^7 4582^2.)

Nous en avons rencontré un autre, adressé à *M. Billot de Varennes*, rue Saint-André-des-

Arts, vis-à-vis celle des Augustins, postérieurement au 29 septembre 1790, ainsi conçu :

« Legendre (1) et son épouse présente leurs civilités à Monsieur et Madame Billot et prie Monsieur d'entendre ce Mosieur et d'examiner ces pièces. Si votre temps vous le permet, vous obligerez les nommés cy-dessus qui prenc la liberté d'aitre et de se dire vos amis.

« Signé : LEGENDRE. »

C'est le même qui fut élu président de la Convention nationale le 16 brumaire an III.

Le premier ouvrage politique de Billaud Varenne fut intitulé : *Le dernier coup porté aux préjugés et à la superstition.* Terminé en 1787, il ne fut publié qu'au commencement de 1789, sans nom d'auteur, sous la rubrique

---

(1) Legendre (Louis), né à Versailles le 22 mai 1752, était marchand boucher, comme son père, à Paris, rue des Boucheries-Saint-Germain.

de Londres, et introduit secrètement en France ; il formait un volume in-8° de 416 pages. Cet ouvrage, dirigé contre le clergé, ne put être vendu facilement qu'après les événements du mois de juillet 1789 ; une partie des réformes réclamées par lui dans cet ouvrage furent décrétées par l'Assemblée constituante.

Son second ouvrage avait pour objet l'abolition de la royauté. Il était intitulé : « *Despotisme des ministres de France combattu par les droits de la Nation, par les lois fondamentales, par les ordonnances, par les jurisconsultes, par les orateurs, par les historiens, par les publicistes, par les poëtes, enfin par les intérêts du peuple et l'avantage personnel du monarque* ».

Terminé en 1788, cet ouvrage, formant trois volumes in-8°, fut imprimé à Amsterdam en 1789 et introduit secrètement en France ; la plupart des exemplaires furent saisis par la police, et l'auteur, activement recherché, fut obligé de se réfugier chez un de ses amis, pour éviter un emprisonnement.

Le troisième ouvrage de Billaud Varenne fut intitulé : *Le peintre politique ou Tarif des opérations actuelles*. Il fut aussi publié sans nom d'auteur vers le milieu du mois de novembre 1789. Son but était de grouper les événements les plus saillants de la Révolution qui venait de s'accomplir, pour en indiquer les rapports et les conséquences probables. Ce fut la publication de cet opuscule qui détermina son admission au club des Jacobins.

A partir de cette époque, il négligea sa profession d'avocat pour se livrer plus spécialement à l'étude des questions politiques et sociales que soulevait à chaque instant la marche des événements. Il n'avait pas, cependant, cessé de travailler pour le théâtre. Le 29 janvier 1788, il adressait à Suard, pour un concours, un manuscrit dans lequel il avait transformé en *opéra* la tragédie d'*Alzire*, et, d'après une quittance du 8 mars 1792, il avait fait publier, par Duchesne, libraire, diverses pièces de théâtre dont il était l'auteur anonyme, et il avait rédigé l'*Almanach des Théâ-*

tres, pour les années 1792 et 1793. Au moment même du 9 thermidor, il avait en portefeuille les deux premiers actes d'une tragédie allégorique, intitulée *Polycrate* (1), sur les préludes de la Révolution de thermidor; il les avait lus à trois ou quatre de ses collègues :

« Comme j'avais tracé dans ces deux actes tout le plan de la conjuration de Robespierre, en indiquant les moyens dont il s'était servi pour égarer le peuple, et son projet de se rendre le maître de tout, en abattant enfin ce qui lui opposait une résistance forte et insurmontable, je désirais qu'en cas de revers pour les patriotes, il restât après eux un monument qui pût quelque jour éclairer le peuple et devenir le manifeste de la liberté, lorsque l'excès de la tyrannie eut porté la nation à briser ses fers pour la deuxième fois. J'envisageais cette perspective avec d'autant plus

---

(1) Polycrate, tyran de Samos, mis à mort par Cambyse, 524 ans avant Jésus-Christ.

d'assurance que je connaissais assez Robespierre pour savoir que, livré à lui-même, il serait bientôt écrasé sous le poids de sa grandeur, étant incapable de lier dans sa tête deux idées de gouvernement et d'administration ; car tout usurpateur, surtout au milieu d'un peuple immense et instruit, qui ne sera ni politique, ni législateur, ne pourra jamais longtemps conserver sa puissance, uniquement appuyée sur des moyens violents, dont la force est toujours atténuée par les distances, quand elle n'est pas le résultat d'une organisation artistement combinée. »

(Note autographe trouvée dans ses papiers saisis.) (*Archives nationales.*)

« Un ouvrage écrit à la lueur du flambeau des dissensions intestines pouvait en être dévoré par de violentes vibrations.

« Il y avait lieu de croire qu'après ce qui s'était passé dans la journée du 8 thermidor, le lendemain serait plus orageux encore. Saint-Just a dit dans son dernier discours : *Quel-*

qu'un, cette nuit, a flétri mon cœur. Cette flétrissure était l'effet d'un combat de l'avant-garde. Il fallait donc mettre les bagages en sûreté pour le moment de la bataille. Saint-Just, cette nuit-là même, avait annoncé son acte d'accusation pour la séance du 9. Il n'y avait donc plus de doute que ce jour-là devait réaliser la proscription des premières victimes choisies par le tyran et le couronner ou le précipiter lui-même, avec ses complices, du haut de la *roche tarpéienne*, suivant leurs propres expressions.

« Une heure avant cette fameuse séance, j'allai chez un de mes amis pour lui confier mon ouvrage. Il m'observa que si Robespierre triomphait, ses coups n'épargneraient aucun patriote ardent; qu'ainsi mon travail serait également exposé dans les mains de mon ami, comme j'avais tracé dans ces deux actes... »

(Note autographe trouvée dans ses papiers saisis.) (*Archives nationales.*)

Cette tragédie ne s'est pas retrouvée parmi ses papiers.

En 1790, à l'occasion des troubles de Nancy, Billaud Varenne publia une nouvelle brochure intitulée : *Plus de ministres au point de grâce. Avertissement donné aux patriotes français et justifié par quelques circonstances de l'affaire de Nancy*, par M. *Billaud de Varenne, de la Société des Amis de la Constitution.* A Paris, chez Denné, 1790, in-8° de 54 pages.

Cet opuscule était dirigé contre les ministres et contre MM. de Bouillé et de Lafayette.

Malgré ces publications hostiles aux ministres et au Roi, Billaud Varenne avait demandé au garde des sceaux la place de commissaire du Roi, avec la recommandation de M. de Quinson, receveur général du clergé de France, lequel, dans une lettre qu'il lui adressait le 11 octobre 1790, s'excusait de ne pouvoir lui être utile dans cette circonstance, parce que le choix du commissaire du Roi était déjà fait.

Après le départ du Roi et par suite de son arrestation à Varennes, Billaud Varenne proposa au club des Jacobins, à la séance du 1er juillet 1791, de substituer le gouvernement *républicain* au régime monarchique. Sa proposition fut très mal accueillie; il fut successivement rappelé à l'ordre, hué, accablé d'injures et expulsé de l'assemblée. Indigné, il se rendit immédiatement au *club des Cordeliers*, dont il était membre; à son entrée, tous les membres de la Société, informés de ce qui venait de se passer au club des Jacobins, se levèrent, l'applaudirent et jurèrent haine mortelle à la royauté. Danton, qui présidait la séance, embrassa Billaud Varenne avec attendrissement, lui donna l'accolade fraternelle et le fit asseoir à sa droite. A partir de ce jour, Billaud Varenne fut très lié avec Danton et avec Legendre, qui paraissaient diriger déjà le mouvement révolutionnaire.

Il publia, au mois d'août 1791, un ouvrage contenant le plan d'un gouvernement républicain et intitulé: *L'Acéphocratie ou le gouvernement fédératif démontré le meilleur de tous, pour un grand empire, par les principes de la politique et les faits de l'histoire, par M. Billaud de Varenne, auteur de plusieurs ouvrages poli-*

tiques. A Paris, l'an 2⁰ de l'acheminement à la liberté. 1791, in-8⁰ de 80 pages, *dédié aux Français qui veulent être libres.*

Cet ouvrage n'était que le développement du discours qu'il avait tenté de prononcer, le 1ᵉʳ juillet, au club des Jacobins. De nouvelles poursuites judiciaires furent dirigées contre lui à cette occasion et il fut encore obligé de se cacher chez son ami Dulaure, rédacteur du journal *le Thermomètre du jour.*

Il fut réintégré au club des Jacobins le 24 juillet 1791. Il y prononça successivement d'importants discours sur l'émigration, sur la guerre, sur le salut public et sur le camp à former sous Paris. Il fut élu secrétaire de cette assemblée le 17 avril 1792, puis vice-président le 2 juillet suivant. Il fut élu aussi juge suppléant du 4ᵉ arrondissement de Paris le 6 mars 1792 et, appuyé par Danton et par Legendre, il fut élu le 9 août, par la section du Théâtre-Français, commissaire de la Commune insurrectionnelle de Paris et substitut de Manuel, procureur de la Commune de Paris. Il était en fonctions pendant les massacres de septembre ; il fut accusé d'avoir encouragé et excité les massacreurs, en les assurant du payement du salaire qui leur avait été promis pour leur besogne.

Il fut élu à Paris, le 7 septembre 1792, pendant les massacres, membre de la Convention nationale, avec ses amis Danton, Legendre et Collot d'Herbois, en même temps que Marat, Tallien, Paris et Sergent. A l'occasion de son élévation à ses diverses fonctions et des événements qui venaient de se passer à Paris, son frère Benjamin lui écrivait de La Rochelle, le 14 août 1792, avec cette suscription : Monsieur Billaud Varenne, procureur adjoint de la Commune de Paris. Il le félicitait de ses succès, bien dus à son mérite et il lui faisait pressentir de nouveaux progrès dans son élévation :

« C'est avec une joie inexprimable, mon cher frère, que je viens d'apprendre de mon père l'honorable fonction que l'on vient de vous donner à remplir. Je suis charmé que l'on soit à Paris plus exact et plus prompt à récompenser le mérite qu'on ne l'est à La Rochelle, où vous languiriez peut-être encore dans une triste obscurité, si vous n'aviez pas eu la sagesse et le courage de vous en arracher. Je suis persuadé, mon frère, qu'avec les talents que vous avez reçus de la nature et les bons sentiments de patriotisme que vous faites éclater, on ne vous laissera pas longtemps dans le poste où l'on vous a placé et qu'on ne vous en fera sortir que pour vous élever encore plus haut. Je vous avoue que j'avais besoin de cela pour m'aider à supporter la perte d'une partie de nos biens et celle de notre malheureux frère qui, peut-être en ce moment, ne vit plus (1). J'ai encore la satisfaction d'être persuadé que vous ne courez point après les honneurs et après les emplois et que vous attendez patiemment et en philosophe qu'ils viennent vous trouver. Tout cela, mon frère, me cause une joie pure et me fait espérer que vous aurez l'art d'enchaîner la Fortune et

(1) Henri Billaud, son frère, était parti en 1782 pour l'île de Saint-Domingue, où des troubles venaient d'éclater.

de fixer son inconstance. Si mes principes ne s'accordaient pas avec les vôtres, vos succès et vos raisons donneraient un terrible ébranlement à ma façon de penser. Quoi qu'il en soit, mon frère, ménagez votre santé et soyez aussi heureux que je le désire, vous le serez autant que vous le méritez.

« B. Billaud. »

« *P. S.* — Comme il y a au moins six mois que je n'ai eu le plaisir de vous écrire et que vous ignorez sans doute le motif d'un si long silence, il n'est pas inutile de vous en informer en peu de mots. Ce n'est pas assurément le temps qui m'a manqué, encore moins le désir de me livrer à une occupation si agréable, mais bien la certitude qu'il ne vous resterait pas toujours autant de loisirs pour lire mon barbouillage, que j'en aurais pour le composer. Mille amitiés, mon frère, à mon aimable sœur. Il n'y a que vous qui puissiez bien lui rendre tout ce que je sens pour elle. Mon père et ma mère sont en bonne santé. »

Désormais, son influence politique allait en grandissant, à cause de son énergie et des principes qu'il avait manifestés. Nommé président du Club des Jacobins, le 18 février 1793, il fut élu président de la Convention nationale le 5 septembre suivant et il fut nommé le lendemain membre du Comité de Salut public, avec son ami Collot-d'Herbois. Il fut chargé, avec ce dernier, de rédiger la correspondance adressée aux représentants du peuple en mission dans les départements, pour l'organisation du Gouvernement révolutionnaire, et aux autorités constituées. Ils se distinguèrent parmi les membres les plus actifs et les plus violents du Comité.

Leurs travaux considérables ne les empêchaient pas de prendre part aux grandes discussions de la Convention nationale. Parmi les discours et les rapports importants de Billaud Varenne, rédigés et prononcés surtout pour être imprimés et distribués aux armées, aux municipalités et aux Sociétés populaires des départements, nous pouvons signaler : son discours du 15 juillet 1793 sur les résultats de la Révolution du 31 mai et de l'arrestation des Girondins ; son rapport du 25 brumaire an II sur un mode de Gouvernement démocratique et sur sa vigueur utile pour contenir l'ambition et pour tempérer l'essor de l'esprit militaire ; sur le but politique de la guerre entreprise ; et sur les nécessités d'inspirer l'amour des vertus civiles par des fêtes publiques et des institutions morales. Ces deux derniers rapports, très hardis et très habiles, eurent un grand retentissement et une grande influence sur la marche du Gouvernement révolutionnaire.

Collot-d'Herbois avait été détaché un instant par la Convention, sur la demande de Robespierre, et envoyé en mission à Lyon, dont le siège avait pris fin le 9 octobre 1793 (18 vendémiaire an II). La Convention nationale avait rendu le 21 du même mois un décret contenant ces dispositions :

« La ville de Lyon sera détruite. Tout ce qui

fut habité par le riche sera démoli. Il ne restera que la maison du pauvre, les habitations des patriotes égorgés ou proscrits, les édifices spécialement employés à l'industrie, et les monuments consacrés à l'humanité et à l'instruction publique.

« Le nom de Lyon sera effacé du tableau des villes de la République.

« La réunion des maisons conservées portera désormais le nom de ville affranchie.

« Il sera élevé sur les ruines de Lyon une colonne qui attestera à la postérité les crimes et la punition des royalistes de cette ville, avec cette inscription :

« Lyon fit la guerre à la Liberté ;
Lyon n'est plus,
Le dix-huitième jour du premier mois,
L'an deuxième de la République française
une et indivisible. »

Collot-d'Herbois, depuis le 17 brumaire, organisa dans cette ville une répression sauvage ; il établit, avec ses collègues : Fouché,

Albitte et Delaporte, le 7 frimaire an II, une Commission révolutionnaire présidée par Parein, pour juger tous les prisonniers, en ordonnant « que tous les condamnés seraient conduits en plein jour, en face du lieu même où les patriotes furent assassinés, pour y expier, sous le feu de la foudre, une vie trop longtemps criminelle. »

La première fournée de Parein, soumise au feu de la foudre dans la plaine des Brotteaux, le 14 frimaire, se composait de 60 jeunes gens qu'on venait d'extraire de la prison de Roanne. Ils furent placés sur une levée d'environ 3 pieds de large, entre deux fossés parallèles, propres à servir de sépulture, et que bordait en dehors, le sabre à la main, une double haie de soldats; ils étaient garrottés deux à deux et à la suite les uns des autres, sous la direction des canons braqués par derrière. Sans faiblesse, en considérant cet appareil formidable, ils chantaient lorsque l'horrible décharge emporta leurs membres, pour les aller disperser à quelques pas d'eux; elle ne les arracha pas entièrement à la vie. Les soldats franchirent les fossés, les frappèrent à coups de sabre, et ce n'est qu'après que ce massacre eut duré plus de deux heures, que ces infortunés cessèrent de respirer et de souffrir.

Le lendemain, ce genre de supplice fut appliqué, d'une autre manière, sur 210 prisonniers rassemblés pour cette affreuse expérience. Tous comparurent devant le tribunal, qui ne prit même pas la peine de les interroger, et leur jugement fut prononcé sur la place des *Terreaux*, au bas du perron de l'hôtel de ville, en présence d'une grande multitude que ce spectacle avait attirée. Ils furent conduits par des gendarmes sur la place des Brotteaux, les mains liées derrière le dos par une corde attachée à un câble, fixée à chacun des arbres d'une longue allée de saules. Ils ont en face les soldats qui vont les fusiller et deux canons prêts à leur donner la mort. Le signal étant donné, leurs membres volent épars; ceux dont les bras se trouvent emportés ne tiennent plus au câble, ils fuient; la cavalerie part et les achève à la course; d'autres, en se baissant, évitent la décharge. La plupart, qui n'étaient que mutilés, criaient à leurs bourreaux : « Achevez-moi, ne nous épargnez pas! » Et les soldats n'hésitaient point à tomber sur les uns et les autres, à coups de sabres et de baïonnettes. Quelques-uns respiraient encore le lendemain lorsqu'ils furent dépouillés et inhumés avec les autres, par des fossoyeurs révolutionnaires, qui les achevèrent à coups de pelles et de pioches, et couvrirent leurs corps avec de la terre et de la chaux.

Collot-d'Herbois fut obligé d'avouer cet épouvantable massacre dans le rapport qu'il fit à la Convention sur sa mission, le 24 nivôse an II : « Le canon, disait-il, a été tiré une fois seulement sur soixante des plus coupables. Ces dispositions terribles ne furent pas assez rapides, et leur mort a duré trop longtemps. Tout commandait une sévérité inexorable et prompte, prescrite d'ailleurs textuellement par les décrets. »

La Convention approuva les mesures prises

par les représentants du peuple à Commune-Affranchie.

Collot-d'Herbois, plus sincère et plus explicite, le même jour au club des Jacobins, déclara que, dans son rapport fait à la Convention, il avait été obligé d'employer toutes les ressources de l'art, toutes les circonlocutions pour y justifier sa conduite à Lyon.

« On nous accuse, dit-il, d'être des anthropophages, des hommes de sang ; nous avons fait foudroyer 200 conspirateurs d'un coup et on nous en fait un crime. Ne sait-on pas que c'est encore une marque de sensibilité ? Lorsqu'on guillotine 20 coupables, le dernier exécuté meurt 20 fois, tandis que ces 200 conspirateurs périrent ensemble. La foudre populaire les frappe et, semblable à celle du ciel, elle ne laisse que le néant et les cendres.

« Plusieurs soldats de l'armée révolutionnaire avaient été logés chez les bourgeois, chez des aristocates, qui leur avaient fait prendre de fausses idées sur les grandes mesures à l'exécution desquelles ils étaient appelés.

« Les femmes surtout ont employé tous les artifices, et les femmes sont toutes contre-révolutionnaires à Commune-Affranchie. Elles ont pris pour patronne Charlotte Corday. Tout ce que leur sexe offre de plus attrayant, tout ce que des formes aimables ont de plus enchanteur a été mis en usage pour séduire cette armée qui nous était si nécessaire. Les philtres amoureux, les charmes ont été préparés par ces femmes qui prodiguaient avec rage la prostitution et l'adultère. Mais je dois, à l'honneur de la masse de cette armée, dire qu'elle a déconcerté par ses mépris ces manœuvres infâmes de la séduction. Seulement quelques valets de nobles, quelques laquais d'émigrés, vomis par les aristocrates de Paris pour désorganiser cette armée, se sont roulés avec elles dans la fange. L'armée nous les a dénoncés et nous les avons fait mettre en état d'arrestation. »

6,000 Lyonnais périrent en 7 mois : 2,000 par la guillotine, en 55 exécutions, variant depuis 2 jusqu'à 67 condamnés, et 4,000 en 19 exécutions par la mitraillade et par la fusillade. La guillotine était réservée à certains personnages importants et aux femmes. L'échafaud était dressé à l'extrémité de la place des Terreaux, vis-à-vis de la rue Saint-Pierre.

La dernière fusillade eut lieu le 23 pluviôse.

La commission révolutionnaire fonctionna jusqu'au 24 germinal et, pendant les 2 derniers mois la guillotine fut seule employée.

On a prétendu qu'en faisant exécuter ces massacres, Collot d'Herbois avait voulu se venger des habitants de Lyon, qui l'avaient sifflé quand il jouait, comme acteur, sur le théâtre de Lyon, quelques années auparavant.

Au mois de messidor an II, après avoir fait rendre par la Convention, le 22 prairial, un décret qui dispensait d'instruction préparatoire les procès soumis au tribunal révolutionnaire et supprimait le ministère des avocats et des défenseurs des accusés, le Comité de Salut public avait imaginé de toutes pièces, et contre toute vraisemblance, une prétendue conspiration organisée dans toutes les prisons de Paris entre les prisonniers qu'on y avait amenés de tous les points de la France, au nombre de plus de 7,500, et qui, étrangers les uns aux autres, n'avaient aucun lien entre eux.

Lesage, d'Eure-et-Loir, a dit à la séance du 3 ventôse an III : « Cette invention infernale remonte aux 2 et 3 septembre 1792 ; c'est dans les premiers jours de deuil qu'on imagina que des hommes enfermés, souvent chargés de fers, toujours sans armes, conspiraient contre la liberté et la sûreté du peuple français, et que leur mort seule pouvait expier ce crime. »

Le Comité de Salut public fit publier dans ses journaux que les prisonniers avaient projeté de se révolter pour s'emparer des clefs et ouvrir les portes de leurs prisons, de se transporter au Comité de Salut public et d'en poignarder tous les membres et, par son arrêté du 7 messidor, il chargea les administrations de police et tribunaux de rechercher dans les prisons de Paris ceux qui avaient particulièrement trempé dans les diverses conjurations. A partir de cette époque, les condamnations à mort, qui étaient de 152 en germinal, de 516 en prairial, se sont élevées à 798 en messidor et à 336 pendant les neuf premiers jours de thermidor. L'administration de police et tribunaux, sous la direction d'Hermann, avait proposé de purger en un instant les prisons et de déblayer le sol de la liberté de ces immondices et de ces rebuts de l'humanité, ajoutant que justice serait ainsi faite et qu'il serait alors plus facile d'établir l'ordre dans les prisons. Le nombre des prisonniers, qui était de 1338 le 25 juin 1793, s'élevait à 7,466 le 24 juin 1794 (6 messidor). Le procédé adopté par le Comité de Salut public, pour être moins expéditif, ne comportait pas cependant de longs retards. Des listes de 50, 60 et même de 150 prisonniers à juger le même jour, furent remises à Fouquier-Tinville, qui, en fonctionnaire obéissant et dévoué, les faisait juger en une seule audience, sans débats et sans défenseurs ; le soir même les condamnés étaient exécutés. C'est ainsi qu'il fut procédé, le 5 floréal an II, contre les 37 victimes de Verdun, dont 7 femmes et 7 jeunes filles, chantées par Victor

Hugo dans une ode célèbre, intitulée : les *Vierges de Verdun*.

Cependant, malgré son ardeur et son dévouement, Fouquier-Tinville éprouva un jour une hésitation. Il avait eu des scrupules en recevant une liste de 154 prisonniers à juger le même jour. Tout en faisant rédiger l'acte d'accusation et préparer dans la salle des Pas-Perdus, au palais de justice, un amphithéâtre et des gradins pour placer tous ces prisonniers, les gardes qui les accompagneraient, les juges, les jurés et le public, toujours assidu à ces sortes de spectacles, il s'était rendu au Comité de Salut public, où il avait rencontré Robespierre, Billaud Varenne, Collot-d'Herbois et Carnot, et il leur avait fait observer que l'exécution d'une aussi grande quantité de personnes le même jour pourrait produire sur le public une impression fâcheuse et il demandait de nouvelles instructions ou la confirmation des ordres qu'il avait reçus. Le Comité de Salut public ajouta à cette liste de 154 personnes les noms de la maréchale de Lévis et des dames de

Vintimille du Luc et Béranger, ses deux filles, toutes trois particulièrement connues de Robespierre et de Carnot, qui avaient été reçus chez elles, à Arras, lorsque le maréchal de Lévis était gouverneur de l'Artois (1), et il décida que cette série serait divisée en trois *fournées*. Fouquier-Tinville se conforma à ces instructions, en ajoutant les noms des dames de Lévis en marge de son acte d'accusation, déjà préparé pour 154 personnes et en formant trois séries qui furent jugées : 60 le 19 messidor ; 50 le 21 et 46 le 22 du même mois. Tous les accusés furent condamnés à mort et exécutés immédiatement.

Les dames de Lévis faisaient partie de la *fournée* du 21 messidor. La précipitation de Fouquier-Tinville et celle des juges du Tribunal révolutionnaire avaient été si grande que le temps matériel d'écrire le jugement leur

---

(1) Le duc de Lévis (François-Gaston), maréchal de France, gouverneur de l'Artois en 1765, mort à Arras le 26 novembre 1787.

Sa femme, Gabrielle-Augustine Michel, fut guillotinée à l'âge de 50 ans; ses filles : Mme de Vintimille du Luc, à l'âge de 28 ans, et Mme Béranger du Gua, à l'âge de 27 ans.

ayant manqué, la minute en est restée en blanc jusqu'à ce jour ; c'est en exécution d'extraits de ce jugement, qui n'existait pas légalement, que Sanson reçut l'ordre de guillotiner les condamnés et qu'il l'exécuta.

Le Comité de Salut public ayant envoyé Joseph Lebon en mission dans le département du Pas-de-Calais et dans les départements voisins, afin d'y établir le gouvernement révolutionnaire, il s'y était signalé par sa rigueur et par ses violences, soutenu par le Comité de Salut public, lequel lui écrivait le 22 brumaire an II, pour l'encourager :

« Le Comité de Salut public applaudit aux mesures que vous avez prises. Rien ne doit faire obstacle à votre marche révolutionnaire. Abandonnez-vous à votre énergie ; vos pouvoirs sont illimités. Tout ce que vous jugerez convenable au salut de la République, vous pouvez, vous devez le faire sur-le-champ.

« Signé : BILLAUD VARENNE, CARNOT, B. BARÈRE, LINDET. »

Le Comité de Salut public, par sa lettre datée du 4 nivôse, envoyée seulement le 4 pluviôse an ıı (23 janvier 1794), adressée à chacun des représentants du peuple en mission dans les départements, fixait les mesures et les principes qui devaient former la base de l'organisation du Gouvernement révolutionnaire et les précautions à prendre pour en assurer la durée :

« Créé au milieu des orages, cher collègue, le Gouvernement révolutionnaire doit avoir la rapidité de la foudre.

« Ne donnons pas le temps aux conspirateurs de réfléchir, aux bons citoyens le temps de désirer.

« Semblable à l'astre qui brûle et dessèche les productions inutiles et nuisibles, alors qu'il mûrit les moissons, le Gouvernement révolutionnaire porte la vie aux patriotes, aux traîtres la mort !.....

« Les fluctuations continuelles, l'instabilité prolongée des gouvernements, ouvrage d'une faction coupable, exigeaient un mouvement prompt et vaste qui lui donnât enfin son aplomb.

« Les développements partiels produiraient des déchirements mortels à la chose publique; que tout vive, sente et marche à la fois.....

« Il est temps enfin de faire mentir, aux yeux des peuples, les *écriveurs* des cours, lâches esclaves vendus à de plus lâches tyrans.

« Ils ont prétendu que le gouvernement républicain ne pouvait avoir l'activité du despotisme.

« Faisons justice de ces impostures liberticides, vengeons la nature, qui créa le génie, des crimes de l'esclavage qui le prostitua.

« Donnons à l'univers le grand spectacle d'une nation renversant au dehors ses ennemis, consolidant ses succès au dedans, et présentant aux peuples un code d'instruction qui doit un jour les consoler de leurs défaites, en les débarrassant de leurs rois, en leur dévoilant le secret de leurs forces.

« Marche, le flambeau d'une main ; éclaire

ceux que d'antiques préjugés aveuglent encore ; le glaive de l'autre, frappe les scélérats qui ne prêchent le ciel que pour mieux dévorer la terre ; tolérant pour les premiers, sois terrible aux conspirateurs. Satellites du dernier tyran, ils doivent périr comme lui. Son échafaud, qui fume encore, réclame leurs têtes ; ton énergie saura les abattre.....

« Salut et fraternité.

« Signé : Collot-d'Herbois,
Billaud Varenne. »

Cette longue circulaire, d'après la minute originale, conservée aux Archives nationales, est écrite presque entièrement par Billaud Varenne ; le surplus est corrigé par lui.

Nous savons comment Joseph Lebon a usé de ses pouvoirs illimités jusqu'au 9 thermidor, à Arras et à Cambrai, couvrant cette région de sang et de proscriptions. Depuis, la Convention nationale, ayant reçu de nombreuses dénonciations contre lui, le fit arrêter le 15 thermidor, le mit en accusation et le renvoya devant le Tribunal criminel d'Amiens, lequel, après des débats qui occupèrent 20 séances, le condamna à mort le 13 vendémiaire an IV. Il fut guillotiné le 24 du même mois, revêtu d'une chemise rouge.

Parmi les représentants du peuple envoyés par la Convention nationale en mission dans les départements de l'Ouest, dirigés, surveillés et encouragés par le Comité de Salut public, nous devons encore signaler Carrier, qui se distingua particulièrement à Nantes par sa cruauté, en faisant noyer dans la Loire un grand nombre de prisonniers, évalués à 5,000, en en faisant fusiller d'autres, en faisant guillotiner sans jugement, les 27 et 29 frimaire, 512 Vendéens, dont 4 enfants et 7 femmes, et en faisant mourir ainsi un très grand nombre de victimes. Il avait, en outre, ordonné aux généraux de fusiller tous les prisonniers de guerre. Le Comité de Salut public fut informé de tous ces faits, tant par Carrier lui-même, dans sa correspondance, que par Julien fils, ami de Robespierre, envoyé en mission à Nantes. La Convention eut aussi connaissance de ces atrocités commises, contrairement à la loi et à tous les principes de justice et d'humanité. Cependant, elle n'adressa aucun reproche à Carrier; elle fit même insérer à son *Bulletin officiel* des lettres dans lesquelles il lui annonçait qu'il avait fait exécuter ces grandes mesures révolutionnaires. Elle le rappela dans son sein le 20 pluviôse, mais c'était pour ménager sa santé altérée et pour assurer à ses travaux un repos mérité. Cependant, après le 9 thermidor, dénoncé par ses anciens agents et par ses complices, mis en accusation, la Convention nationale ordonna, le 4 frimaire an III, qu'il serait traduit sur-le-champ devant le Tribunal révolutionnaire de Paris. Il fut condamné à mort le 26 frimaire suivant (16 décembre 1796), et il fut exécuté le même jour, sur la place de Grève, au milieu d'une affluence considérable de curieux qui manifestaient une grande joie.

Sur la proposition de Maignet, membre de la

Convention, lequel déclarait qu'il y avait dans le département du Vaucluse 9 ou 10,000 prévenus de rébellion à mettre en jugement ; que s'ils étaient transférés à Paris, il faudrait une armée pour les escorter et déplacer au moins 30,000 citoyens qui seraient appelés en témoignage, le Comité de Salut public, par un arrêté du 21 floréal an II, signé : Robespierre, Collot-d'Herbois, Barère, Billaud Varenne, Carnot, Prieur, Lindet et Couthon, avait établi à Orange une commission populaire, composée de 5 membres, pour juger les ennemis de la Révolution, qui seraient trouvés dans les pays environnants, et particulièrement dans les départements de Vaucluse et des Bouches-du-Rhône.

Cette commission populaire, qui n'était qu'un véritable tribunal révolutionnaire, avait pour président Fauvety, fabricant de bas à Uzès, l'un des jurés *solides* de Fouquier-Tinville, en fonctions depuis le 26 septembre 1793. Elle fut installée par Maignet, qui avait reçu ces instructions du Comité de Salut public :

« Paris, le 29 floréal an 11 de la République
une et indivisible.

*Au citoyen Maignet, représentant du peuple,
à Avignon.*

« Cher collègue,

« Nous te faisons passer une expédition de l'instruction qui va régler la conduite et les devoirs des membres de la commission populaire établie à Orange et dont tu es chargé de l'installation par notre arrêté du 21 floréal.

« Salut et fraternité.

« *Les membres du Comité de salut public,*

« Signé à l'original : Robespierre, Carnot, Billaud Varenne. »

Instruction des membres de la commission populaire établie à Orange.

« Les membres de la commission établie à

Orange sont nommés pour juger les ennemis de la Révolution.

« Les ennemis de la Révolution sont tous ceux qui, par *quelques moyens que ce soit* et de quelques dehors qu'ils se soient couverts, ont cherché à *contrarier* la marche de la Révolution et à empêcher l'affermissement de la République. La peine due à ce crime est la mort. La *preuve* pour la condamnation sont tous les renseignements *de quelque nature qu'ils soient*, qui peuvent convaincre un homme raisonnable et ami de la liberté.

« La règle des jugements est la conscience des juges, éclairés par l'amour de la justice et de la patrie.

« Leur but est le salut public et la ruine des ennemis de la patrie.

« Les membres de la commission auront sans cesse les yeux fixés sur ce grand intérêt; ils lui sacrifieront toutes les considérations particulières.

« Ils vivront dans cet isolement salutaire, qui est le plus sûr garant de l'intégrité des juges et qui, par cela même, leur concilie la confiance et le respect. Ils repousseront toutes sollicitations dangereuses. Ils fuiront toutes les sociétés et toutes les liaisons particulières qui peuvent affaiblir l'énergie des défenseurs de la liberté et influencer la conscience des juges.

« Ils n'oublieront pas qu'ils exercent le plus utile et le plus respectable ministère et que la récompense de leurs vertus sera le triomphe de la République, le bonheur de la patrie et l'estime de leurs concitoyens.

« *Les membres du Comité de Salut public*,

« Signé à l'original :

« Carnot, Billaud Varenne, Couthon. »

Cette instruction est conforme aux principes de la fameuse loi du 22 prairial ; avec elle, toute défense est impossible ou inutile.

La commission d'Orange, pour commencer ses opérations, fit procéder à des visites domiciliaires et, par suite, de nombreuses arrestations furent opérées. Rovère, en mission, écrivait à la Convention, le 15 thermidor an II, qu'il y avait dans une église d'Avignon 2,000 personnes incarcérées, parce que leur fortune s'élevait à plus de 15,000 livres. La commission siégea tous les jours, excepté les décades et le 26 messidor, depuis le 1er messidor jusqu'au 17 thermidor. Elle prononça, en 41 jours, 331 condamnations à la peine de mort, dont 18 le 15 messidor. Elle procédait par fournées, comme à Paris. Elle rendait chaque jour au Comité de Salut public un compte détaillé de ses opérations, conformément à l'ordre qui lui en avait été donné. Rovère déclara à la Convention, le 15 frimaire an III, que s'étant plaint au Comité de Salut public des horreurs que l'on commettait dans son département et de Maignet, Robespierre lui avait répondu : « Nous en sommes fort contents, il fait beaucoup guillotiner. »

Pendant le règne de Robespierre et grâce à la correspondance active de Billaud Varenne et de Collot-d'Herbois, qui n'étaient que les interprètes du Comité de Salut public, la France fut couverte de terreur, de pillage, de séquestre, d'incarcérations et d'assassinats prétendus juridiques.

C'est au milieu de ces massacres, exécutés avec l'appareil de la justice et qu'ils approuvaient après les avoir ordonnés, que Billaud Varenne, Collot-d'Herbois et leurs collègues du Comité de Salut public prétendaient travailler au bonheur du peuple et à la délivrance de la patrie !

Billaud Varenne et Collot-d'Herbois agirent ainsi au Comité de Salut public et à la Convention nationale, dominés par Robespierre et par Saint-Just et sans doute sous leur impulsion, jusqu'au mois de thermidor de l'an II; c'est ensemble qu'ils provoquèrent, devant le Tribunal révolutionnaire, la condamnation à mort des Girondins, de Danton, de ses amis et de tant d'autres victimes.

Affolés par les responsabilités qu'ils avaient encourues et par les périls qui les entouraient, *ils guillotinaient pour ne pas être guillotinés*, contrairement à la formule célèbre de Danton, qui aimait mieux, disait-il, être *guillotiné que guillotineur*.

A cette époque, Billaud Varenne effrayé du pouvoir dictatorial exercé par Robespierre et des menaces que celui-ci avait osé faire au club des Jacobins, de purger bientôt la Convention nationale de quelques-uns de ses membres qui entravaient sa marche, et parmi lesquels il figurait, ainsi que Collot-d'Herbois et Carnot, il se concerta avec Collot-d'Herbois, alors président de l'Assemblée, avec plusieurs autres de ses collègues du Comité de Salut public et avec plusieurs membres de la Convention nationale, pour renverser Robespierre, Saint-Just et Couthon, qui exerçaient ensemble une dictature devenue intolérable. Cette révolution réussit complètement ; la nouvelle en fut accueillie par la population parisienne et par la majorité de la nation avec un véritable enthousiasme et elle produisit un immense soulagement, comme ayant mis fin au régime de la

Terreur, qui tenait les Français opprimés et paralysés dans leurs actions, depuis plus d'une année.

Dumas, président du Tribunal révolutionnaire de Paris, avait été mis hors la loi, le 9 thermidor, et il avait été guillotiné le 10 avec Robespierre.

Fouquier-Tinville, accusateur public, restait seul pour supporter toute la responsabilité des actes de ce Tribunal, qu'il avait d'ailleurs dirigé comme accusateur public. Il fut à son tour mis en accusation et, après de très longs débats, dans lesquels de nombreux témoins furent entendus, sur les irrégularités et les excès commis par ce Tribunal, par suite de ses réquisitions ou avec son concours, il fut condamné à mort, le 17 floréal an III (6 mai 1795), avec trois anciens juges du même Tribunal, six anciens jurés, Herman et Lanne, commissaires des administrations civiles, principaux organisateurs de la prétendue conspiration des prisons et quatre autres complices. Ils furent exécutés ensemble le lendemain à 11 heures du matin, sur la place de Grève, au milieu d'une multitude immense, qui les couvrait de huées et de malédictions.

Quand le calme fut un peu rétabli à la Convention nationale, les membres survivants du Comité de Salut public furent successivement l'objet de nombreuses dénonciations dans lesquelles ils étaient accusés comme ayant été les complices de Robespierre. Billaud Varenne et Collot-d'Herbois donnèrent leur démission le 16 fructidor. Ils avaient été dénoncés publiquement, avec Barère et Vadier, d'abord sans résultat, par Lecointre, le 12 fructidor, puis par Legendre, le 12 vendémiaire an III.

Peu de temps après, la partie modérée de la Convention, déjà très influente auparavant, s'étant trouvée renforcée par le rappel, décrété les 18 frimaire et 18 ventôse an III, des Girondins et de leurs partisans, qui avaient été arrêtés ou mis hors la loi et formant ainsi la majorité de l'assemblée, comme avant le 31 mai 1793, avait déclaré aux terroristes une guerre acharnée.

Billaud Varenne n'avait cependant pas perdu toute son assurance, ni l'espoir de ressaisir bientôt le pouvoir dictatorial, avec l'appui et le concours des patriotes des faubourgs, des Jacobins et des Montagnards. Il se présenta à la séance des Jacobins du 13 brumaire an III, pour faire appel à leur patriotisme et à leur énergie ; son entrée y fut vivement applaudie :

« Nos ennemis, dit-il, suivent toujours la même marche ; après les 5 et 6 octobre, vous étiez des brigands ; après le massacre du Champ de Mars, des agitateurs ; après les 2 et 3 septembre, des assassins ; aujourd'hui, des buveurs de sang. »

Il invite les patriotes à sortir enfin de leur stupeur et de leur léthargie.

« Le moment du sommeil est passé, dit-il ; le lion n'est pas mort parce qu'il dort : le moment où il se réveille est celui où il étrangle et déchire ses ennemis. Les partis sont en présence, les brèches sont ouvertes comme sous les murs de Maëstricht; montons-y avec courage! qui est-ce qui peut nous arrêter? Serait-ce la crainte de l'échafaud qui a immortalisé Sydney et toutes les victimes de la tyrannie? Osons tout pour sauver la liberté, et, si nous n'y pouvons réussir, nous aurons la gloire de nous ensevelir sous ses ruines et de ne pas lui survivre. » (*Applaudissements, agitation des chapeaux.*)

(*Annales de la République française
du 16 brumaire an* III.)

En apprenant cet appel à la révolte et à la violence, la Convention nationale fut indignée et, sur le rapport de Saladin, l'un de ses membres, elle décréta, le 12 ventôse an III, la mise en accusation et l'arrestation des anciens membres du Comité de Salut public. Cette accusation portait sur les principaux actes du Comité de Salut public et sur le régime de la Terreur, dont on voulait leur imposer toute la responsabilité. Elle donna lieu à de longs débats, pendant lesquels ceux-ci se défendirent avec énergie, en soutenant qu'ils avaient sauvé la patrie et qu'ils n'avaient jamais pris aucune mesure importante, sans avoir été autorisés ou approuvés par la Convention nationale.

Legendre leur avait répondu, sur la responsabilité des assassinats juridiques : « Il n'est pas vrai que la Convention ait égorgé les victimes pour avoir leurs biens, ce crime n'est pas celui de la Convention, ceux qui en sont les auteurs avaient mis la moitié de l'Assemblée nationale en fuite et ils tenaient l'autre sous le couteau ».

Carnot, parlant au nom de tous les membres du Comité, disait : « Tous les membres de la Convention étaient complices de Robespierre, les uns par cruauté et les autres par lâcheté », et il ajoutait : « Nous avons contribué efficacement à sauver la chose publique ; malgré tous les crimes qu'il vous plaît de nous imputer, nous n'avons pas fait tout le mal que nous aurions pu faire, et celui que nous avons fait, vous

l'avez vous-mêmes approuvé, encouragé, légitimé. »
(*Histoire de la Révolution*,
par deux Amis de la Liberté; t. 14, p. 99.)

Il résulta de ces débats une grande émotion populaire, en faveur des accusés. Une insurrection éclata le 12 germinal, dans le but de renverser la majorité thermidorienne, ou de l'intimider, afin de faire proclamer innocents : Collot, Billaud et Barère ; de faire mettre en liberté les patriotes incarcérés et de pouvoir redonner la direction des affaires aux Jacobins. La Convention nationale fut envahie par une foule menaçante, demandant à grands cris *du pain, la Constitution de 1793 et la liberté des députés patriotes*. C'est sous l'impression de ces violences et de ces menaces que l'Assemblée vota, le jour même, la déportation de Collot-d'Herbois, de Billaud Varenne, de Barère et de Vadier.

Billaud Varenne habitait alors rue Saint-André-des-Arts, n° 43, au 4° étage. Il était en arrestation chez lui, sous la surveillance de deux gendarmes de la Convention, depuis le 12 ventôse an III. La consigne écrite des gardiens était d'avoir pour les représentants tous les égards dus à leur caractère, mais de ne jamais les perdre de vue et de n'accepter d'eux ni aliments ni rafraîchissements.

Le 12 germinal, le Comité de Sûreté générale ordonna que Collot-d'Herbois, Billaud Varenne, Barère et Vadier seraient à l'instant déportés et conduits à l'île d'Oléron, et que les scellés seraient apposés sur leurs papiers; il chargea les commissaires des administrations civiles, police et tribunaux de se concerter avec le général Pichegru pour protéger leur translation. Le 13 germinal, à une heure du matin, les trois représentants du peuple furent arrêtés à leurs domiciles et placés séparément dans trois berlines de voyage, pour être conduits à l'île d'Oleron, accompagnés par des officiers de l'armée et par des agents du Comité de Sûreté générale. Vadier était en fuite.

En traversant Orléans, au milieu des huées

et des sifflets, les déportés furent poursuivis par une foule indignée qui les croyait en fuite et les menaçait de mort. La présence de Collot-d'Herbois avait surtout excité la plus vive indignation au souvenir des horribles massacres qu'il avait ordonnés à Lyon; on se rappelait aussi qu'il avait provoqué, avec Léonard Bourdon, la condamnation à mort de plusieurs citoyens d'Orléans. Ils arrivèrent le 21 germinal à la citadelle de l'île d'Oleron.

Partis à l'improviste de leurs domiciles, ils n'avaient rien pris de ce qui leur était nécessaire pour un pareil voyage. Billaud Varenne, Collot-d'Herbois et Barère attendaient dans l'anxiété, incertains sur leur destination définitive et résignés à leur malheureux sort. Billaud père avait pu voir et embrasser son fils à La Rochelle, avant son départ pour l'île d'Oleron. Il en informa immédiatement la femme de Billaud, qui lui répondit par cette lettre du 15 floréal an III :

« Je viens de recevoir votre lettre du 9 floréal; elle a rappelé à la vie votre fille, mourant d'inquiétude et de désespoir; je l'ai arrosée de larmes de joie et de tendresse. Vous jouissez l'un et l'autre d'une bonne santé, c'est la seule consolation qui me soutient. Je fais toujours toutes les démarches possibles pour me réunir à mon mari et j'espère réussir à partager son sort, quel qu'il soit. Trop heureuse si je puis obtenir de rejoindre celui qui a fait mon bonheur pendant dix années.

« A vous, mon cher papa, qui connaissez cette belle âme et pure, qui chérit autant sa patrie que sa famille, c'est assez vous en dire sur son innocence. Au surplus, ce sont là des événements inséparables des révolutions; toujours les hommes qui les ont faites en ont été les victimes; mais un jour viendra... et l'on distinguera l'innocent du coupable.

« Il nous faut, mon cher papa, du courage pour supporter tous ces malheurs; aussi, mon cher papa et ma chère maman, je vous conjure de ménager votre santé.

« Je me propose de faire charger à la diligence une petite malle, à votre adresse, avec des hardes de première nécessité. Je vous prie, mon cher papa, de vouloir bien la faire passer au commandant du fort de l'Ile d'Oleron pour les remettre à mon mari. En attendant, s'il est possible, faites-lui parvenir les deux mots ci-joints.

« Agréez, mon cher papa et ma chère maman, mon hommage très respectueux.

« Votre fille soumise,

« Billaud. »

« J'espère avoir bientôt le bonheur de vous voir. »

La Convention nationale ayant rendu, le 28 floréal an III, un décret autorisant les Comités de Salut public et de Sûreté générale à prendre les mesures qu'ils croiraient convenables pour la déportation de Collot-d'Herbois, de Billaud Varenne, de Barère et de Vadier, le commissaire de la Convention, remplissant les fonctions de ministre de la marine et des colonies, adressa le lendemain des instructions particulières au lieutenant de vaisseau Polony (1), commandant la division maritime destinée pour Cayenne, et attendant des ordres dans le port de Rochefort, et, en outre, au citoyen Lelarge (2), commandant des armes à Rochefort, l'ordre de faire protéger, par une frégate et une force suffisante, la sortie et la navigation de cette division, jusqu'à ce qu'elle n'eût plus à craindre la rencontre des croiseurs ennemis, *parce qu'il importait que les bâtiments destinés pour Cayenne arrivassent à bien.* Le citoyen Polony avait l'ordre de suivre, autant que possible, la route la plus directe pour se rendre à Cayenne, de forcer de voiles

(1) Polony (Claude-Vincent), né à Rochefort le 22 avril 1756, nommé lieutenant de vaisseau de 1re classe le 15 frimaire an III (5 décembre 1794).

(2) Lelarge (Jean-Amable), né à Louisbourg, diocèse de Québec, nommé contre-amiral en 1793 et commandant des armes dans le port de Rochefort l'an IV. Il fut suspendu de ses fonctions par le Directoire le 5 nivôse an VII (25 décembre 1798).

nuit et jour, et d'éviter dans sa route toute voile qu'il apercevrait ; le but de sa mission étant de se rendre à sa destination sans accident et sans retard. Si, dans sa route et sans s'en déranger, il faisait rencontre de quelque bâtiment ennemi et s'il s'en emparait, il coulerait ou brûlerait tous ceux dont le chargement ne serait pas important et utile dans la colonie où il se rendait, ainsi que ceux qui seraient dans le cas de compromettre les bâtiments qui lui étaient confiés, par la diminution des équipages. Il devait appareiller de la rade de l'île d'Aix, lorsqu'il en recevrait l'ordre exprès.

Les Comités de Salut public et de Sûreté générale adressèrent au lieutenant de vaisseau Polony, le 30 floréal, l'ordre d'envoyer prendre au château d'Oleron Billaud Varenne et Collot-d'Herbois, ci-devant députés à la Convention nationale et condamnés à la déportation, et de les faire conduire, sous bonne escorte, sur les bâtiments placés sous ses ordres.

« Il gardera Billaud Varenne sur l'aviso

l'*Expédition* qu'il monte, et il confiera Collot-d'Herbois au commandant de l'aviso *le Cerf*. Ces deux condamnés ne pourront embarquer avec eux que les seuls effets à leur usage ; ils auront une place dans l'entrepont et recevront, tant qu'ils seront à bord, une ration de la chaudière de l'équipage. On veillera sur eux, on préviendra leurs influences sur les marins et les soldats, et, dans toutes les relâches que les avisos seraient dans le cas de faire, on les gardera soigneusement à bord pour empêcher leur désertion ; on interceptera aussi toutes les communications entre eux. »

Le même jour, les mêmes comités informèrent le commandant en chef *par intérim* de la colonie de Cayenne de l'arrivée de Billaud Varenne et de Collot-d'Herbois, destinés à être déposés sur les établissements français de la Guyane, et ils lui recommandèrent d'envoyer aux commandants militaires de ces établissements l'ordre de recevoir et de traiter ces deux déportés de la même manière que les autres condamnés à la déportation; de les placer dans deux différents établissements, éloignés l'un de l'autre, et de veiller sur eux de manière qu'ils ne pussent ni communiquer entre eux, ni s'échapper, ni influencer ceux qui les approcheraient, mais qu'ils pussent seulement se livrer aux occupations et aux travaux ordinaires de la colonie.

Collot-d'Herbois et Billaud Varenne ayant été conduits en rade le 6, à 3 heures du soir, les navires appareillèrent, et le 7 prairial, à 5 heures, toute la division était sous voiles, escortée par le contre-amiral Tromelin, avec deux frégates et un vaisseau rasé, portant des 36, avec deux canonnières.

Au moment du départ des navires, furent signalées deux frégates anglaises qui croisaient depuis quelque temps dans ces parages. Lelarge, commandant des armes à Rochefort, présidant à cet embarquement, donna aussitôt, en présence de Billaud Varenne, qui avait précédemment contribué à lui sauver la vie, *l'ordre barbare de jeter les deux proscrits à la mer, en cas d'attaque* (1). Les deux frégates anglaises ne perdirent pas de vue la petite expédition pendant quelque temps, et tout annonçait une collision prochaine, lorsqu'une tempête presque subite éloigna, pendant la nuit, ces vaisseaux qui ne reparurent plus. Ce fut ainsi que les deux exilés échappèrent, par hasard, à l'ordre cynique et cruel du commandant de Rochefort. L'escorte quitta la division à 120 lieues et faisant bonne route.

En apprenant l'ordre de ce brusque départ, la femme de Billaud Varenne, désolée, écrivit à Billaud père, le 7 prairial :

« Mon cher Papa,

« Je viens d'apprendre une nouvelle qui met la mort dans mon cœur. Vous savez qu'il y a eu ici beaucoup de troubles, depuis quelques jours, et le peuple a redemandé ces malheureux ; mais on a fait partir un courrier pour les

---

(1) *Mémoires de Billaud.*

faire embarquer sur l'heure. Mon cher papa, je suis au désespoir ; je ne pourrai pas me réunir à lui, et ce pauvre malheureux n'a rien. Je vous supplie, mon cher papa, s'il était encore temps de lui procurer quelques *louis*, à quelque prix que ce soit, je vous les rendrai fidèlement. D'ailleurs, je fais mettre au roulage deux caisses, l'une contient 300 volumes et dans l'autre il y a une pendule. Vous pouvez, si vous voulez, mon cher papa, les faire vendre tout de suite. J'ai fait également charger à la diligence deux malles, avec des effets à moi, et je crois que la citoyenne Collot a fait mettre aussi une malle à votre adresse. Je vous demande un million de pardons de tout l'embarras que je vous donne ; mais, mon cher papa, je n'ai plus que vous au monde. J'ai tout perdu. Mon frère vient de mourir de chagrin et ma sœur est morte, il y a deux mois.

« Adieu, mon cher papa et ma chère maman ; ménagez, je vous en supplie, votre santé. Agréez l'un et l'autre mon hommage respectueux et ne m'oubliez pas auprès de mon frère, je vous en prie.

« Votre fille,

« Billaud. »

Quelques jours après, le 11 prairial, elle lui adressait cette autre lettre :

« Mon cher Papa,

« Par ma précédente, je vous suppliais de procurer quelque numéraire à mon infortuné mari ; mais tout est changé et vous n'ignorez sûrement pas ce qui s'est passé. Ce pauvre malheureux, lui qui s'est sacrifié pour son pays, lui qui n'a cessé de travailler pour le bonheur du peuple! Voilà la récompense de tous les grands hommes et on les regrette quand il n'est plus temps, mais leur mémoire reste chère à tous les cœurs. Votre fils est de ce nombre ; son innocence est déjà bien connue, mais c'est en vain. Et vous, père respectable, faut-il que vous éprouviez tant de tourments ! Mon cher papa, je vous supplie de vous armer de courage et de ne laisser pas succomber votre âme trop sensible ; conservez-vous pour ma chère maman et pour mon frère.

« Si vous pouvez voir votre fils, de grâce, mon cher papa, portez dans son âme vertueuse toutes les consolations dont il aurait besoin ; dites-lui qu'il soit tranquille sur mon sort et ne lui laissez manquer de rien, mon cher père, et dites-lui que je lui ai écrit sept lettres. Il connaît mon cœur et il sait combien je l'aime. Nos cœurs étaient si bien unis, qu'il était impossible de trouver une amitié plus parfaite que la nôtre. Et, mon cher papa, je ne puis lui tenir ma promesse, je ne puis survivre à tant de malheurs ; je suis affligée jusqu'à la mort ; toutes mes forces m'abandonnent, je ne puis plus me soutenir ; pauvre Billaud, lui qui était mon père, ma patrie et mon tout, il connaissait tous mes malheurs et me consolait de toutes mes peines ! Si je pouvais le voir encore une fois, je mourrais contente.

« Pardonnez-moi, mon cher papa et ma chère maman, ma trop grande sensibilité et ménagez votre santé.

« Agréez, je vous prie, l'un et l'autre, les respects de votre fille soumise.

« BILLAUD. »

Pendant les préparatifs du départ de Billaud Varenne et de Collot-d'Herbois, leurs femmes avaient demandé des passeports, afin de pouvoir les accompagner à leur nouvelle destination, et elles avaient fait des efforts inutiles pour leur faire parvenir des habits, du linge, des effets à leur usage personnel, ainsi que des livres, qu'ils leur avaient demandés. La femme de Billaud n'ayant pas reçu de réponse de son beau-père, et impatiente d'avoir des nouvelles de son mari, écrivit le 17 prairial à Benjamin Billaud, son beau-frère :

« Mon cher et bon ami,

« Je suis tourmentée par mille inquiétudes

différentes. Voilà plusieurs lettres que j'ai écrites à mon cher papa sans recevoir de réponse. Je te prie en grâce, mon cher ami, de me donner des nouvelles de mon papa et de ma chère maman ; je te prie aussi de vouloir bien t'informer si ton malheureux frère a reçu sa malle avant de partir. Je ne veux pas entrer ici en détail sur tous mes malheurs ; tu connais la sensibilité de mon cœur, c'est te dire tout ce que j'ai souffert et tout ce que je souffre encore. Cependant, j'ai repris tout mon courage, et j'espère venir à bout de mes desseins. J'irai rejoindre mon mari, en quelque endroit du monde qu'il soit. Je te dirai, mon bon ami, que, malgré mon état déplorable, j'ai déjà gagné les cœurs de ceux qui peuvent tout.

« Je te prie de dire à mon papa qu'il recevra incessamment deux ballots ; je le prie de vouloir bien les recevoir : l'un contiendra des livres et l'autre une pendule. Quant à mes malles, elles ont été retirées pour l'instant.

« Adieu, mon bon ami, embrasse ma chère maman et mon cher papa pour moi.

« Adieu encore une fois, je t'aime et t'embrasse de tout mon cœur.

« Ta sœur fidèle et amie,

« Billaud.

« *P.-S.* — Écris-moi à l'adresse ci-jointe : A la citoyenne Galland, maison du citoyen Pajou, sculpteur, en face du Louvre, pour remettre à la citoyenne Rousselot. »

A la date du 30 prairial, Billaud père adressa cette lettre à la femme de Billaud, en s'abstenant de nommer son fils, pour éviter de la compromettre :

« J'ai reçu, citoyenne, le 28 du courant, les deux caisses que vous m'aviez annoncées par votre lettre du 7 du courant.

« Je ne vous entretiens en rien de nos malheurs communs ; si vous y êtes sensible, comme je n'en doute pas, nous n'en sommes pas moins affectés. Il est bien triste, à mon âge, d'en éprouver de pareils ; mais l'Être suprême y mettra un frein et finira ma carrière en exauçant les vœux que je ne cesse de lui faire ; car je n'aspire plus qu'à ma fin, après les malheurs qui m'accablent. Dieu veuille que, par la suite, vous jouissiez d'un sort plus heureux et, quel qu'il puisse être, j'y prendrai toujours beaucoup de part. Vous trouverez toujours en moi un véritable ami, qui ne vous oubliera jamais, dès que vous êtes liée à une personne qui m'est aussi chère. »

La femme de Billaud, encore incertaine sur le parti qu'elle prendrait, écrivit cette lettre à Billaud père, le 3 messidor an III :

« Citoyen,

« J'ai reçu votre lettre, par laquelle vous m'annoncez l'arrivée des caisses. Vous avez eu la bonté d'en payer le port, je vous le remettrai fidèlement. Quant à la destination desdites caisses, je ne puis rien décider pour l'instant, puisqu'il est vrai qu'il n'y a rien de décidé sur mon sort; seulement je vous prie de vouloir bien les mettre dans un endroit sec.

« Je n'ai pu répondre à votre précédente, ayant été bien malade et pouvant encore à peine marcher. Cependant, je suis sortie aujourd'hui, pour la première fois, et j'ai vu des membres du Gouvernement. Je me suis consultée avec eux pour mon voyage et la route que nous pourrons prendre. Il faut absolument que je passe par La Rochelle, vu que les embarquements pour ce pays-là ne se font qu'à l'île d'Oleron. Mais que personne n'ait d'inquiétude. Quoiqu'il en coûtera bien à mon cœur, puisqu'il est vrai, qu'après mon ami, c'est dans cette ville que réside tout ce que j'ai de plus cher au monde, je ne verrai personne. Le repos de ceux que je chéris m'est plus précieux qu'un moment de consolation; d'ailleurs, la consolation n'est-elle pas interdite au malheur, et mon âme est-elle capable d'en ressentir? Il n'y a plus qu'un seul événement que je ne supporterais pas, c'est celui d'apprendre que mon cher papa fût tombé malade. Que Dieu veille sur ses jours, ainsi que sur ceux de ma chère maman. Si encore quelque chose m'attache à la vie, c'est que j'ai l'espoir de nous voir tous réunis un jour moins malheureux que nous le sommes.

« Adieu, je finis en vous embrassant mille et mille fois, et je suis pour la vie, avec le plus tendre attachement, votre amie.

« B. »

Le 14 messidor, Billaud père lui répondit pour l'engager à venir chez lui, et pour lui dire qu'il ne voulait pas qu'elle lui remboursât le port des caisses.

Dans les premiers jours de prairial, une nouvelle insurrection avait éclaté à Paris, et la Convention nationale avait été encore envahie. Ces troubles populaires produisirent un revirement dans l'esprit de la majorité de la Convention et, le 5 du même mois, elle rendit un décret rapportant celui du 14 germinal, lequel avait ordonné la déportation de Collot, Billaud, Barère et Vadier, et ordonnant qu'ils seraient traduits au Tribunal criminel du département de la Charente-Inférieure, pour y être jugés.

Le même jour, les Comités de Salut public et de Sûreté générale avaient écrit au citoyen Polony, pour l'informer du nouveau décret de la Convention et, pour le cas où les condamnés se trouveraient déjà rendus sur les *avisos* qu'ils commandaient, de les faire reconduire au fort de l'île d'Oleron. Il était trop tard.

Par sa lettre du 13 prairial, le citoyen Walsh, commandant de l'île d'Oleron, écrivit à la commission des administrations civiles, police et tribunaux, que Collot et Billaud avaient été déportés le 6, et qu'il ne restait que Barère à l'île d'Oleron. A cette nouvelle et après un nouveau revirement dans les opinions, la Convention nationale rendit, le 20 vendémiaire an IV, un décret par lequel elle rapportait la loi du 4 prairial an III, relative à la suspension de la déportation et au jugement de

Barère, Billaud et Collot, et elle chargeait de nouveau ses Comités de l'exécution de la loi du 12 germinal précédent, ordonnant leur déportation.

Pendant son voyage à Cayenne, Billaud Varenne, d'après son récit, fut enfermé dans la *fosse aux lions* (1), lieu le plus obscur et le plus infect du navire. Polony, qui lui devait son grade d'officier, n'ayant aucun égard au mal de mer qui achevait de l'accabler, étant déjà très souffrant, lui avait même refusé un cadre (un lit). Quelques jours après, le Second, plus compatissant, et honteux peut-être d'une rigueur inutile et dont la responsabilité semblait peser sur tout l'équipage, fit à ce sujet des observations tellement pressantes à son capitaine, que celui-ci fit fournir à Billaud Varenne le cadre dont il avait été si injustement privé.

Collot-d'Herbois subissait le même sort sur *l'Expédition;* mais, moins heureux que Billaud,

---

(1) C'est le local dans lequel le maître d'équipage range les cordes, les poulies et les autres objets de rechange.

il resta enfermé dans cette affreuse sentine pendant tout le temps que dura la traversée, ayant pour compagnons d'infortune des prisonniers anglais, conduits aussi à Cayenne.

Voici dans quels termes le lieutenant de vaisseau Polony rendit compte officiellement de sa mission au Directoire, le 1er ventôse an IV :

« Je reçus le 6 prairial au soir, sur l'aviso *l'Expédition*, Billaud Varenne, ci-devant député à la Convention nationale. J'étais alors sur rade de l'île d'Aix. L'embarquement de différents effets retenant près du bord plusieurs chaloupes, je fis, pour mettre à couvert ma responsabilité, conduire le déporté dans l'entrepont et successivement dans l'une de ses parties la moins embarrassée, comme la plus aérée de ces petits bâtiments, nommée *la fosse à lion*, un cadre fut tendu pour son coucher et un canonnier placé à la porte, avec ordre de veiller aux besoins du détenu.

« J'appareillai le lendemain 7. Alors Billaud Varenne fut libre d'aller par tout le bâtiment; un mousse fut affecté pour son service. Il lui fut délivré de la cambuse une ration pareille à celle de chaque personne de l'équipage. Pendant ma navigation, le déporté, toujours triste, ne descendait dans l'entrepont que pour la nuit, étant continuellement sur l'arrière du bâtiment. Veillant sans cesse sur lui, j'ai prévenu toute liaison avec les citoyens de l'équipage. Personne n'a en aucune manière insulté à sa situation, et j'eusse désiré pouvoir le préserver du mal de mer, dont il a presque continuellement été atteint.

« Collot-d'Herbois, placé sur l'aviso *le Cerf*, traité de la même manière, a toujours joui d'une bonne santé et d'une assez belle humeur.

« POLONY. »

Suit le reçu des déportés, donné par Cointet (1), gouverneur général de la Guyane, le 18 messidor an III.

---

(1) Le baron Cointet (François-Maurice) était arrivé à

La traversée fut longue et pénible. Au moment de l'arrivée des déportés à Cayenne, une chaleur étouffante régnait dans ces contrées tropicales. Les deux proscrits croyaient être libres en débarquant. Leur illusion à cet égard fut de courte durée ; car, à peine sur le rivage, des soldats les entourèrent et les conduisirent séparément dans deux maisons de détention, assez éloignées l'une de l'autre, leur enlevant ainsi la triste et bien douce consolation de souffrir ensemble et d'échanger leurs idées. Billaud Varenne fut enfermé au *fort*, et Collot au *collège*, devenu maison de détention, depuis 1789. Cointet, gouverneur de la colonie par intérim, parut exécuter avec répugnance les ordres sévères qu'il avait reçus de France à leur égard. Ces mesures rigoureuses et imprévues frappèrent douloureusement les deux proscrits.

Cayenne en 1792, avec le grade de capitaine au 53ᵉ régiment. Il fut élevé bientôt au grade de lieutenant-colonel. En partant de Cayenne, le 4 frimaire an III, Jeannet lui avait conféré les fonctions de gouverneur général de la Guyane, *par intérim*.

Billaud, qui se félicitait déjà intérieurement d'être conduit dans un désert, loin des hommes civilisés, rencontra à la Guyane un véritable cachot dans lequel il fut enfermé et duquel il n'avait le droit de sortir que pendant 4 heures par jour.

La prison de Collot était située sur la place d'armes de Cayenne ; c'était sur cette place que le Gouverneur allait se promener, après son souper. Un soir, celui-ci éprouva le désir irrésistible de voir Collot-d'Herbois, qui avait défendu avec tant d'énergie les soldats du régiment de *Château-Vieux;* il se fit introduire auprès du prisonnier, avec lequel il s'entretint longuement sur l'événement qui avait amené sa déportation et celle de son collègue. Cointet renouvela ses visites les jours suivants, et dès que les explications amenées par ces entretiens eurent fait comprendre au Gouverneur le caractère politique de la condamnation prononcée contre ces deux prisonniers, il s'empressa d'avoir pour eux toutes les attentions et tous les égards qui dépendaient de lui et d'apporter des adoucissements à leur nouvelle situation.

Billaud souffrant beaucoup dans la prison où il était enfermé, le Gouverneur le fit transporter à 30 lieues de Cayenne, à Sinnamary, où il arriva le 3 frimaire an IV.

Le citoyen Arnaud de Corio, chef d'administration et ordonnateur de la Colonie, depuis 1792, les trouvant trop bien traités, écrivit le 5 brumaire aux Commissaires de la marine et des colonies :

« Citoyens,

« J'ai eu l'honneur de vous écrire par l'*Expédition*, capitaine Polony, que le terrorisme, banni de France, avait pris asile à Cayenne; ce mal, qui ne fait qu'augmenter, ne peut être attribué qu'aux deux déportés. Ils se sont fait des partisans dans les sous-officiers du 53ᵉ régiment. Ceux-ci s'opposent à ce qu'on chante le *Réveil du Peuple;* ils préfèrent une parodie faite par *Collot.* J'en ai souvent les oreilles assourdies; j'en ai retenu ces quatre vers :

> Avec le fer de la vengeance
> Ils ont détruit la liberté,
> Ils ont déporté de la France
> Les martyrs de l'égalité.

« Billaud qui avait été placé au fort est parti hier pour Sinnamary; j'ignore si l'on donnera une autre destination à *Collot;* je le désire, son influence est plus à craindre que celle de son camarade. Collot est souple, adroit et flatteur; Billaud a de la morgue; il est taciturne.

« Je ne vois pas, sans étonnement, les égards qu'on prodigue à Collot. Il est souvent mandé chez le Gouverneur, et celui-ci va le voir; on lui laisse recevoir des visites; quand il fait beau temps on lui procure le plaisir de la promenade. L'officier de garde l'accompagne, ses partisans l'entourent. J'ai témoigné ma surprise sur cette conduite au citoyen Gouverneur, ses réponses m'ont réduit au silence. Dans tous les ordres qu'on donne, concernant les déportés, on les traite de citoyens ; je ne leur donne jamais cette qualité...

« Salut et fraternité.

« Arnaud Corio. »

Dans sa lettre adressée le 6 brumaire an IV à la Commission de la marine et des colonies, le gouverneur général Cointet se plaignait de la plupart des officiers de marine, commandés par le citoyen Polony ; il disait qu'ils annonçaient le rétablissement prochain de l'esclavage, des rois et de la royauté ; qu'ils répandaient des chansons contre-révolutionnaires, dont il reproduisait ce couplet, parodiant la première strophe du *Réveil du Peuple* :

>Représentants d'un peuple injuste,
>Vous, Législateurs inhumains,
>Qui de votre monarque auguste
>Avez été les assassins !
>Vos noms, d'exécrable mémoire,
>Iront à la postérité,
>Car le crime, comme la gloire,
>Conduit à l'immortalité.

Sur les démarches faites à cette époque par les citoyennes Billaud et Collot, le Directoire avait rendu, le 24 brumaire an IV, un décret par lequel il les autorisait à recevoir les indemnités dues à leurs maris, jusqu'à leur déportation ; il enjoignait à tous les agents du Gouvernement de laisser les ex-députés Collot-d'Herbois et Billaud Varenne, jouir de leur pleine liberté dans la Guyane ; il autorisait les épouses des ex-députés Collot-d'Herbois et Billaud Varenne à se rendre auprès de leurs maris et il chargeait le Ministre de la marine de leur fournir, aux frais de la République, tous les moyens de transport nécessaires à cet effet.

A Sinnamary, Billaud Varenne jouissait d'une plus grande liberté qu'à Cayenne ; cependant il y était surveillé très attentivement. L'air malsain de ce pays ne tarda pas à lui être fatal. Atteint d'une fièvre chaude très violente, il fut reconduit à Cayenne, par ordre du gouverneur et placé le 1er pluviôse à l'hôpital militaire de cette ville, dirigé par les sœurs grises de Saint-Paul de Chartres (1), et dans la salle destinée aux officiers de la troupe de ligne. Il en sortit convalescent le 4 ventôse, pour aller se rétablir dans une habitation située dans les environs de Cayenne, où l'air était très sain et le site agréable.

Billaud venait de payer ainsi un premier tribut au climat meurtrier du pays. La veille de son départ pour cette nouvelle habitation, il avait écrit à son père :

(1) Les *sœurs grises,* au nombre de sept, faisaient partie de la congrégation des sœurs hospitalières de *Saint-Paul de Chartres,* souvent désignées sous le nom de *Saint-Maurice,* qui est celui de la paroisse de Chartres sur laquelle se trouvait leur principal établissement. En 1727, après les demandes réitérées du comte d'Orvilliers, gouverneur de Cayenne, quatre sœurs avaient été envoyées à Cayenne et avaient été chargées du service de l'hôpital militaire et de l'instruction des petites filles pauvres. Pendant la Terreur elles n'avaient consenti à faire aucun serment, malgré les menaces de ceux qui gouvernaient. Elles avaient été néanmoins conservées et payées par l'administration, à cause des services importants qu'elles rendaient dans la colonie. Au mois de juillet 1809, lorsque les Portugais se furent emparés de la Guyane, elles refusèrent de continuer leurs services sous une puissance ennemie, et elles revinrent en France. Ellles furent réintégrées en 1817 à l'hôpital de Cayenne.

« Votre belle âme vous fait sans doute éprouver, comme à moi, combien il est douloureux de vivre à une si grande distance et d'être si longtemps sans recevoir de nouvelles les uns des autres. Que je sache seulement que vous jouissez tous d'une bonne santé et je suis satisfait. De pareilles lettres forment chaque jour l'objet de mes vœux, et je les attends avec autant d'impatience que je les recevrai avec des transports de joie..... »

Quant à Collot-d'Herbois, il était toujours détenu, mais il n'avait pas encore eu les fièvres ; cette solitude continuelle, à laquelle il se trouvait assujetti, l'avait profondément attristé. Les quelques visites que lui rendait le Gouverneur ne pouvaient suffire à le distraire. Il pensait toujours à la France, à sa femme, à ses amis, dont il avait été si brutalement séparé. Dans une lettre qu'il adressait, le 30 nivôse an IV, à l'un de ses collègues de la Convention, il lui dévoilait l'état de son esprit :

« Je suis toujours ici, détenu, consigné et

gardé, sans que la rigueur des ordres donnés y puisse être adoucie; persécuté enfin par tous ceux qui voudraient se venger sur moi du décret de la liberté des *Noirs*. Voilà quel est mon sort, mon cher; tu sais si je le mérite. M'a-t-on jamais vu injuste, rebutant ou persécuteur envers mes collègues? Ceux mêmes qui m'ont poursuivi avec le plus d'acharnement ne m'avaient-ils pas, au contraire, trouvé toujours prêt à accueillir et à faire valoir leurs justes réclamations? N'avais-je pas autrefois sauvé la vie à Rovère, comme il en a fait souvent l'aveu? Qui sont ceux qui m'ont accusé avec le plus de violence? Ceux qui dégouttaient du sang des républicains et dont la rébellion formidable devait engloutir la République entière. Ils m'ont nommé barbare, parce que je n'ai point trahi la cause du peuple; comme si l'austérité dans ses devoirs et la dureté d'âme n'étaient pas deux choses différentes. Barbare? Celui qui a sauvé plus de 400 patriotes opprimés, des fers, de l'opprobre ou de la mort; celui-ci dont la maison fut sans cesse ouverte à l'homme souffrant. Ceux-là mêmes qui m'accusent de barbarie me reprochaient ma sensibilité pour les soldats de Château-Vieux, de Bourgogne, et pour les autres opprimés dont j'ai été le constant défenseur. Moi qui n'ai jamais pu souffrir ni l'improbité, ni l'injustice, ni la calomnie ! Mais tu sais tout cela, et tu connais mieux que moi le cœur humain. J'ai fait mon devoir, c'est à moi de souffrir sans plainte et sans murmure : sans cela où serait le dévouement à la patrie ? C'est pour ma malheureuse épouse que je réveille ma sensibilité. Tu sais qu'elle est vertueuse et digne d'intérêt. Va la voir, ranime ses forces et son courage ; il faut qu'elle en ait sans doute, puisqu'elle n'a pas succombé ! Tu trouveras dans le cœur de ton épouse la récompense de ce que tu feras pour la mienne. Je te connais et j'espère que tu ne seras pas insensible à l'invitation de ton malheureux collègue.

« COLLOT-D'HERBOIS (1). »

(1) *Journal de l'Ami des lois*, an IV, et *Journal des Hommes libres*, du 15 prairial an IV.

Collot fut bientôt atteint aussi des fièvres du pays. On le transporta à l'hôpital de Cayenne et Billaud ne tarda pas à venir l'y rejoindre. Après avoir passé une assez triste convalescence à la campagne, celui-ci venait d'être repris des fièvres, mais plus fortement que la première fois, et sa maladie s'était aggravée d'une dysenterie violente.

Par les soins du Gouverneur, les deux déportés furent placés dans la meilleure salle de l'hôpital militaire. C'était la première fois, depuis leur départ de France, qu'ils pouvaient se voir, se parler et se consoler. Les sœurs de l'hôpital, un peu effrayées d'abord d'avoir à soigner et à surveiller deux hommes qu'on leur avait dépeints comme des monstres, des tigres altérés de sang, s'étonnèrent bientôt cependant de leur douceur, de leur patience et de leur résignation. La douceur peinte sur leur visage et le calme qui semblait régner dans leur âme gagnèrent bien vite le cœur de ces religieuses, et les plus tendres soins leurs furent dès lors prodigués.

Le 5 floréal an IV, Cointet vint les visiter; ii leur annonça son prochain départ et son remplacement par le citoyen Jeannet (1), qui venait d'arriver de France avec les fonctions d'agent particulier du Directoire exécutif. En leur faisant ses adieux, il leur promit de parler favorablement d'eux au nouveau Gouverneur. Le citoyen Jeannet avait déjà été Gouverneur de la colonie, à la fin de l'année 1792, grâce à l'influence de Danton, son parent. Il avait promulgné le décret du 4 février 1794, abolissant l'esclavage, et il l'avait fait exécuter avec énergie. La durée de sa mission étant expirée, il partit de Cayenne le 4 frimaire an III, pour rentrer en France, en passant par les États-Unis.

Il fut réintégré dans sa place de Gouverneur de Cayenne le 6 floréal an IV, et il arriva à Cayenne le 25 germinal suivant, avec des dispositions beaucoup moins favorables que celles

---

(1) Jeannet-Oudin (Georges-Nicolas), né à Arcis-sur-Aube le 4 octobre 1762, ami de Danton, arrivé à Cayenne le 13 avril 1793, et reparti le 4 frimaire an III.

de son prédécesseur pour les deux proscrits. Il était accompagné du général de brigade de la Gennetière (1) qui avait été déjà gouverneur de la Guyane en 1792, et qui ayant fait la guerre d'Espagne depuis, y était resté prisonnier. Après une longue détention, il n'avait obtenu sa délivrance que sur l'insistance de Collot-d'Herbois. Il s'en souvint dans l'exercice de ses nouvelles fonctions, et c'est grâce à ce général que rien ne fut changé à l'ancien régime des déportés. Déjà, à cette époque, une fièvre maligne accablait Collot-d'Herbois ; cette maladie, qui allait l'emporter, atteint ordinairement dans cette contrée les hommes les plus vigoureux, surtout ceux qui n'ont éprouvé aucune indisposition à leur arrivée dans le pays, et les secours de l'art sont presque toujours impuissants contre elle. Aussi Billaud, malade et affaibli depuis trois mois, eut bientôt pour surcroît de malheur le chagrin de voir succomber son meilleur ami

---

(1) De la Gennetière (Pierre-François-Lambert-Lamoureux), nommé général de brigade le 12 octobre 1792.

et son malheureux compagnon d'infortune, à côté de lui, dans un lit d'hôpital, le 20 prairial an IV. Resté seul et dans un état d'agonie, il en était réduit à espérer trouver bientôt aussi dans la mort le terme de ses souffrances.

Le 3 fructidor an IV, Jeannet écrivit au Ministre de la marine et des colonies :

« Citoyen Ministre,

« Je vous informe que le déporté J.-M. Collot est décédé à l'hôpital militaire de cette ville, le 20 prairial dernier.

« Ses effets ont été remis au déporté Billaud, en faveur de qui il en avait disposé verbalement.

« Salut et respect.

« JEANNET-OUDIN. »

Environ quinze jours après le décès de Collot-d'Herbois, le général de la Gennetière mourut presque subitement; il fut remplacé par Jeannet, qui était animé de sentiments très hostiles contre Billaud Varenne, et qui commença par donner l'ordre aux Sœurs grises de l'hôpital de le faire retirer, presque mourant, de la salle des officiers, afin de le faire descendre dans celle des galériens. Pour comprendre la honte et les dangers d'un pareil voisinage, il ne faut pas oublier qu'à cette époque les Européens, qui se rendaient coupables de crimes dans les colonies, étaient renvoyés dans leur pays d'origine, pour y subir le châtiment qu'ils avaient mérité. Ainsi, parmi les forçats qui subissaient leurs peines dans la Guyane, il n'y avait que des esclaves dégradés, tant par les crimes qu'ils avaient commis que par leurs vices et leur misérable état d'abjection.

Cet ordre barbare, donné aux Sœurs grises, de le tenir enfermé ignominieusement dans le bagne, était d'autant plus injuste et cruel, à l'égard de Billaud Varenne, qu'il n'était pas permis, d'après les règlements, de soumettre à un pareil traitement les colons, même coupables des plus grands attentats.

Dans son malheur, Billaud Varenne, se trouvant depuis longtemps exténué par une maladie grave et dans un état d'affaissement et d'insensibilité morale, n'avait plus conscience de ce qui se passait autour de lui. Les Sœurs, consternées d'un pareil ordre, profitèrent de la journée pour mettre leur conscience d'accord avec leurs devoirs. Elles firent placer tous les galériens dans une salle contiguë et elles masquèrent, par une grande armoire, la porte de communication. Enfin, vers minuit, elles firent placer Billaud Varenne sur un brancard et elles l'escortèrent jusqu'à sa nouvelle destination. Malgré toutes ces précautions, Billaud Varenne, qui avait cru qu'il ne s'agissait pour lui que d'un changement de lit, apprit promptement quelle était sa nouvelle résidence. Le cliquetis aigu et incessant des chaînes des forçats le tira en sursaut de son assoupissement et lui révéla cet horrible voisinage.

Il fut d'abord indigné de ce changement, mais les Sœurs lui dirent qu'elles avaient voulu le rapprocher d'elles pour lui donner plus facilement tous les soins dont il avait besoin, pendant sa maladie. Depuis ce jour, les Sœurs redoublèrent de zèle et d'attentions pour leur malade, lui tenant compagnie, dès que leurs occupations leur laissaient quelques moments de loisir. Elles voulaient éviter ainsi de le laisser livré à lui-même, dans une situation si douloureuse. Elles parvinrent à lui procurer du soulagement dans sa maladie et un peu de calme dans l'esprit.

Billaud quitta l'hôpital le 4 brumaire an v et Jeannet lui intima l'ordre de retourner à Sinnamary.

La supérieure des Sœurs grises lui donna une lettre de recommandation pour le citoyen Bosquet, une personne respectable de Sinnamary, et chez laquelle Billaud put prendre ses repas, pendant tout le temps de son séjour dans ce triste village.

A l'époque où Billaud y débarqua, le 6 frimaire an v, Sinnamary se composait d'une cinquantaine de cases, construites en bois et en terre ; la plupart recouvertes de feuillages secs : il y avait en outre une caserne et un hôpital. Sur les cinquante cases, il n'y en avait pas vingt-cinq d'habitées; c'était presque un désert. Des vapeurs malfaisantes s'élevaient des marais entourant le bourg, et pendant les mois de juillet, août et septembre, pendant lesquels la chaleur du soleil est le plus ardente, elles rendaient le climat meurtrier. De plus, l'air était rempli pendant toute l'année de milliers d'insectes ailés et dont la piqûre était douloureuse et souvent venimeuse. Sur le sol grouillaient des myriades de scorpions, de mille-pattes, de couleuvres, qui pénétraient dans les cases et jusque dans les vêtements.

Telle était cette affreuse contrée, lors de l'arrivée du proscrit.

Le Gouverneur accorda à Billaud le logement, c'est-à-dire une des cases, quelques vêtements, une ration de vivres et une allocation de 125 livres par mois, pouvant tout au plus suffire pour payer sa pension. On lui fixa pour promenade un espace d'environ 20 lieues, à la condition que tous les cinq jours, et à une heure déterminée, il se trouverait chez lui, pour y être visité par le commandant du poste de Sinnamary.

Quelques jours seulement s'étaient écoulés depuis son arrivée à Sinnamary, lorsqu'il y reçut une lettre de sa famille. Il avait laissé en France, outre sa femme : son père, sa mère et un frère, pour lesquels il avait toujours éprouvé la plus vive affection. Le 9 frimaire an v, une occasion s'étant présentée pour France, il écrivit à son père :

« N'ayant reçu aucune nouvelle de vous, depuis mon départ de France, j'étais non moins inquiet qu'affligé, lorsque enfin une lettre que je viens de recevoir de ma femme a dissipé mes alarmes. Elle m'apprend que, grâce au ciel, vous jouissez d'une bonne santé, ainsi que ma chère maman.

« Conservez-la, je vous en conjure, en la ménageant autant que possible. J'aurais trop à souffrir de savoir que ce dépôt si précieux pour mon cœur soit altéré; car, assurément, je n'ai pas besoin de vous retracer ici combien ma tendresse pour vous a d'étendue et de force. Il suffit, pour les connaître, de vous rappeler toutes les bontés que vous avez eues pour moi, et pour lesquelles ma reconnaissance est égale à mon attachement.

« Ma femme m'annonce une lettre de vous, qui ne m'est point encore parvenue. Je l'attends avec autant d'impatience que je la recevrai avec plaisir. C'est un dédommagement nécessaire, quand je me trouve séparé de vous par une aussi grande distance. Je vous ai pareillement écrit trois fois, depuis mon séjour dans la Guyane française; mais je doute que mes lettres vous soient parvenues. On a si peu de soin à cet égard dans les vaisseaux, que c'est un hasard quand celles qu'on leur confie sont remises à leur adresse. »

Dans cette lettre, pour ne pas affliger ses parents, il ne disait pas un mot de l'horrible solitude dans laquelle il se trouvait, ni des souffrances sans nombre qu'il avait endurées, ni de ses longues maladies, ni des cruelles humiliations qu'on lui avait fait subir. Il semble que le plaisir de s'entretenir avec ceux qu'il aimait lui avait fait oublier tous ses maux.

Dans toute la correspondance qu'il a entretenue avec sa famille, depuis son départ de France jusqu'à sa mort, Billaud Varenne a évité, par prudence, de rien dire pouvant se rapporter à la politique, ni même aux événements de la Révolution.

Jusqu'au 7 frimaire an vi, il vécut presque seul. Son âme trop fière pour se plaindre, supportait en silence les ennuis de la solitude. « Sans doute, disait-il un jour, je n'ai sous les pieds qu'un sol douloureux et des volcans prêts à m'engloutir, mais aussi une palme glorieuse n'est-elle pas le but de ma carrière, et, qui sent tout le prix de la mériter, peut-il trouver qu'elle lui coûtera trop cher? »

Le 7 frimaire an vi, il écrivait à sa femme une lettre dans laquelle il exprimait la douleur qu'il avait ressentie en apprenant qu'elle était malade et malheureuse, et il lui faisait un tableau touchant de sa constance et de sa résignation. Il essayait de la consoler, lui parlait de son père, de sa mère, de son frère, et il lui demandait ce que ses *manuscrits* étaient devenus : « Tu sais, lui disait-il, que c'est le fruit de dix ans d'étude et de travail, que c'est l'expression fidèle de mes sentiments, de mes opinions, de mes principes, et que par conséquent c'est la meilleure réponse que j'aie à faire aux calomnies dont je suis noirci. Je te recommande donc ce dépôt, non pour le présenter à mes contemporains, de qui je n'attends plus rien, mais pour qu'il serve du moins, après ma mort, à me justifier aux yeux de la postérité. »

Ces *manuscrits* n'ont pas été retrouvés ; ils avaient sans doute été détruits, par mesure de prudence, au moment de l'arrestation de Billaud. Ils ne se trouvaient pas sous les scellés apposés à son domicile. Il en fut de même pour ceux de Collot-d'Herbois, et il n'y a pas lieu de s'en étonner, quand on se rappelle les dangers auxquels ces représentants et leurs familles étaient exposés à cette époque. D'ailleurs, ils avaient pu prendre, à l'égard de leurs papiers, toutes les précautions qu'ils ont jugées nécessaires ; les scellés n'ayant été apposés à leurs domiciles qu'au moment de leur départ pour l'île d'Oleron.

Le 7 frimaire an VI, Billaud vit arriver à Sinnamary les déportés du 18 fructidor an V. Embarqués à bord de la corvette *la Vaillante*, ils étaient arrivés à Cayenne le 21 brumaire an VI, et ils avaient été dirigés, quelques jours après, sur Sinnamary. Ces nouveaux hôtes avaient été soumis au même régime que Billaud.

Ils étaient partis de Paris le 22 fructidor, à 2 heures du matin, par un temps de pluie et d'orage. Ils étaient enfermés dans quatre chariots, construits comme des cages de fer et fermés des quatre côtés, avec des barreaux, ayant une seule porte verrouillée et cadenassée. Ces voitures lourdes et non suspendues étaient plutôt destinées à conduire des animaux que des hommes ; c'est le général Augereau qui avait désigné ce moyen de transport, afin de permettre à la foule de satisfaire sa curiosité.

Ils étaient placés quatre dans chaque voiture, plus un gardien, chargé de la clef du cadenas qui fermait la grille d'entrée.

D'après les instructions du général Augereau, le général Dutertre « devait se pénétrer si fort de la nécessité de prévenir toute occasion qui pourrait procurer ou favoriser la fuite, qu'en cas d'attaque, de la part de quelque individu ou d'insulte, *il devait agir militairement sur les condamnés* (c'est-à-dire les faire fusiller), plutôt que de se les voir ravir. »

Les déportés, objets de pareils procédés, étaient au nombre de 16 : Barthélemy, membre du Directoire ; Laffon-Ladebat, Barbé-Marbois, Murinais, Tronçon-Ducoudray et Rovère, membres du Conseil des Anciens ; le général Pichegru, Bourdon de l'Oise, Aubry, Villot et Delarue, membres du Conseil des Cinq-Cents ; l'abbé Brotier, la Villeurnois, ancien Intendant de Pau, tous deux anciens agents royalistes, condamnés ; Ramel, Dossonville, inspecteur de police et Le Tellier, qui, sans être compris dans les listes des déportés, avait obtenu l'autorisation d'accompagner Barthélemy, son ami.

En passant à Étampes, dans le canton où les électeurs avaient voté avec le plus d'ardeur pour Tronçon-Ducoudray, l'un d'eux, le général Dutertre fit faire halte au milieu de la place et il livra les prisonniers aux insultes de la populace, à laquelle il permit d'entourer les voitures. Ils furent hués, maudits et couverts de boue (1).

Un arrêté de Jeannet, du 10 prairial an VI, n'accorda plus aux déportés, tant anciens que nouveaux, que le logement, une ration de mer par jour et le traitement à l'hôpital militaire, en cas de maladie.

Les déportés qui arrivaient étaient presque tous les ennemis politiques de Billaud, ils s'abstinrent de le fréquenter. Il n'en conserva cependant pas moins leur estime. « La conduite de Billaud, dit Barbé-Marbois, l'un d'eux, dans

---

(1) Dutertre, *Départ du Temple.*

ses *Mémoires*, fut toujours réservée, décente, égale, sans bassesse, comme sans arrogance. Je ne lui ai jamais parlé, mais, quatre fois par jour, il passait devant ma case. C'était sans éviter et sans chercher ma vue : il me saluait d'un air simple et courtois » (1).

L'abbé Brotier (2), qui était un royaliste bien prononcé, finit cependant par se lier avec Billaud, qui lui fit bon accueil, en le considérant comme une malheureuse victime d'une opinion systématique. Son esprit et ses connaissances étendues rendaient sa société très agréable pour Billaud, qui éprouva dans leurs conversations, au milieu de l'affreuse solitude d'une espèce de

---

(1) Barbé-Marbois (François, marquis de), membre du Conseil des Anciens, né à Metz en 1745. Nommé consul général aux États-Unis, et, en 1784, Intendant à Saint-Domingue, où il avait rencontré Victor Hugues.

(2) L'abbé Brotier (André-Charles), né à Tournai en 1751, avait publié à Paris, en 1791, un journal royaliste, intitulé *Journal général de France*. Il avait été pendant quelque temps l'agent des princes français à Paris et il avait été condamné, le 22 ventôse an v, à la réclusion, pour embauchage de plusieurs officiers, avec Berthelot, de la Villeurnois et Duverne de Presles.

désert, la seule diversion intéressante qu'il lui fût possible de se procurer.

Lorsqu'après un séjour d'une année environ, l'abbé Brotier fut atteint de la maladie qui devait le conduire si promptement au tombeau, Billaud Varenne se trouva dans l'impossibilité de le voir et de lui donner des soins; il fut très vivement affecté en apprenant sa mort, quelques jours après.

Billaud s'attendrissait aussi, même sur le sort du général Pichegru, qui avait été cependant son ennemi personnel, mais qui avait été également sacrifié par ses amis politiques.

Billaud avait vu le vide se faire successivement autour de lui, et ce vide était d'autant plus sensible pour lui, que dans cette contrée, où avec le titre de proscrit on l'avait jeté presque nu, rien ne venait amortir les chagrins ni les coups qui le frappaient sans cesse. A la fin de l'an vi, ne recevant plus les secours que le Gouvernement lui avait fournis jusque-là, il accepta pour asile une petite propriété isolée, située dans le canton de Makouria, appelée

Chevreuil, et appartenant au citoyen Lambert, qui s'était vivement intéressé à son sort et qui, plus tard, devint son ami très dévoué.

Cette habitation ne se composait que d'une case et de quelques arpents de terre; mais cela devait suffire à Billaud, du moins momentanément, pour son logement et pour subvenir à ses besoins. Ce fut, de ce nouvel asile, qu'il écrivit à son père, le 29 vendémiaire an VII, cette lettre empreinte d'une tristesse poignante :

« Cher Père,

« Votre dernière lettre, ou plutôt la seule que j'aie eu la satisfaction de recevoir de vous, depuis mon départ de France, date déjà de plus d'un an. Vous me promettiez alors que je ne tarderais pas à en recevoir une autre, cette flatteuse espérance est déçue. Quoique ma vie soit un tissu de sacrifices, croyez bien que celui-là est un de ceux que je supporte avec le plus de regret.

« Depuis que mon cœur est susceptible de

sentir et d'apprécier tout ce que la tendresse a d'enchanteur, est-il rien qui puisse me contenter davantage que ces témoignages de tendre amitié, dont vous m'avez toujours comblé. Dans la triste situation où je me trouve, ils ne me seraient sûrement pas plus chers, mais au moins ce serait un des allégements les plus doux que je pusse obtenir.

« Si la rigueur de ma destinée me dérobe ce qui serait le plus propre à me la rendre plus supportable, elle ne peut pas toutefois me ravir le plaisir que je goûte, en dépit d'elle, en m'occupant sans cesse de vous.

« Ne tenant plus à la vie que pour les sentiments qu'aucuns revers ne peuvent ni détruire ni atténuer, je m'en nourris, je m'en pénètre plus que jamais. J'en ai besoin pour endurer plus patiemment l'injustice des hommes. Ne serais-je pas l'être le plus infortuné, si, pour surcroît de mal, il pouvait entrer dans mon âme autant de transports de ressentiments qu'on a mis d'animosité à me persécuter. Mais grâce au ciel, ayant ma conscience pure, j'en ai aussi le calme; et quelque amères que soient mes angoisses, elles cèdent toujours devant ce que je puis affirmer : c'est que je n'ai tant à souffrir que parce que je suis vertueux. Si donc votre bon cœur ne peut manquer d'être affecté de mes peines, la cause en étant honorable, elles ne doivent vous chagriner que par ce qu'elles ont de cuisant. Du reste, né pour dévorer tant de revers, la nature m'a pourvu du courage nécessaire pour pouvoir les affronter, et si, en me donnant la vie, vous avez créé un exemple inouï de détresse, ne suis-je pas un modèle, peu commun, de patience et de force d'âme? Je vous affirme qu'il m'en a fallu pour ne pas succomber mille et mille fois sous des coups si multipliés, si variés, si atterrants.

« La malle que vous m'aviez annoncée ne m'est point parvenue, il faut sans doute l'attribuer à la même cause qui m'a privé de vos lettres. Cependant, je vous avoue que je touche au moment d'en avoir un pressant besoin, *ne recevant plus aucun secours du Gouvernement.* Pour surcroît de malheur, je suis dans un pays qui ne m'offre nulle ressource, pour pourvoir par mon travail à mon entretien. »

Le citoyen Burnel, nommé par le Directoire agent particulier de la Guyane, arriva à Cayenne le 15 brumaire an VII. Le citoyen Jeannet, qu'il venait remplacer, lui remit, le même jour, tous les pouvoirs qui lui avaient été conférés, et, dans un rapport qu'il lui faisait sur les déportés, Billaud, dont la conduite, depuis son arrivée dans la Guyane, avait toujours été irréprochable, était comparé à Aristide. Cet éloge mérité lui valut, de la part du nouveau Gouverneur, les témoignages flatteurs d'une bienveillance particulière.

Celui-ci, en effet, visita plusieurs fois Billaud dans sa retraite, et il chercha, par mille prévenances, à amoindrir, autant que possible, l'affreux dénuement dans lequel il l'avait trouvé plongé. Il voulut l'attirer à Cayenne, mais Billaud refusa, espérant toujours recevoir quelques secours de sa famille. La guerre avec l'Angleterre interrompait toutes les communications entre la France et les colonies; aussi, il n'avait encore rien pu recevoir de ses parents, le 3 thermidor an vii. Ce long silence de leur part était pour lui un supplice bien plus pénible à supporter que toutes les autres privations.

Il écrivait à sa femme, le 2 thermidor an vii, pour se plaindre de ne pas recevoir de lettres d'elle.

Il lui disait, dans sa lettre, que ce silence était une aggravation de ses maux :

« Quel courage il me faut, disait-il, pour ne pas succomber ! »

Il ajoutait « qu'il n'oubliait point que ses souffrances avaient pour cause son dévouement à la République, et cette pensée était un soulagement pour lui; qu'il venait de quitter Sinnamary pour une habitation solitaire, qui convenait autant à son caractère qu'à sa situation et il la priait de témoigner à son père et à sa mère toute la tendresse que lui-même leur devait ».

« Si, dans l'abandon où je me trouve, écrivait-il le lendemain à son père, je suis encore susceptible de recevoir quelque consolation, c'est surtout au plaisir d'avoir de vos nouvelles et de celle de ma chère maman que j'en serai redevable. Mais voilà près de deux ans que je suis privé de ce bonheur. Je ne doute pas que dans cet intervalle vous n'ayez sûrement eu la bonté de m'écrire. Les témoignages d'amitié que vous me prodiguez dans votre lettre m'en sont garants. Probablement les suivantes se sont égarées, ou peut-être n'avez-vous pas trouvé d'occasions pour m'en adresser. Au surplus, je ne souffre pas moins de votre silence. Il m'est affreux d'ignorer la destinée de personnes qui me sont si chères. Que du moins, les vœux que je forme pour que vous jouissiez d'une bonne santé, soient exaucés! Ils sont si ardents, que j'ose croire que leur instance ne sera pas vaine. Encore est-ce là un trop faible motif de tranquillité? Ainsi, mon cher papa, daignez, par grâce, m'en procurer de plus réels, en me faisant parvenir de vos nouvelles. Il m'est déjà assez douloureux d'être séparé de vous, sans rendre cet éloignement mille fois plus pénible, en y joignant un délaissement absolu.

« En relisant sans cesse votre dernière lettre, je me dédommage, autant qu'il est possible, de la privation de celles que j'attendais ultérieurement ; au moins, les marques d'affection que j'y trouve, en me donnant l'assurance que vous me la conservez, deviennent-elles un puissant soulagement au milieu de tant de sacrifices. A bien des égards, je vous en renouvelle mes remerciements. Que puis-je vous devoir de plus précieux ? Tant que vous me croirez digne de votre estime, j'aurai votre âme pour refuge, et la mienne, en s'y épanchant, cesse d'être autant suffoquée. Croyez aussi que je m'efforcerai de mériter votre bienveillance, en m'attachant à ne pas démentir les vertus qui vous.ont rendu si respectable.

« Vous pouvez avoir à vous plaindre d'avoir mis sur la terre un modèle d'infortune, mais je ne crains pas que vous ayez jamais à rougir de sa conduite. Lorsque je m'applique, avec tant d'attention, à la rendre irréprochable, je ne pense pas, mon cher papa, d'avoir besoin de vous détailler davantage mes sentiments, pour vous en convaincre. Quelles qu'aient été les situations bien différentes de ma vie, vous savez qu'ils ne se sont jamais démentis. Et comment pourraient-ils changer à votre égard, lorsque la sensibilité la plus profonde me pénètre pour vous et pour ma chère maman, de tout ce que l'attachement le plus inviolable et la reconnaissance la plus impérieuse peuvent inspirer. Veuillez vous charger, je vous en supplie, d'en transmettre l'expression à celle qui partage avec vous cet hommage. Dans ma jeunesse, cette tendre et digne mère a été si souvent et si heureusement mon organe auprès de vous, qu'elle m'a appris que je ne puis pas en choisir un meilleur auprès d'elle. »

Dans une autre lettre adressée à son père le 17 thermidor an VIII, il faisait de sa situation ce sombre tableau :

« Mon physique, usé par les revers, par le

chagrins, par la misère, par les infirmités, suites d'un climat dévorant et malsain, ne se maintient que d'une manière chancelante. Fréquemment, je suis assailli de maladies aiguës, et auxquelles il est inconcevable que j'aie pu échapper jusqu'à ce jour. Je vous dirai même que votre dernière lettre, par son expression affectueuse et consolante, m'a causé une jouissance d'autant plus douce, qu'elle m'a trouvé au commencement d'une convalescence, à l'issue d'une fièvre accablante qui, dans le cours de frimaire dernier, et pour la sixième fois, depuis que j'habite la Guyane, m'a conduit aux portes du tombeau. Si je compte ces époques funèbres, ce n'est ni pour vous navrer, ni pour m'en plaindre, car le mal passé n'est plus rien. Et d'ailleurs, il semble que la nature m'avait moulé pour le sort qui m'attendait, puisque, quand j'ai à lutter contre une adversité, peut-être sans exemple, j'ai du moins à lui opposer un courage et une constance à toute épreuve. »

A cette époque, le Conseil des Anciens eut à

décider si Barère et Billaud Varenne devaient être considérés comme étant compris dans les exceptions faites à la loi d'amnistie.

Dans la séance du 14 thermidor an VII, Garat qui avait succédé à Danton comme Ministre, de la justice, le 9 octobre 1792, et qui connaissait bien la vérité sur les faits reprochés à Billaud Varenne, entreprit la défense de Barère et rejeta sur Billaud Varenne la responsabilité des exécutions sanglantes faites pendant la durée du Comité de Salut public.

« Si la loi qu'on vous propose, dit l'orateur, ne devait regarder que Barère, je voterais pour qu'elle fût rendue; mais elle comprend aussi Billaud, et je vote contre. »

Le Conseil rejeta cette résolution.

Ce fut à l'habitation de *Chevreuil*, qu'une pauvre esclave noire, du nom de Virginie, créole de la Guadeloupe, se consacra entièrement aux soins et au soulagement du sort misérable de Billaud Varenne. L'empressement et le courage qu'elle mit à partager la détresse du proscrit, fut d'autant plus admirable et méritoire qu'il n'était pas calculé. Cette fille, malgré l'abaissement de sa condition et de son origine, était douce, d'une grande énergie et d'un jugement très sain. Souvent elle soutint le courage chancelant de Billaud, en lui rappelant ce qu'elle même avait eu à supporter d'affronts et d'outrages, sans qu'il lui fût échappé une parole de colère, mais aussi sans crainte ni faiblesse.

« Dans les crises politiques, dit Billaud Varenne, les grands revers, en enflammant l'imagination, électrisent l'âme et lui donnent de l'énergie ; au contraire, les peines obscures et domestiques, qui découlent ordinairement de sources futiles et viles, en comprimant le moral, deviennent pour lui un poison sourd qui l'énerve et qui le tue. Combien de fois, pendant qu'une langueur morbifique me rendait incapable de pourvoir à mes besoins, l'infatigable activité de Virginie n'a-t-elle pas suppléé à mon insuffisance ! Tombais-je dans l'abattement, l'attentive affection de Virginie me rappelait à moi-même, en me disant : Comment, Monsieur, c'est vous qui avez affronté tant de dangers et qui paraissez succomber sous les atteintes de ces vermines (1). »

Quoique l'amour sacré du sol qui l'avait vu naître fût toujours resté profondément gravé dans le cœur de Billaud, les changements politiques survenus en France, depuis son départ, lui avaient fait perdre, à peu près, tout espoir de revoir sa patrie. Cependant, bien souvent, dans sa retraite, il relisait, pour se consoler un peu des tourments de l'absence et de la séparation, les lettres affectueuses de ses parents, qui l'entretenaient toujours de son retour prochain. Mais bientôt arriva, dans les colonies, la nouvelle du 18 brumaire an VIII; ce coup d'État fut regardé par Billaud comme la véritable destruction des *Institutions républicaines*. Dès ce jour, il renonça au bonheur de revoir la France; son cœur se ferma à l'espérance. Gagner sa vie à la sueur de son front, voilà désormais ce qui l'occupa et ce qu'il s'efforça de faire.

(1) *Mémoires.*

Le 17 nivôse an VIII, Victor Hugues débarqua à Cayenne, avec les fonctions de Gouverneur de la colonie, en remplacement de Burnel.

Jean-Baptiste-Victor Hugues, né à Marseille en 1770, avait passé plusieurs années à l'île de Saint-Domingue. Il était rentré en France en 1793. Laiquelot et Lequimiot, représentants en mission, ayant institué, à Rochefort, le 8 brumaire an II, un tribunal révolutionnaire, avaient nommé Victor Hugues accusateur public ; ils en instituèrent un autre à Brest, le 17 pluviôse suivant, et V. Hugues en fut aussi nommé l'accusateur public.

Le 20 pluviôse, il requit la municipalité de Brest de faire dresser, sur la place de la Liberté, la *Sainte guillotine*, laquelle y demeurerait en permanence jusqu'à nouvel ordre.

V. Hugues, qui devait une partie de sa fortune à l'amitié de Billaud Varenne, dont il partageait les idées, n'oublia pas notre proscrit. Le lendemain de son arrivée, il alla le voir, et il lui remit un grand nombre de lettres, tant de sa famille que de ses amis de France. Il lui fit remettre aussi quelques effets et un peu d'argent, de la part de Billaud père.

Billaud Varenne fut, dès ce moment, laissé en toute liberté ; il fut traité par le nouveau Gouverneur avec beaucoup d'égards. Bientôt, en se faisant fermier, il recouvra et il put exercer ses droits de citoyen français à Cayenne. Le 24 prairial an VIII, il prit à ferme pour cinq ans le domaine de la citoyenne d'Orvilliers (1). Peu de temps après, ce bail fut prorogé pour sept années, par l'administration de la Marine, qui s'était emparée de cette propriété, considérée par elle comme domaine national, provenant d'émigré ou d'absent.

Cette habitation était située dans le canton de la Côte et dans l'île de Cayenne. Elle était abritée par une montagne qui s'étendait jusqu'à la mer. On y arrivait par un étroit sentier,

---

(1) La comtesse d'Orvilliers, née Renée-Justine de Brach, veuve en 1764 de Gilbert Guillouet, comte d'Orvilliers, Gouverneur de la Guyane depuis la mort de Claude Guillouet, comte d'Orvilliers, son père, jusqu'au mois de mai 1763. Elle était absente et considérée comme émigrée.

taillé dans le rocher, et qui était commun à toutes les habitations voisines. La végétation, dans ces parages, était d'une richesse splendide ; la principale culture de cette propriété consistait en cotonniers, caféiers, magnocs et cacaoyers.

L'habitation se composait d'une maison de maître avec une terrasse en avant, un grenier, une salle, deux chambres et quatre petits cabinets ; une cuisine était attenante à ce corps de bâtiment. Il y avait, en outre, à côté de l'habitation du maître, douze cases, couvertes en paille et servant à loger les ouvriers cultivateurs ; plus une grande case pour sécher le cacao et pour faire la cassave.

Le prix du loyer de cette ferme fut fixé à 1200 francs par an ; mais comme Billaud n'avait rien pour répondre de cette somme, un colon, devenu son ami, J. Lambert, se rendit caution pour lui.

Ce fut le 1er messidor an VIII, que Billaud prit possession de sa ferme, et qu'il s'y installa avec Virginie, cette compagne dévouée, qu'il s'était attachée et qui devait lui fermer les yeux, vingt ans plus tard.

Peu de temps après son installation, il s'empressa de prévenir son père de sa nouvelle position, par une lettre du 27 thermidor an VIII.

« Au lieu, disait-il, de vous parler de mes souffrances, je vous apprendrai que je viens, à la fin, d'atténuer celle qui m'était le plus pénible, parce qu'elle blessait davantage ma délicatesse. Jusqu'ici, commandé par la nécessité, et cherchant aussi un peu trop à soulager mes ennuis, en me berçant de chimères, j'avais vécu sans ressources et pour ainsi dire sans asile, ne devant qu'à la commisération la retraite qu'elle m'avait accordée sur l'habitation Chevreuil. Heureusement, l'affreuse détresse où j'ai été plongé pendant ma dernière maladie, m'a fait sentir l'urgence de m'arracher au moins à un état si précaire et si disetteux. Dès ce moment, j'ai banni de ma pensée toute illusion trompeuse, pour considérer ma situation dans son exacte réalité. J'ai vu que c'était trop d'être exposé sans cesse à manquer de tout, et d'être, en outre, à charge à autrui. Cette pénible et honteuse extrémité ne convient point aux sentiments de l'éducation que vous m'avez donnée, et je suis encore à concevoir comment j'ai pu y languir si longtemps, quand il était en moi de ne devoir mes ressources qu'à mon travail. Revenu soudain de cet écart froissant et croupissant, pour ne plus avoir ni à en gémir, ni à en rougir, je me suis mis sans délai à recommencer encore une fois à gagner ma vie. Or le pays, ainsi que mes facultés, ne m'offrant qu'un seul moyen pour exécuter cette résolution, celui de l'entreprise du bail à ferme d'une habitation, je l'ai saisi sur-le-champ; et, quoique je ne sois entré en jouissance que depuis deux mois, je m'en trouve déjà très bien. D'abord, mon existence cesse d'être onéreuse à qui que ce soit, ce qui est pour moi une vive peine de moins; ensuite, j'ai, avec le temps, de quoi satisfaire à mes engagements. De plus, sont annulés l'embarras et la difficulté de pourvoir à mes besoins; car, pour cela, ma ferme me fournit suffisamment. Je suis même délivré, tant que j'en jouirai, de l'inquiétude torturante d'un avenir me menaçant sans relâche des atteintes de la misère. Je n'ai jamais recherché la fortune, mais être continuellement dénué du plus strict nécessaire est un supplice qui, à la longue, ne peut être supporté par la plus ferme résignation. Voilà donc votre fils devenu un bon fermier, et cet emploi me convient d'autant mieux, que j'ai toujours passionnément aimé la vie champêtre. Aussi, depuis que je porte ce titre, il me semble que j'ai presque oublié tous mes malheurs; ou du moins, préoccupé des soins et des travaux de l'agriculture, ils absorbent en partie les idées sinistres de ma position. Je vis content, parce que je vis tranquille, et je me complais à vous l'annoncer pour faire partager à votre âme sensible l'allégement que la mienne vient de recevoir. »

Étant bien persuadé que par suite du nouveau régime établi en France, il ne pourrait plus y revenir sans danger, son seul désir, alors que la Guyane était devenue sa patrie, était de pouvoir acheter la petite propriété qu'il venait d'affermer.

« Par cela même, continuait Billaud, que le mieux que je goûte ne me montre le malaise d'où je sors que plus horrible, je redoute davantage d'y retomber; et, quoique ma ferme soit de cinq ans, j'en aperçois d'avance le terme avec sollicitude. Ce qui augmente ce déplaisir, est l'embarras où je retomberais à l'expiration de mon bail, si j'étais forcé de déguerpir avant d'avoir pu profiter du fruit de mes peines et de mes dépenses, puisque ce domaine ne commencera guère qu'à ce terme à être en pleine valeur.

« Enfin, la propension que j'ai de m'attacher infiniment aux endroits où je demeure, entre pareillement pour beaucoup dans le regret que j'aurais à être dépossédé. Car, ici, cette habitude devient d'autant plus forte, que les soins que je me donne pour améliorer cette habitation me la rendent chaque jour plus agréable. Je désirerais donc pouvoir l'acheter, mais j'ignore à qui il faut s'adresser à cet effet. La ferme m'en a été passée par un citoyen de Cayenne, nommé Étienne Franconie, fondé de procuration de la citoyenne d'Orvilliers, veuve ou héritière du propriétaire, portant le même nom et ancien Gouverneur de la Guyane, il y a environ trente ans; Macaye m'a dit qu'il avait laissé une veuve, un fils et deux filles, qui demeuraient à Rochefort. J'ose vous prier, mon cher papa, de vouloir bien prendre quelques renseignements à cet égard. Le propriétaire n'a rien reçu de ce domaine depuis peut-être dix ans et le porteur de procuration est en avance de 4,000 livres, représentant près de quatre années de bail, les frais ayant excédé les revenus. J'en donnerais de vingt à vingt-quatre mille francs, suivant que le propriétaire serait plus ou moins traitable. A ce dernier prix, je pourrais encore me tirer d'affaire, parce qu'ici, quoique les frais d'exploitation soient assez considérables, vu le grand nombre de bras qui y sont employés, les biens, quand ils sont administrés comme il faut, rendent pour l'ordinaire plus amplement qu'en France. Cela tient à la variété des productions, dont les récoltes tombent successivement dans toutes les saisons, et, qui plus est, chacune d'elle est double. Par exemple, le cacao, le coton, le café se cueillent tous les six mois ; de sorte que toutes les dépenses payées, j'espère avoir un excédent chaque année, au moyen des améliorations que je fais, qui me mettra en état de rembourser le capital sans un trop long délai.

« ..... Si je fais l'acquisition de cette propriété, c'est uniquement pour m'assurer, s'il est possible, la seule ressource qui, me délivrant de la gêne et de la pénurie, me dispensera de mettre votre générosité à contribution. Que du moins, s'il ne m'est pas permis de vous restituer à mon tour une partie des biens dont vous m'avez comblé, fassent le ciel et mon travail que je sois désormais dispensé de vous prier derechef d'en prolonger la série, trop aggravante au gré de ma délicatesse. »

Par un arrêté de Bonaparte, premier consul, en date du 5 nivôse an VIII, il fut permis aux déportés du 12 germinal an III et du 19 fructidor an V, désignés sur une liste officielle, de rentrer sur le territoire de la République. Le nom de Billaud Varenne ne figurait pas sur cette liste. Cependant, Victor Hugues avait reçu, en même temps, du Gouvernement l'autorisation d'appliquer cette loi d'amnistie à Billaud Varenne, si toutefois celui-ci désirait revenir en France. D'après un récit fait par le capitaine Bernard (1), qui était alors aide de camp de V. Hugues, celui-ci annonça cette heureuse nouvelle à Billaud, par une lettre que le général Bernard fut chargé de lui remettre. Voici dans quels termes il raconte son entrevue avec Billaud :

« Je montai à cheval pour aller porter mon

---

(1) Bernard (Jacques), né à Draguignan en 1774. Nommé chef de bataillon en 1806, et général de brigade le 5 juillet 1815.

message à d'Orvilliers.... J'arrivai bientôt sous ses immortels cacaoyers. J'attachai mon cheval au pied d'un arbre et je gravis l'escarpement sous le beau couvert de bois, jusqu'à l'établissement où Billaud Varenne faisait sa résidence. Je le trouvai sous la galerie de sa petite maison, sans étage; il était couché dans son hamac. Aussitôt qu'il m'aperçut, il se leva, vint à moi et, m'abordant avec la politesse qui lui était familière, il me demanda, en voyant sur ma physionomie cet air de satisfaction que doit avoir tout messager de bonne nouvelle, ce qui lui procurait l'honneur de ma visite: la fin de votre exil, lui dis-je avec émotion; et lui donnant la lettre, j'ajoutai les compliments de félicitations du Gouverneur et les miens. C'était ma deuxième mission de cette nature. J'avais reçu, au dégrad de Cayenne, MM. Barbé-Marbois et Laffon de Ladébat, déportés, lorsqu'ils arrivèrent de Sinnamary pour retourner en France. Ce fut encore moi que le Gouverneur envoya porter aux autres exilés les premiers secours et les premières consolations. Reçu comme un sauveur à Sinnamary, j'espérais produire le même résultat à d'Orvilliers. Billaud Varenne prit ma lettre ; un sourire glissa sur ses lèvres ; mais ce n'était pas celui de la joie. Il me pria de me reposer dans son hamac ; il lut lentement, sans que je pusse reconnaître en lui la moindre émotion. Il était d'une haute taille, sa figure large et pâle ne révélait, par aucun signe extérieur, une âme aussi énergique. Sa physionomie était pleine de douceur, il portait une perruque de cheveux rouges, coupés à la jacobin. Son accent, ses manières annonçaient de l'affabilité et une distinction que son costume, plus que simple, ne pouvait effacer. Un pantalon, une veste de toile grossière, un chapeau à larges bords, de gros souliers : tel était le costume de ce Spartiate. Le hamac dans lequel je me balançais, en pétillant d'impatience de recevoir une réponse, était le seul meuble de la galerie. Une table et trois chaises communes, à moitié dépouillées, composaient le mobilier de la pièce intérieure de cette maison, occupée par un des oligarques qui avaient gouverné la France. Et cet homme d'État tenait dans sa main un des premiers actes de la clémence de Bonaparte! Quel usage allait-il en faire? Les réflexions se présentaient en foule à mon esprit, et l'étonnement dont je fus saisi ne peut se décrire, quand Billaud s'approchant de moi, sans me dire un seul mot de l'objet de ma mission, me pria d'accepter un verre de punch et de lui permettre d'aller répondre à la lettre du Gouverneur. Vous voudrez bien, me dit-il, le remercier de son empressement à me faire connaître les intentions du Gouvernement à mon égard. Rien dans ces paroles étudiées ne ressemblait à la joie que doit éprouver un exilé, en recevant la nouvelle de son rappel dans sa patrie. Pendant que Billaud Varenne écrivait, je parcourus les alentours de sa maison.

« Revenu à l'habitation, Billaud, qui avait terminé sa lettre, me la remit avec gravité, sans rien m'apprendre de ce que je désirais tant savoir. Mon cheval porta la peine de ce silence. Le Gouverneur, non moins impatient, parce qu'il connaissait notre Romain, m'attendait sous la galerie de la Maison nationale.

« Il prit la lettre, la lut avec empressement, et me la remit en disant : je m'y attendais.

« Billaud Varenne s'exprimait à peu près ainsi, dans quelques lignes tracées d'une main ferme : « *Je sais, par l'histoire, que les consuls « romains tenaient du peuple certains droits; « mais le droit de faire grâce, que s'arrogent « les consuls français, n'ayant pas été puisé à « la même source, je ne puis accepter l'amnistie « qu'ils prétendent m'accorder* (1). »

Ce qui vient confirmer l'assertion du général Bernard, en ce qui concerne l'amnistie accordée à Billaud et la permission qu'il avait obtenue de revenir en France, c'est un arrêté du 19 fructidor an VIII, portant que « tous les individus condamnés à la déportation, autre-

---

(1) *Nouvelle Minerve*, 1835, tome II, p. 288.

ment que par des actes du pouvoir judiciaire, et qui sont actuellement à la Guyane française, *seront transférés dans le plus bref délai* possible dans les îles de Ré et d'Oleron, et mis sous la surveillance du Préfet de la Charente-Inférieure ». Or, si Billaud n'eût pas été compris dans l'amnistie du 5 nivôse an viii, il eût été indubitablement soumis aux exigences de l'arrêté du 19 fructidor de la même année et interné dans les îles de Ré ou d'Oleron. Cependant, il n'en fut rien : Billaud, laissé en toute liberté, dans sa petite habitation, fut traité par le Gouverneur avec les plus grands égards, comme auparavant.

C'est dans cette nouvelle situation que Billaud Varenne écrivit à sa femme une lettre, datée d'Orvilliers, le 21 vendémiaire an ix, et dans laquelle il lui apprenait qu'il venait de supporter une maladie très dangereuse ; qu'il avait été rappelé à la vie, et, faisant allusion à la grâce que lui avait offerte le premier Consul, il disait *qu'il ne voulait pas souiller les quelques jours qu'il avait encore en perspective par une déviation pusillanime ;* qu'il avait tout fait pour acquérir une réputation sans tache et qu'il avait sacrifié, à ce noble et véhément désir, ses affections les plus chères, son repos, sa sécurité, son bien-être.

Il déclarait « avoir un caractère qui, n'aspirant qu'à l'illustration, le rendait capable, disait-il, de triompher de la plus poignante adversité ; que pour n'être plus à charge à personne, il venait de se faire agriculteur et qu'il jouissait d'une tranquillité qu'il n'espérait plus ».

Il lui reprochait doucement son oubli et lui rappelait qu'elle ne lui avait point envoyé de livres, à lui, dont la lecture était la principale et la plus agréable occupation, et qui, en France, s'était composé si soigneusement une petite bibliothèque, sur ses épargnes.

Il ajoutait que c'étaient les mêmes livres qu'il lisait autrefois qu'il voulait relire encore : *Homère, Virgile, Salluste, Cicéron,* avec leur traduction ; *Tacite,* traduit par Dotteville ; les œuvres complètes de *Plutarque,* traduites par Brotier, *Montaigne, Charron, Lock, Montes-*

quieu, Jean-Jacques Rousseau, Mably, Voltaire, Raynal, Newton, Pope, Young.

Il donnait aussi la liste d'objets qu'il désirait, puis il remerciait d'un envoi que lui avait fait un de ses amis et qui lui avait permis de satisfaire « *une fantaisie* que j'ai négligée dans la prospérité, dit-il, qui est l'envie, tu le sais, d'avoir de beau linge », et il ajoutait quelques réflexions philosophiques à ce sujet (1).

Voici une autre lettre de Billaud Varenne, du 5 nivôse an IX, adressée à son père, et dans laquelle il lui exposait les motifs qui l'empêchaient de revenir en France, malgré les appels pressants de sa famille qui, depuis peu, le savait amnistié.

« ..... Totalement livré aux travaux champêtres, j'y gagne encore la faculté de me distraire, sur le surplus de mes peines, et, si ce n'était pas le sensible regret d'être séparé d'une

---

(1) *Catalogue des autographes*, du Dr Michelin, 2e partie, 1888, in-8°.

famille qui m'est aussi chère que la mienne, je pourrais dire que je jouis actuellement d'une destinée qui doit me paraître d'autant plus douce, que je l'ai achetée par une masse bien terrible de tourments. *Non, ce n'est pas, après avoir été si violemment et si longuement battu par la tempête, qu'on doit quitter la plage qui permet d'y respirer en paix, quand on en a si grand besoin.* Vous concevez que ma santé déjà assez frêle est horriblement usée, ne fût-ce que par les maladies graves et fréquentes que j'ai éprouvées. Et vous en serez persuadé quand vous saurez que, pour m'acclimater, j'ai eu une dysenterie qui m'a duré dix-huit mois; et sûrement vous auriez reçu plus souvent de mes lettres, si je n'eusse pas été tant de fois à l'agonie, au départ des vaisseaux. Vu le dépérissement de mes forces physiques, je doute *que je puisse supporter une longue traversée, étant très fatigué du mal de mer;* et moi, si sensible au froid, *le climat de la France ne pourrait plus me convenir aujourd'hui.* D'ailleurs, à vous parler franchement, je crois que le vœu le plus sage que je puisse former, *c'est qu'on veuille m'oublier*. Du moins, je n'en demande pas davantage, et peut-être notre commune tranquillité tient-elle à l'accomplissement de ce souhait ardent. N'y aurait-il que cette seule raison, elle serait suffisante pour que ma détermination fût, autant qu'il dépend de moi, irrévocable. Aussi ne voulant point qu'il reste de doute à cet égard, vous verrez, mon cher papa, par ma précédente lettre, que j'ai l'intention d'acheter l'habitation que j'ai prise à ferme.

« Indépendamment que la situation de ce domaine est très agréable, mon goût dominant pour la solitude et la campagne, fortifié par les soins que je me donne depuis six mois, pour mettre ce bien en valeur, me le rendent d'autant plus précieux que c'est l'asile ou le refuge où j'ai cessé, dans cette contrée, d'exister si fort à la gêne. Quoique mon bail soit de sept années, c'est toujours une jouissance si précaire ! Et si j'étais dépossédé, ce serait un terrible malheur pour moi, puisque non seulement je retomberais dans la misère, mais de plus elle serait aggravée par le poids accablant des dettes qu'il m'a fallu faire en avances d'emprunts indispensables. Et même, à l'expiration de ma ferme, s'il me fallait y renoncer, comme ce sera positivement l'époque de la pleine valeur des améliorations que j'y fais, je perdrais encore le fruit de mes déboursés et de mes peines, et j'aurais en outre le cuisant chagrin d'abandonner cette maison, après que la longue habitude d'y séjourner m'y aurait intimement attaché. Le moyen de prévenir ces revers et ces désagréments est de me rendre, s'il est possible, acquéreur de cette habitation.

« Elle m'a été louée par le porteur de la procuration des anciens propriétaires, appelés comme elle d'Orvilliers. Depuis mon bail passé, cette maison est entrée dans la classe des domaines nationaux. Je me serais pourvu ici pour en faire l'achat, au lieu de demander simplement la ratification de mon bail, ce qui m'a été accordé; mais il n'y a pas de loi qui autorise la vente des biens nationaux dans les colonies. Il faut donc réclamer cette vente auprès du Gouvernement, c'est ce que je fais. Cette démarche n'ayant rien que de légitime, j'ose en attendre un plein succès. Puisqu'on doit savoir que je ne puis la payer qu'à l'aide des améliorations dont je m'occupe, je prie qu'on veuille m'accorder des termes, ce qui se pratique dans toutes les ventes de cette nature, et qu'ils soient graduels, pour être plus à portée de les acquitter, à mesure que les produits s'agrandiront.

« Enfin, ne présumant pas qu'on ait l'intention que je la paye trop au delà de sa valeur, je consens à en donner jusqu'à 24,000 livres, au taux même du cours de l'argent en France, quoiqu'elle ne soit estimée que 20,000 livres, argent des colonies. Pour traiter cette affaire, je pense qu'il faut s'adresser à quelque Conseiller d'État, et s'il est vrai que Barère soit de ce nombre, je présume qu'il me rendra ce service important avec zèle.

« ..... Si j'obtiens ce que je désire, de grâce cessez de vous affecter si vivement de ma destinée, soustraite désormais aux atteintes d'une poignante pénurie : ce sera déjà un grand soulagement. Après l'éducation que vous m'avez donnée, concevez-vous ce qu'il m'a fallu endurer, quand j'ai été réduit à mendier, pour ainsi dire, jusqu'à la retraite que j'avais reçue de la pitié sur l'habitation Chevreuil. C'est là ce que m'a valu la folie de me nourrir d'espérances qui, à la vérité, étaient tout ce qui me restait, au comble du malheur ; mais qui, examinées au flambeau de la raison, n'en étaient pas moins un délire. Je rends grâce à ce que l'adversité a de poignant, puisque c'est son excès qui m'a appris que je devais, par mon travail, pourvoir à ma subsistance, sans être à charge à qui que ce soit ; et je n'ai plus à rougir envers ceux qui veulent bien m'obliger, lorsque je me mets en mesure de les satisfaire à mon tour.

« Sans doute, mon cher papa, il est déchirant pour mon cœur d'être privé de la satisfaction de vous serrer contre mon sein ; mais rappelez-vous, qu'après notre dernière entrevue, nous ne pouvions même pas nous flatter de jamais entendre parler l'un de l'autre, et je regarde comme une insigne faveur du ciel qu'il me soit encore permis de recevoir de vos lettres et d'y répondre. Que cette consolation supplée donc aussi chez vous celles qui vous manquent. Qu'importe la distance, dès qu'on peut l'abréger par de si doux entretiens, et que d'ailleurs l'espace en est rempli par l'étendue d'une tendresse réciproque.

« ..... Puisse cette lettre ramener dans votre âme un peu plus de sérénité, en vous donnant la certitude que votre pauvre fils est un peu moins infortuné qu'antérieurement. Il serait difficile, pourtant, qu'elle vous causât un contentement aussi vif que celui que m'a fait sentir votre précieuse lettre. Ce n'est pas seulement l'expression réitérée et touchante de votre attachement qui m'a pénétré du plus délicieux attendrissement ; l'assurance que j'en reçois que vous jouissez d'une bonne santé, ainsi que ma chère maman, m'a transporté d'allégresse, et c'est là ce qui manquait à la lueur du bien-être qui commence à poindre pour moi. Car votre pénultième lettre date d'un an. Au surplus, tout porte à croire que la guerre touche à son terme, et cet obstacle une fois levé, nous pourrons jouir dès lors moins rarement de la satisfaction si douce, pour des âmes sensibles, d'épancher à l'envi leurs tendres émotions.

« Sous ce rapport, mon cher papa, l'attente où vous êtes du retour de mon frère *Henri* en Europe, me complaît autant qu'à vous, et je souhaite avec bien de l'ardeur qu'il arrive de Saint-Domingue au printemps prochain, comme vous me dites qu'il vous l'a promis. Depuis dix-huit ans, ce me semble, qu'il est parti, il est temps qu'il vienne enfin respirer l'air natal. Je me féliciterai d'autant mieux de son séjour à la Rochelle, que le plaisir que vous en éprouverez contribuera à atténuer ce qui peut vous déplaire dans mon éloignement. En voyant autour de vous la plus grande portion de votre famille réunie, la joie que vous en aurez, je l'espère aussi fortement que je le désire, fera que vous vous apercevrez moins de mon absence. D'ailleurs, elle ne sera que corporelle, et déjà, je me transporte en idée au milieu de cette heureuse réunion et j'en jouis en imagination, sinon aussi réellement, toutefois avec des sensations aussi profondes que si j'y étais.

« J'aurais eu bien plus de satisfaction, si mes récoltes plus avancées m'eussent permis de vous envoyer du café et du chocolat. Bien sûr que vos déjeuners de famille vous paraîtront plus savoureux, quand ils seront composés des productions que j'aurai moi-même cultivées ; à ce prix, le métier d'agriculteur ne me plaît que davantage, et je souris à la perspective d'avoir des denrées de ce genre à vous offrir à la première occasion. Que le plaisir soit égal de votre part en les recevant. Je vous le répète, mon cher papa, et je vous en adjure, ne me replongez pas dans la désolation par la pensée que vous soyez chagrin à cause de moi, lorsqu'il y a moins sujet que jamais.....

« BILLAUD VARENNE. »

Le même jour, 5 nivôse an ix (26 décembre 1800), Billaud Varenne écrivait aussi à sa femme une lettre dans laquelle il se félicitait de sa nouvelle profession d'agriculteur, qui le mettait à l'abri du besoin, et il lui déclarait qu'il n'avait aucune envie de rentrer en Europe : « puisqu'on a si violemment brisé les nœuds qui m'attachaient à l'espèce humaine, dit-il, on m'a dispensé de rester, de devenir envieux de les renouer. »

Il lui donnait des renseignements sur la propriété d'Orvilliers, lui envoyant un pouvoir pour l'acheter, et il lui recommandait, en terminant, de le remplacer auprès de ses parents et de les consoler en son absence.

Ce qui, jusqu'ici, avait beaucoup contribué à soutenir le courage de Billaud Varenne, c'était surtout le souvenir de ses parents et de ses amis; c'était l'amour de sa femme : celle-ci avait continué à correspondre avec lui, et toutes ses lettres étaient empreintes de la plus tendre affection pour lui. De son côté, il lui avait constamment été attaché; aussi quand, au commencement de l'an x, il apprit d'une source certaine qu'elle avait fait prononcer son divorce, il en fut atterré. Ce coup lui fut d'autant plus sensible, qu'il était pour lui tout à fait imprévu, et la douleur qu'il en ressentit fut si profonde, que rien ne put désormais l'effacer.

Nous allons indiquer dans quelles circonstances singulières et vraiment romanesques ce divorce fut demandé et prononcé.

Un riche armateur américain, naturalisé Français, Henri Johnson, né à Boston en 1744, fixé en France depuis longtemps et devenu républicain exalté, s'était attaché de bonne heure à la ligne politique suivie par Billaud Varenne. Quand vint la réaction thermidorienne, il soutint secrètement Billaud par sa fortune; mais, connaissant sa fierté, il le fit toujours sans se faire connaître. Billaud Varenne avait, un jour, à faire imprimer une de ses défenses contre Lecointre. Il porta son manuscrit chez l'éditeur, dans un moment où Johnson se trouvait présent. « Vous le tirerez à 500 exemplaires, lui dit Billaud, je n'aurais pas le moyen de le faire tirer à un plus grand nombre. » Lorsque Billaud fut parti, Johnson dit à l'éditeur : « Tirez-le à 2,000 exemplaires, je me charge des frais de ces 1,500 exemplaires supplémentaires que vous me remettrez à l'insu de Billaud Varenne et gardez le plus profond secret sur ce fait. »

Quand la réaction, grandissant contre les anciens membres du Gouvernement, demandait à cor et à cris par ses organes la tête de Billaud Varenne et celles de ses collègues, Johnson, qui craignait pour ses jours, lui fit offrir de le faire sortir de France. Billaud Varenne refusa énergiquement. Quand il fut condamné à la déportation, et tandis qu'il était encore enfermé au château d'Oleron, Johnson se présenta à sa femme et lui annonça qu'il était résolu à faire de très grands sacrifices, s'il le fallait, pour faire évader Billaud Varenne du château d'Oleron. Dans la position critique et douloureuse dans laquelle elle se trouvait, ne croyant pas devoir refuser une offre aussi généreuse, elle en fit immédiatement part à la famille de son mari, laquelle s'empressa de l'accepter, avec autant de reconnaissance que de joie. Il ne manquait plus que l'assentiment de Billaud; celui-ci, prévenu secrètement, le refusa de la manière la plus formelle, en disant que la Convention nationale avait seule le droit de proclamer sa délivrance, en revenant sur l'injuste condamnation prononcée contre lui. Ce refus si catégorique ne découragea cependant pas Johnson; d'abord, il pria la famille de Billaud de le considérer comme un ami, qui ne craindrait désormais ni les sacrifices, ni les démarches les plus pénibles pour arracher Billaud au sort qui le menaçait.

Quand Billaud fut parti pour Cayenne, Johnson proposa à sa femme et à sa famille d'armer un corsaire à la Rochelle pour l'enlever de la Guyane et le transporter en Angleterre ou aux États-Unis. L'offre fut transmise à Billaud Varenne, qui refusa encore de l'accepter.

Enfin, le 3 ventôse an IV (22 février 1796), Mme Billaud Varenne reçut une lettre de son mari qui l'engageait fortement, dans leur intérêt commun, à ne pas se rendre auprès de lui, et dans une autre lettre du 9 frimaire an v (25 novembre 1796), de Sinnamary, adressée à son père, il s'exprimait à ce sujet d'une manière encore plus formelle :

« Je vous fais, mon cher papa et ma chère maman, mille remerciments d'avoir reçu chez vous ma malheureuse femme. Je n'attendais rien moins de la bonté de votre cœur, et c'est une grande consolation pour moi que de la savoir auprès de vous ; avec le titre de votre fille, elle en a toutes les vertus. Je suis donc persuadé que vous la trouverez digne de votre bienveillance et de votre tendresse. J'ose même vous prier de ne rien négliger pour la faire renoncer au projet qu'elle a conçu de venir me rejoindre pendant la guerre. Il ne faut pas qu'elle soit la victime de sa générosité. Sans doute, je désirerais que tout cela pût se faire, sans qu'il vous en coûtât de l'embarras, des soins et de la dépense. Mais puisque ma mauvaise destinée veut que nous vous soyons sans cesse à charge, au moins ne sera-ce pas sans en ressentir la plus vive reconnaissance ; vous savez que c'est le seul retour que des enfants peuvent offrir à leurs parents. Recevez donc celui que notre cœur vous présente ; et, quelque chose qui arrive, n'abandonnez pas l'infortunée qui me remplacera pour vous chérir, autant que je le fais moi-même. Avec cette certitude et celle de mériter et de conserver votre affection, tous les événements de la vie me seront bien moins pénibles à supporter, car le plus ardent de mes vœux sera rempli. Tels sont les sentiments que je vous dois à jamais et dont je vous prie, ainsi que ma chère maman, d'agréer l'hommage.

« Votre fils très respectueux.

« Billaud Varenne. »

La femme de Billaud, ne pouvant rejoindre son mari, n'avait pas cessé de faire des démarches pour lui venir en aide et adoucir, autant que possible, sa captivité. Elle essaya vainement de lui faire parvenir des effets et de l'argent, par des navires qui malheureusement furent toujours capturés. Johnson l'avait aidée, au moyen des relations et des protections que sa fortune lui avait acquises à Paris. Elle avait obtenu du Directoire, le 24 brumaire an IV (15 novembre 1795), l'autorisation de rejoindre son mari à la Guyane et aux frais de la République. Elle se rendit à la Rochelle, dans le voisinage du port où se faisaient les embarquements pour Cayenne et au milieu de la famille de son mari. A cette époque, les Anglais étaient à peu près maîtres de la mer. Outre les dangers de toutes sortes qu'offrait un si long voyage, il y avait encore à craindre pour la femme de Billaud, dès qu'elle serait arrivée, les terribles fièvres qui n'épargnent personne ; la position de Billaud Varenne n'en fût devenue que plus pénible et plus embarrassante. Le tempérament faible et délicat de Mme Billaud était un obstacle suffisant pour l'empêcher d'entreprendre un pareil voyage ; aussi des représentations bienveillantes lui ayant été faites à cet égard, tant par Johnson que par la famille de Billaud Varenne, elle renonça à partir.

Ce fut alors que Johnson lui proposa de faire prononcer son divorce et de l'épouser, afin qu'il pût lui donner toute sa fortune, dont Billaud pourrait ensuite profiter. La femme de Billaud, malade et sans ressources, venait de perdre sa mère et ses deux frères; elle se trouvait seule et sans famille, quand Johnson lui tendit une main protectrice et secourable. Elle aimait beaucoup son mari, ils avaient vécu heureux ensemble pendant plus de dix ans, et elle espérait encore pouvoir se réunir à lui. Elle ajourna longtemps sa réponse, puis elle fit connaître cette proposition au père de son mari, en lui demandant ses conseils. Elle paraît en avoir obtenu au moins une approbation tacite. Enfin, se trouvant dénuée de tout, abandonnée de la plupart de ceux qu'elle avait connus au temps de l'élévation de son mari et obligée de se soumettre aux plus dures privations, elle finit par accepter la proposition de Johnson, qui devenait de plus en plus pressant, voulant, disait-il, que toute sa fortune revînt un jour à Billaud Varenne, malgré sa répugnance, et, comme il était infirme et déjà d'un certain âge, il pensait qu'il pourrait en jouir bientôt.

C'est plus de dix-huit mois après le départ de son mari que la femme de Billaud Varenne demanda son divorce. Elle obtint, le 25 nivôse an v, devant le Tribunal civil de la Seine, un jugement qui admit le divorce, pour cause d'absence du mari, et ce divorce fut prononcé devant la XIe municipalité de Paris, le 29 du même mois (18 janvier 1797). Johnson réalisa sa promesse, par son contrat de mariage, signé le 8 pluviôse suivant, devant Me Dubos, notaire à Paris, contenant l'énonciation de la date du divorce et la donation qu'il fit à sa femme de la totalité de sa fortune. Leur mariage fut célébré à Paris, à la XIe municipalité, le lendemain, 9 pluviôse an v (28 janvier 1797). La femme de Billaud Varenne habitait encore rue Saint-André-des-Arts, n° 43.

Voici la reproduction de l'acte de mariage, tel qu'il fut reconstitué, parmi les actes de l'état civil, d'après un extrait délivré le 24 pluviôse an v :

« Onzième arrondissement de Paris an v.
« Du neuf pluviôse an v de la République. Acte de mariage de Henry Johnson, propriétaire, né à Boston, en Amérique, domicilié à Paris, passage des Petits-Pères, n° 9, division de Guillaume Tell, fils majeur de défunt Henry et de Marie Stuart sa veuve, domiciliée à Boston ;

« Et de dame Angélique Doye, divorcée de Jacques-Nicolas Billaud, née à Verden, près Osnabruck, en Westphalie, fille majeure de défunt François et de dame Angélique Tebbing, son épouse.

« Les époux ont déclaré à haute voix prendre en mariage, l'un Anne-Angélique Doye, l'autre Henry Johnson, en présence de quatre témoins majeurs.

« Pierre-Antoine-François Dhangard, officier public, a prononcé que, au nom de la loi, les dits époux sont unis en mariage et a signé aux registres avec les époux et les témoins.

« Collationné par moi, soussigné, officier public de l'état civil pour le onzième arrondissement de Paris. Signé Leblond. »

Dans ses *Souvenirs thermidoriens*, Georges Duval, auteur dramatique, écrivit (1) : « Il fut des femmes, il en fut beaucoup, qui jouèrent un rôle admirable dans la Révolution ; les exemples les plus éclatants de courage, d'abnégation, de dévouement ont été donnés par des femmes, et l'histoire transmettra à l'admiration de la postérité les noms de Mlle de Sombreuil, de la fille de Cazotte, de Mme de Lavergne, épouse du commandant de Longwi, qui, dans la fleur de la jeunesse et de la beauté, entendant prononcer la condamnation à mort du respectable vieillard, dont elle avait été la fidèle compagne, et voulant partager la gloire de son échafaud, proféra le cri de : *Vive le Roi!* au milieu du tribunal d'assassins, qui lui accorda à l'instant la faveur qu'elle sollicitait, et dont elle se montra digne,

---

(1) *Souvenirs thermidoriens*, t. I, p. 62.

par une fermeté qui ne se démentit pas, même sur l'échafaud, où elle répéta, à plusieurs fois, le cri de : *Vive le Roi !* qui l'y avait fait monter.

« Mais il fut d'autres femmes, et j'ai regret à le dire, que la loi du divorce ne présenta pas sous un jour aussi avantageux. Combien n'en vit-on pas qui, au lieu de s'associer aux périls de leurs époux incarcérés, cachés ou proscrits, s'empressèrent de profiter de la loi du divorce pour rompre des liens qui ne leur offraient plus que des dangers à courir ! Je n'en citerai qu'une, parce que je l'ai connue : c'était la femme de Billaud Varenne, qui fit sa demande en divorce le jour même où son mari fut condamné à la déportation, et qui se remaria huit jours après celui où il partit pour Cayenne. Et j'en sais quelque chose, car c'est moi qui rédigeai son contrat de mariage, dans l'étude de M⁰ Dubos, notaire, rue Saint-Jacques, et qui fus l'un des témoins de son mariage, à la municipalité de la rue Mignon. En supposant que Billaud Varenne fût aussi peu aimable comme mari que comme personnage politique, il me semble que la citoyenne son épouse, d'ailleurs une des plus belles femmes que j'aie vues, aurait pu attendre, pour divorcer et convoler, qu'il fût arrivé à sa destination, c'était l'affaire de quelques semaines, et les convenances auraient été mieux gardées. »

Georges Duval n'était ni indulgent, ni aimable pour cette jolie femme qu'il *connaissait*. Il s'est montré bien injuste à son égard ou sa mémoire l'a bien mal servi.

La femme de Billaud suivit dans sa demeure Johnson, son nouveau mari; elle a déclaré plus tard que celui-ci, autant par dignité personnelle, que par égard pour Billaud Varenne, proscrit et malheureux, n'avait exigé d'elle que son amitié et d'autres droits que ceux de protecteur et de père adoptif. Ils ne cessèrent néanmoins de s'occuper tous deux à chercher à améliorer le sort de Billaud Varenne, ce qui avait été le but constant de leur union.

Les relations avec Cayenne étaient devenues presque nulles, à cause de la guerre et l'échange des correspondances s'en ressentait beaucoup;

le proscrit resta longtemps sans nouvelles. Au milieu de tous les tourments de l'exil et de la misère, il n'oublia jamais ses parents, ni sa femme, dont il ignora longtemps le divorce. Vers la fin de l'an vi, ayant reçu une lettre de son père, qui gardait le silence à l'égard de sa femme, il en fut très inquiet. Aussi dans une lettre qu'il lui adressa, de l'habitation dite de Chevreuil, le 29 vendémiaire an vii (10 octobre 1798), il le suppliait de continuer sa bienveillance à l'égard de sa femme et il ajoutait :

« Il est possible que, poursuivie par le malheur, son âme aigrie vous ait paru moins susceptible de répondre aux bontés de la vôtre. L'excès de l'affliction conduit au désespoir, et le désespoir n'est lui-même qu'un vertige. C'est ce qui fait que les infortunés sont d'autant plus à plaindre que leur mauvaise humeur n'exhale que mécontentements qui déplaisent et qui lassent. Mais vous, si affectueux, si généreux, vous aurez distingué, vous aurez excusé ce qui n'appartient point au caractère. Celui de cette malheureuse m'a toujours paru rempli de candeur et, dans la dernière lettre qu'elle m'a écrite, elle me parle de vous et de ma chère maman, avec tant d'intérêt, tant d'attendrissement, que si vous aviez quelques reproches à lui faire, je suis bien sûr qu'elle les effacera par l'attachement qu'elle vous doit et qu'elle vous porte.

« Cette recommandation en faveur de votre fille s'adresse donc aussi à ma chère maman. Vos sentiments étant uniformes, je ne vous sépare pas plus dans ce que je vous écris que dans mon cœur. Elle qui a tant désiré une fille, elle continuera d'accorder, j'en suis certain, l'amour qu'elle lui réservait à celle que je lui ai donnée.....

« Votre fils respectueux.

« BILLAUD VARENNE. »

A peu près à la même époque, Mme Johnson reçut de Billaud Varenne une lettre dans laquelle il traçait un tableau déchirant de ses privations et de la misère à laquelle il était réduit.

Ce fut le cœur plein de l'affliction que lui causait cette pénible nouvelle qu'elle écrivit à M. Billaud père, le 25 pluviôse an vii (15 février 1799) :

« Cher Papa,

« Il est temps enfin de rompre le silence et de faire entendre à votre âme sensible la voix de l'humanité. Je ne prétends pas que vous fassiez des sacrifices, mais seulement que vous me secondiez dans le désir ferme que j'ai de secourir le plus vertueux et le plus infortuné des hommes. C'est votre fils et l'ami choisi de mon cœur, dont l'injustice des hommes m'a séparée, après une union parfaite de dix années. C'est donc mon devoir, comme c'est aussi le vôtre, en qualité de bon père, de ne pas laisser périr de misère l'innocent. Je n'ai qu'une grâce à vous demander. Je vis retirée à la campagne, auprès de l'ami qui m'a prêté une main secourable dans mon délaissement. Comme il est malade depuis plusieurs mois, je lui dois des soins. Je suis donc éloignée de toutes nouvelles ; mais puisque c'est du port de Rochefort que partent les bâtiments pour Cayenne, ayez la bonté de me prévenir quand il y en aura pour ce pays. Quant à l'argent qui lui était destiné, depuis une année, j'ai doublé la somme ; ainsi nous pouvons envoyer vingt-cinq louis par la première occasion ; il en restera encore vingt-cinq pour une autre fois. Comme vous et moi, nous ne sommes que les dépositaires de cet argent, et qu'il appartient à Billaud, vous ne devez faire aucune résistance pour vous en occuper. Je vous supplie de me pardonner si je puis vous déplaire en quelque chose. Mon cœur ne connaît pour vous d'autre sentiment que celui de l'amitié et de l'attachement le plus tendre. Je vous demande aussi pardon de toute la peine que je vous donne. J'aurais désiré vous l'éviter ; mais vous voyez que je suis dans l'impossibilité de le faire. Sans la maladie du citoyen Johnson, j'aurais été moi-même vous embrasser et vous délivrer de tous ces embarras. L'intention du citoyen Johnson était

d'expédier lui-même un bâtiment dans ce pays;
mais je crois bien qu'il ne se relèvera jamais
de sa maladie.

« Veuillez recevoir, ainsi que ma chère
maman, les plus tendres embrassements de
votre fille soumise.

« ANGÉLIQUE ».

Billaud père lui répondit le 15 ventôse suivant :

« Je suis pénétré de voir les sentiments que
vous conservez pour ce malheureux. Je désirerais que ma position pût me mettre dans le cas
de lui donner quelque secours ; mais toute ma
fortune, ainsi que celle de mon épouse, n'ayant
consisté qu'en rentes qui m'ont été toutes remboursées en papier dans l'année, tant soit peu
aisé que j'étais, je me trouve maintenant gêné,
et, cependant, si je pouvais trouver une occasion tant soit peu sûre, je ferais des sacrifices
pour vous seconder.

« Le malheur est que ces occasions sont rares. On avait bien parlé d'un armement pour ce pays ; mais il est à craindre que la disette de marins ne vienne à le retarder. Cependant, si je parviens à avoir connaissance de son départ, je ne manquerai pas de vous en prévenir. Je suis mortifié de l'indisposition de notre ami commun et souhaite qu'elle n'ait pas de suites graves ; car, maintenant, on a besoin de conserver ceux qui vous aiment, et ils sont si rares. »

Mme Billaud Varenne, qui connaissait l'état de gêne dans lequel se trouvait Billaud père, lui répondit le 26 du même mois :

« Je vous le recommande de nouveau, ne vous occupez pas de l'argent ; faites-moi part seulement de la première occasion que vous aurez. Je suis d'avis, pour le moment, de lui envoyer 600 livres ; à la prochaine occasion, j'en enverrai autant. Vous ne me refuserez pas cette petite consolation, la seule qui me reste sur la terre. Si j'ai conservé mes tristes jours, c'était dans l'unique espérance d'être utile à cet innocent opprimé. Pourvu que notre secours arrive encore à temps! Ah Dieu! quel tourment pour mon âme! avoir entre les mains de quoi soulager l'infortune, et ne pouvoir le faire!

« Je roule mille projets dans ma tête pour le tirer de cette affreuse situation. J'ignore si je réussirai, mais Dieu connaît la pureté de mes intentions. »

Le mois suivant, en germinal an VII (avril 1799), une occasion favorable s'offrit pour faire passer au malheureux proscrit quelques secours en argent; mais le navire qui devait partir de la Rochelle reçut inopinément contre-ordre, et Billaud fut, cette fois encore, privé de ce qui aurait pu apporter quelque soulagement à son existence.

Au milieu de ces fâcheux contretemps, qui se renouvelaient sans cesse et jetaient le découragement dans le cœur de ceux qui prenaient tant d'intérêt à l'infortune de Billaud Varenne, une lueur d'espérance et de bonheur vint ranimer sa famille désolée ; Barère était rappelé de son exil : « Mon fils étant dans la même position, écrit Billaud père, dans une lettre adressée à Mme Johnson, et ayant l'avantage d'avoir subi avec patience la peine qu'on lui a infligée, il devrait jouir certainement de la même faveur ; de sorte qu'après les bonnes intentions que vous m'avez témoignées à son égard, je ne fais nul doute que vous vouliez vous donner la peine de faire de nouvelles démarches pour obtenir en sa faveur la même grâce ; le temps paraît favorable. Mon seul désir maintenant serait de pouvoir l'embrasser encore une fois avant de mourir. J'estime qu'il n'y a rien à négliger pour lui faire accorder cette liberté, et soyez convaincue que je vous en aurai une reconnaissance éternelle, si vous pouvez être assez heureuse pour y parvenir. »

Mme Johnson lui répondit, le 17 thermidor an VII (6 août 1799) : « Soyez persuadé que je n'ai pas attendu jusqu'à ce jour pour m'occuper de mon infortuné Billaud. On a demandé, d'abord Barère, pour avoir plus facilement Billaud. Mais le crime redoute toujours de se trouver en face de l'innocent, et l'indigne Garat a fait rejeter la demande (1). Cet homme, très indulgent pour les royalistes, est impitoyable pour les républicains. J'ai été malade pendant deux jours de son infâme et absurde discours ; mais des âmes vertueuses ont ranimé mon courage, et j'espère être plus heureuse dans un autre moment.....

« ANGÉLIQUE. »

A toutes ces douleurs vint s'ajouter un malheur véritable pour Mme Johnson : depuis quelque temps M. Johnson, son mari, était alité, atteint d'une maladie très grave à laquelle il succomba le 5 nivôse an VIII.

« C'est l'âme pleine de douleur, écrivait Mme Johnson à M. Billaud père, et le cœur

(1) Séance du 14 thermidor an VII.

déchiré, que je réclame vos prières auprès de la Providence, pour soutenir mon courage chancelant. Poursuivie constamment par le malheur, je viens de perdre celui qui me servait de père; son âme s'est envolée comme celle d'un ange. J'ai vu, seule, l'aspect de la mort, et la terreur est restée dans mon cœur affligé. Les derniers mots qu'il a prononcés, cet homme incomparable, ont été d'invoquer le ciel pour ma conservation et la conservation de ceux qui me sont chers. Pardonnez-moi, cher papa, de vous entretenir d'un objet aussi triste ; mais où pourrais-je déposer mes chagrins, si ce n'est dans le sein de celui que je regarde toujours comme mon père. Les apparences peuvent être contre moi, mais mon cœur est pur, et quand vous saurez toute la vérité, vous rendrez justice à celle que vous nommiez autrefois votre fille.....

« Angélique. »

Cette mort affligea la famille Billaud, qui

ne pouvait manquer de reconnaissance envers un homme qui avait donné tant de preuves de sollicitude et de dévouement pour le malheureux Billaud. Elle avait conservé toujours quelques doutes sur la sincérité des sentiments de Mme Johnson envers son premier mari ; maintenant qu'elle se trouvait libre, jeune encore et riche, le moment était venu de connaître au juste la vérité à cet égard.

Johnson, en mourant, avait laissé à sa femme une fortune qui s'élevait à plus de 500,000 francs, somme importante pour cette époque, et représentée, pour la plus grande partie, par des immeubles situés à Paris et en Normandie.

La famille de Billaud ne lui avait pardonné cette union singulière qu'à une condition : c'est que d'un commun accord avec M. Johnson, elle consacrerait toute son existence et sa fortune à soulager le sort du pauvre exilé. Anssi, le 18 nivôse an VIII (8 janvier 1800), Billaud père lui écrivit une lettre dans ce sens. Après lui avoir adressé quelques paroles de consolation sur la mort de M. Johnson, il lui dit :

« Si vous avez perdu un ami qui vous a consolée dans vos peines, pensez qu'il en existe encore un, qui peut encore, je l'espère, avoir le bonheur de vous posséder. Mon seul souhait, avant de mourir, est de pouvoir l'embrasser encore une fois et de vous voir réunis. Dieu veuille, qu'avant ce terme, j'aie cette satisfaction. Je ne doute pas que, dans la circonstance, vous ne fassiez toutes les démarches nécessaires pour me la procurer, et, pour lors, le titre dont vous me qualifiez ne sera plus dans le cas de procurer des difficultés, et vous me trouverez à votre égard tel que je pense vous l'avoir toujours témoigné. »

Vers cette époque, Billaud Varenne avait été autorisé à revenir en France ; mais on sait comment il accueillit cette amnistie. Il ne connaissait pas encore le divorce de sa femme et nul dans la famille n'osait lui en faire la révélation. On craignait d'ajouter à ses tourments la douleur terrible que lui causerait certainement cette étrange nouvelle. Sa correspondance semblait indiquer déjà, chez lui, de funestes pressentiments. Dans sa lettre du 27 thermidor an VIII, adressée à son père, il lui écrivait :

« A l'égard de ma femme, je vous avoue que le silence absolu que vous gardez dans vos deux lettres sur son compte, ne m'a point échappé, et connaissant la tendresse de votre cœur, il me paraît l'indication funeste que vous n'êtes pas satisfait d'elle, ou du moins, il me le fait appréhender. Je ne sais quel sujet de mécontentement elle a pu vous procurer; mais si elle avait eu ce malheur, quel qu'en fût le genre, songez, je vous en conjure, mon cher papa, dans quel gouffre d'adversité les revers l'ont aussi plongée. Ils sont trop rares ceux qui, en butte à des coups si terribles et si bouleversants, ont la tête assez forte pour ne la pas perdre; et tel qui dans la prospérité eût mené toute sa vie une conduite exemplaire, accablé soudain par l'infortune et se laissant entraîner par le désespoir, se précipite de là dans les écarts. C'est alors qu'on a plus besoin que jamais des monitions de la sagesse, c'est alors que le délaissement des gens vertueux achève de concourir à la perte de l'être abandonné. C'est donc sous ce rapport, c'est au nom de la tendresse que vous me témoignez, c'est en comptant sur votre irrésistible penchant à vous intéresser à tout ce qui a des droits sur votre âme, que je vous rappelle ceux que lui ont acquis auprès de vous le titre de mon épouse. Si toutefois elle a été capable de manquer à ce qu'elle vous devait, pardonnez quelque chose à la morosité qui accompagne le malheur. On est bien près de déplaire à autrui dans la tourmente d'une affreuse situation qui fait qu'on devient insupportable à soi-même. Mais quand la force de l'orage a faibli, plus de calme restitue la réflexion et l'on est plus disposé à réparer ses déviations depuis la tempête. La retraite et l'obscurité, l'austérité de principes et la régularité de mœurs forment le modèle que je m'applique à présenter à ma femme, il est vrai d'un peu loin, pour qu'elle puisse s'en pénétrer, en le contemplant. Que vos bons conseils l'y ramènent, si elle s'en est écartée! A qui appartient-il davantage, qu'à la voix imposante de la paternité, de faire rentrer l'égarement dans le droit chemin! D'ailleurs, tant que nous avons vécu ensemble, il faut le dire à sa louange, sa conduite a constamment été sans reproches, et je suis loin de croire qu'elle ait oublié que l'observation rigoureuse des vertus est le premier devoir, comme l'unique source d'une satisfaction pure.

« Je l'apprends par moi-même, puisqu'en dépit de l'aigreur de mes souffrances, j'en trouve l'ample dédommagement dans la sérénité et le témoignage consolateur d'une conscience intacte; dans la certitude que tant de persévérance et de fermeté opposées à tant de sacrifices douloureux me rendent de plus en plus digne de votre attachement et par conséquent de l'estime de tous les gens de bien; enfin, dans l'espoir si flatteur et qui a toujours été mon objet, de recueillir la gloire immortelle qui attend tôt ou tard l'homme probe, qui ne s'est pas plus démenti, étant assailli par les angoisses des revers, que lorsqu'il fut bercé par les prestiges séduisants de la prospérité.....

« BILLAUD VARENNE. »

Pour dissiper les soupçons que commençait à faire naître en lui le silence gardé sur le compte de sa femme, son frère lui annonça que celle-ci, après un long éloignement, allait revenir à la Rochelle, dans sa famille. Billaud Varenne en exprima toute sa joie dans une lettre qu'il adressa à son père le 5 nivôse an IX (26 décembre 1800) :

« J'ai lu avec satisfaction, dans la lettre de mon frère Benjamin, que ma femme allait aussi se rendre à la Rochelle. Je ne doute pas qu'elle ne vous y prodigue toutes les attentions et tous les soins qu'elle doit aux parents de son époux, autant par sentiments que par devoir. Ainsi cette réunion ne peut manquer de concourir à votre plus grand contentement, et moi-même j'y participe; car la joie de mon cœur réside particulièrement dans le bon accord et l'union intime de tous les êtres avec lesquels les nœuds du sang me lient si étroitement. Que si par malheur il s'était élevé quelques nuages, n'écoutez que les impulsions bienveillantes de votre âme, et ils seront bientôt dissipés. Point de ressouvenirs amers dans de si doux rapprochements. Quand tout porte à se chérir, il est aussi enchanteur de ne songer qu'à s'en manifester les tendres témoignages, qu'il est navrant de les comprimer. »

En effet, M. Billaud père avait prié Mme Johnson de revenir dans sa famille. Celle-ci répondait le 24 prairial an IX : « Votre lettre m'a transportée de joie; j'irai bientôt embrasser vos genoux. Je n'ai pu encore faire ce voyage, étant seule à la tête de toutes mes affaires, et venant d'acheter une campagne qu'il a fallu mettre en état. J'ai fait construire un appartement pour mon cher papa et ma chère maman, que j'espère avoir un jour ou l'autre. Comme Billaud aimerait ce local au milieu d'une vaste prairie, un air pur, des points de vue enchanteurs !

« Adieu, mon cher papa, permettez que je vous embrasse mille fois, ainsi que ma chère maman et mon cher frère ; je me propose bien de le gronder, lui qui ne m'écrit jamais, lui qui écrit si bien.

« Votre soumise fille,

« Billaud Varenne,
« Ve Johnson. »

Mais toute illusion, au sujet de ce divorce, devait bientôt cesser. Quelques mois après cette dernière lettre de Mme Johnson, ce terrible secret, qu'on avait caché si longtemps et avec tant de soin, était enfin parvenu à traverser les mers. Billaud Varenne avait tout appris à Cayenne, au mois de décembre 1801 (nivôse an x). Il en avertit son père, d'abord en quelques mots, dans sa lettre du 27 nivôse an x (31 décembre 1801), en rappelant l'envoi de sa procuration fait à sa femme : « ayant ignoré trop longtemps, dit-il, le mystère que le silence de vos lettres eût dû m'indiquer, c'est à une personne qui ne m'est plus rien, que j'avais envoyé mon autorisation pour conclure l'achat de ma ferme ». Puis il lui en parla un peu plus longuement dans une autre lettre du 8 germinal suivant :

« Le silence que vous gardiez sur son compte dans vos lettres, de même que l'entortillage des siennes et les conseils déplacés que j'y trouvais, m'indiquaient assez qu'il y avait quelque chose de malséant dans sa conduite ; mais de ces vagues soupçons à la réalité, il y avait loin sans doute. Et si ce n'était la bonté de votre cœur, qui a craint sûrement de trop affecter ma sensibilité, je ne concevrais pas que vous ayez été si longtemps sans me parler ouvertement à ce sujet car *il n'y a que trois mois* que je sais, que non seulement elle a fait divorce peu de temps après mon départ de France, mais qu'elle avait épousé je ne sais quel vieillard, qui, dit-on, lui a donné beaucoup de fortune, et que même elle était veuve. Quoique je dusse m'attendre à cette indignité, après toutes celles dont on m'a abreuvé, ayant reçu cette nouvelle inopinément, elle ne m'a fait qu'une plus profonde impression. Enfin j'ai dévoré ce chagrin, comme tant d'autres, et je n'y songe plus. »

Quel calme et quelle dignité touchante il montrait dans ces quelques lignes, en recevant ce nouveau coup, en apprenant la rupture de l'union qu'il avait tant désirée, et qui l'avait rendu si heureux pendant longtemps. Il convient néanmoins de constater ici que Billaud Varenne fut évidemment mal informé sur les circonstances et sur le caractère de cette rupture. Des personnes se prétendant bienveillantes et bien informées, lui fournirent des renseignements inexacts sur ce divorce et sur la conduite de Mme Billaud Varenne. La calomnie et le mensonge furent mis sans doute en avant. La dénonciation fut faite par des ennemis de Billaud, lesquels savaient qu'en prenant cette route, ils le frappaient cruellement dans ce qu'il avait de plus cher. Lorsque des amis communs cherchèrent depuis à l'éclairer sur les circonstances de ce divorce, il était trop tard ; le mal qu'on lui avait causé était devenu irréparable. Il ne voulut plus jamais accorder aucun pardon à celle qui désormais ne devait plus rien être pour lui.

Lorsque Mme Johnson apprit avec quel langage sévère et indigné Billaud avait apprécié sa conduite, elle en conçut un grand chagrin : « Ce qui me fait le plus de peine, disait-elle dans une lettre adressée à Billaud père, c'est de le regarder comme mort pour moi, et de ne jamais songer à le revoir. Je me flattais toujours d'une folle espérance et d'un avenir heureux ; maintenant le voile est déchiré. Je ne vois plus que le néant et un ennui éternel. Au moins que le ciel fasse qu'il soit heureux, car il n'y a pas d'homme qui le mérite plus que lui.

Oui, mon cher papa, vous pouvez dire que vous avez pour fils le modèle de la vertu. Faisons notre possible pour adoucir son triste sort. J'ose vous prier de m'envoyer la malle et les quelques effets qui sont restés chez vous. Cependant, il y a dans cette malle un *manuscrit* que je vous prie d'envelopper et de garder. Il était sacré pour moi, il appartient à Billaud. Je ne puis mieux le placer qu'entre vos mains.

« Adieu, cher papa, permettez que je vous embrasse comme je vous aime, de toute mon âme (1).

« Votre fille,

« Vve Johnson, Billaud Varenne. »

Nous savons déjà que Billaud avait affermé la propriété d'Orvilliers, et qu'il avait l'intention de l'acheter ; que les anciens propriétaires de cette habitation, considérés comme émigrés, résidaient en France, et qu'il avait à plusieurs

(1) Lettre de Mme Billaud Varenne du 22 fructidor an x.

reprises prié instamment son père et sa femme de les faire rechercher. Toutes les recherches avaient été vaines. Cependant les peines et les soins que Billaud Varenne s'étaient donnés pour restaurer et améliorer cette habitation l'y attachaient de plus en plus. Il écrivit donc de nouveau à son père, le 8 germinal an x (29 mars 1802) :

« Je suis très fâché que vos recherches des propriétaires de ma ferme soient restées infructueuses. Vous ne sauriez croire combien cela me gêne et me nuit en même temps. Ainsi que je vous l'ai marqué, j'ai pris ce domaine dans un état de délabrement absolu. Dès l'année dernière, il m'a fallu dépenser 6,000 livres pour commencer à le relever, et je n'y serais jamais parvenu, si je n'avais pas eu dix personnes engagées avec moi, qui ont doublé tout à coup les forces de l'atelier. Car ici, c'est moins l'étendue du terrain que la quantité de bras qu'on y peut employer, qui fait la valeur d'une habitation; aussi cette ferme, estimée seulement 21,000 livres, lorsqu'on me l'a louée, vaut maintenant 40,000 livres, à cause des nouvelles plantations que j'ai faites et qui tierceront dans cinq ans, époque de leur pleine valeur. Vous voyez donc combien le retard de cette acquisition est à mon désavantage, et quelle perte j'essuierais si je venais à être dépossédé. Ce n'est pas tout; deux manufactures à cacao et à coton restent à construire et, ne pouvant pas édifier sur le terrain d'autrui, lorsque je n'ai droit à aucune indemnité pour les augmentations, je suis, en attendant, on ne peut plus gêné pour loger et pour préparer les denrées. Enfin, les autres bâtiments sont également très dégradés, et tant de dépenses exigent qu'au moins je ne les fasse qu'à mon profit. Telles sont les raisons, mon cher papa, qui m'obligent à vous solliciter derechef à faire de nouvelles démarches. Dans la situation dans laquelle je me trouve, je ne puis me promettre d'avoir une existence fixe et tranquille qu'autant que je serai muni d'un titre de propriété; et puisque je suis déjà accoutumé sur celle-ci, qui me plaît beaucoup, et qu'en outre je me suis donné tant de peines, et que j'ai fait tant de dépenses pour la mettre en bon état, il est tout naturel, qu'à tant d'égards, je la préfère à toute autre. Quant aux conditions, vous pouvez en offrir jusqu'à 30,000 livres, argent des colonies, soit à constitution de rentes, soit payables en trois années : le premier terme de 5,000 livres, le deuxième de 10,000 livres et le troisième de 15,000 livres.

« ..... Je suis profondément touché de tout ce que vous avez la bonté de me dire d'affectueux, relativement à notre séparation. Soyez bien persuadé que rien ne m'affecte davantage, et si maintenant mon sort me paraît rigoureux, c'est parce qu'il m'en fait une loi. Vous vous tromperiez si vous pensiez sérieusement que je ne songe en cela qu'à mon bien-être; il y a longtemps que ce mot ne m'est plus applicable. Mais après avoir été si rudement ballotté par les événements et par les hommes, l'éloignement le plus étendu est désormais ce qu'il me faut. Vivre en paix, sans troubler celle des personnes qui me sont chères, voilà uniquement à quoi j'aspire.....

« Billaud Varenne. »

Jusqu'en l'an xii, Billaud Varenne vécut assez tranquille sur la ferme de d'Orvilliers, sans avoir pu cependant en faire l'acquisition : « Depuis, disait-il, que j'ai embrassé la profession d'agriculteur, je jouis des paisibles agréments qu'elle procure. »

Le malheur qui le poursuivait presque sans relâche vint encore l'assaillir. Une loi du 30 floréal an x (20 mai 1802) rétablit l'esclavage dans les colonies rendues à la France par la paix d'Amiens. Cette loi ne fut appliquée dans la Guyane que graduellement. Un nouveau régime fut établi dans cette colonie vers le commencement de l'an xii, par suite de la suppression des listes des émigrés formées dans les Colonies et de la restitution qui devait être faite à ces derniers de leurs biens séquestrés, en exécution d'un arrêté du 28 brumaire an XI. Il fut ainsi forcé de résilier le bail de sa ferme de d'Orvilliers.

De plus, il apprit que sa mère était morte le 1er messidor an XII (30 juin 1804). Il écrivit à son père, le 27 floréal an XIII (17 mai 1805), de l'Hermitage : « Ce n'est que dans un de ces voyages assez rares que j'ai fait, il y a quelques jours à Cayenne, que j'ai reçu votre douloureuse lettre du 1er thermidor an XII (20 juillet 1804). Les désagréments qui m'avaient assailli depuis dix-huit mois semblaient me présager un malheur infiniment plus amer et plus accablant. Moi, dont toute la consolation était, au milieu du déluge de chagrins qu'il m'a fallu dévorer pendant plus de dix ans, de savoir ou du moins d'espérer que le ciel accueillait les vœux ardents que je lui adressais pour la conservation des auteurs de mes jours, me voilà donc frustré en partie du seul bien auquel je fusse désormais sensible ! Toutefois, je ne chercherai point à aigrir votre propre douleur, en vous peignant celle dont je suis pénétré. Au contraire, mon cher papa, je vous adjure de rappeler toute votre raison pour supporter avec courage ce cruel événement. Songez que vous avez des enfants qui vous chérissent et dont votre existence forme tout le bien-être. Veuillez donc la ménager pour l'amour d'eux-mêmes. Ne sont-ils pas assez profondément affligés sans qu'un nouveau malheur, et le pire de tous, achève de les réduire au désespoir.....

« Billaud Varenne. »

Billaud père, dans une autre lettre antérieure, où il laissait pressentir sa fin prochaine, avait engagé Billaud Varenne à lui faire parvenir sa procuration, pour servir en cas de malheur. Mais celui-ci la lui envoya, plutôt pour satisfaire au désir de son père et aux formalités à remplir en pareille circonstance, que pour en tirer profit ; car il y inséra la clause expresse de ne réclamer, en son nom, aucune succession :

« Parce que, disait-il, mon intention bien

formelle a toujours été, en cas que j'eusse le malheur de survivre à ceux qui m'ont donné l'être, de ne jamais réclamer ce qui pouvait me revenir, conformément aux lois. Assez et trop longtemps j'ai été à votre charge, pour qu'aujourd'hui je croie devoir me dispenser de restreindre vos facultés. Le fils qui a des bras, et qui est capable de dépouiller son père ou sa mère, quoique autorisé par le droit écrit, qui n'est trop souvent que le sceau de l'iniquité, est, selon moi, un barbare qui outrage la nature et qui déshonore l'humanité. Je ne suis pas riche, sûrement, et je crois avoir prouvé que mon ambition ne fut pas celle de la fortune; ayant donc vécu jusqu'à ce jour sans cette ressource, certes, je puis bien m'en passer encore; d'autant mieux, qu'à vous parler dans toute la sincérité de mon cœur, elle me deviendrait plus douloureuse que satisfaisante, en me rappelant à chaque minute la désolante perte que nous venons de faire; et, de plus, elle m'apporterait sans cesse le poignant reproche de prolonger pour vous-même la vive sensation de cette perte, par la différence que ce vide mettrait dans l'état de votre maison. Permettez donc que je vous prie de conserver entre vos mains cette hérédité, et d'en disposer comme de votre bien propre. Au surplus, à tous les titres, elle est certainement à vous, puisque dans le fait, elle est le fruit de vos immenses travaux. Elle vous appartient d'autant mieux qu'elle vous coûte assez cher, lorsqu'il en est résulté ces affligeantes infirmités qui vous ont tourmenté les trois quarts de votre vie et qui ont miné votre santé.

« Ainsi, je vous en conjure très affirmativement : que le dépôt dont j'ose vous charger, vous dispense désormais de vous occuper d'aucuns soins relatifs à sa remise. En agir autrement, ce serait me causer la peine la plus sensible, et j'en ai sans doute déjà assez dévoré sans y ajouter celle-là. Tout ce que je vous demande, tout ce que je suis on ne peut plus envieux de mériter, d'obtenir, ce sont les droits si précieux que la nature me donne sur votre affection; et lorsque votre tendresse m'en a prodigué tant de marques, soyez bien convaincu que je mets toute ma satisfaction à m'en reposer sur sa continuité. C'est pourquoi je vous prie, avec de vives instances, de ménager votre santé. Elle est maintenant le seul bien qui me reste et le seul auquel je tienne dans le monde. A cet effet, écartez loin de vous toute idée sombre et soucieuse, capable de l'altérer.

« Fasse le ciel que vous viviez tranquille et heureux, autant que possible. C'est sans doute le plus ardent de mes vœux et celui qui peut me combler d'un contentement aussi vif que réel.

« Quels que soient les bruits qui courent au sujet de la triste destinée de mon malheureux frère Henri, je pense qu'il ne faut pas y ajouter encore une croyance entière. Plus une nouvelle est funeste, plus il est sage pour s'en convaincre et s'en affliger d'attendre une preuve authentique et infaillible; mais dans la supposition que ce triste événement soit positif, et qu'il soit également vrai que mon frère Henri ne se soit point marié, quoiqu'il eût eu plusieurs enfants d'une femme de couleur, ils ne peuvent dans aucun cas troubler votre tranquillité, car il est contre les lois des colonies de pouvoir légitimer de pareils enfants. Tout ce qu'il est permis de faire en leur faveur : c'est, s'ils sont nés en état d'esclavage, de leur donner la liberté et de leur léguer des portions du bien dont on jouit dans la colonie où l'on réside seulement.

« Quant à moi, mon cher papa, je n'ai, grâces au ciel, d'enfants d'aucune manière. Je dis grâces au ciel, parce que je suis trop profondément pénétré des devoirs et des sentiments qui doivent animer un fils tendre et respectueux, pour ne pas redouter le titre de père, surtout dans un temps où la jeunesse paraît si fort avariée. D'ailleurs j'ai été pendant ma vie en butte à tant de revers, que je dois encore m'applaudir de n'avoir à les faire partager à aucun autre. Cependant n'ayez nulle inquiétude sur mon sort. Sans être ce que l'on appelle communément très prospère, du moins les grandes traverses que j'ai essuyées si longtemps, et qui même récemment se sont réveillées plus que jamais, semblent à la fin vouloir me donner quelque répit. Il est résulté du nouveau régime établi depuis environ dix-huit mois dans les colonies, que je me suis trouvé tout à coup aux prises avec la gêne la plus embarrassante, car le bail de ma ferme de d'Orvilliers a été résilié, comme celui de toutes les autres, et j'ai perdu par conséquent toutes les dépenses que j'avais eu la folie de faire sur cette habitation, dans l'intention où j'étais d'abord de l'acquérir. Comme je vous avais prié d'avoir la bonté de vous en occuper, je n'ai pas été sans inquiétude à ce sujet; connaissant votre bienveillance pour moi, j'ai craint que vous n'en eussiez fait le marché avant l'époque du changement opéré ici; ce qui me serait devenu très onéreux, à cause de la nécessité où j'ai été d'acheter un autre domaine. De sorte que tandis que la ressource de ma ferme me manquait, il m'est survenu un surcroît de dépenses, tant pour l'achat de mon nouvel asile, que pour l'acquit des nègres nécessaires à sa culture. N'aimant point à contracter des engagements trop au-dessus de mes facultés, je me suis borné à prendre un terrain nu, beaucoup moins cher qu'une habitation toute formée. A la vérité cette entreprise est infiniment plus pénible; mais le travail ne me fait pas peur. Ce n'est pas tout : en arrivant sur ce terrain, situé sur le bord de la rivière du Tour-de-l'Ile, il m'a fallu entrer en procès avec un individu qui, profitant de son abandon, en avait envahi la moitié, et qui élevait en outre des prétentions sur le reste. De plus, et pendant le cours de ce procès, il s'est découvert que mon vendeur n'avait pas eu le droit de me vendre, ce bien dépendant depuis plus de vingt ans d'une succession vacante, ce qui a donné lieu à un deuxième procès. Enfin pour terminer le récit de la plus grande partie de mes dernières misères, vous saurez, mon cher papa, que les fermiers évincés avaient reçu, à titre d'indemnité, une année de revenus. Mais ayant été contraint de profiter de cette année, pour commencer mon nouvel établissement, je mis à d'Orvilliers un économe pour surveiller mes intérêts. Pendant mon absence, celui-ci s'est entendu avec les nègres, et ils m'ont volé presque toute ma récolte. Néanmoins, en dépit de tant de contrariétés et de pertes, je suis parvenu à peu près à les surmonter. D'abord les deux procès ont été définitivement jugés en ma faveur, et depuis quatre mois je suis paisible et immuable propriétaire de la totalité de mon héritage. Ensuite j'avais six nègres, concédés par le Gouvernement. Pour subvenir aux besoins les plus pressants, j'en ai vendu cinq, sans regret, parce que les *noirs* de d'Orvilliers, qui sont excessivement mauvais, me les avaient horriblement gâtés.

« Sur ce que j'en ai retiré, j'ai payé au Gouvernement le premier terme du prix des cinq nègres, montant à 2,636 livres, et j'en dois encore deux de pareille somme, payables en deux ans. De plus, j'ai payé le prix entier de mon habitation et j'ai acheté quatre autres nègres, ce qui me fait cinq, avec celui de mes anciens que j'ai conservé. De ces derniers, j'en ai payé deux comptant, et pour les deux dont je dois le prix, montant à 3,300 livres, c'est un ami qui m'en a fait l'avance et qui sûrement ne me gênera pas. Enfin, comme j'ai chez moi de superbes pâturages, j'ai aussi acheté comptant 10 têtes de bétail : 2 taureaux et 8 vaches pleines, qui me coûtent 2,000 livres ; c'est dans ce pays-ci un excellent revenu. En un mot, je paye comptant tous les travaux que je fais faire à la journée, en construction de bâtiments. Car ici n'ayant trouvé que la terre, il a fallu tout créer. Ainsi voilà au juste l'état de mes affaires. Je dois pour les nègres que je tiens du Gouvernement 5,272 livres, et pour deux autres nègres 3,300 livres, ce qui fait, au total, 8,572 livres; tel est mon passif. D'un autre côté, mon habitation dans l'état où je l'ai déjà mise, vaut pour le moins de 10 à 12,000 livres, et sa valeur serait du double, si par le défaut de négriers, à cause de la guerre, je n'eusse pas été quinze mois sans pouvoir me procurer de nègres ; ce qui a produit un retard très nuisible dans mes plantations. J'ai, de plus, cinq noirs qui valent 10,000 livres. De sorte qu'en les joignant à la valeur de l'habitation, selon l'usage de la colonie, cela forme un actif de 20,000 livres.....

« La position où je suis est aussi agréable qu'avantageuse. Le paysage est fort joli, et la vie très aisée, à cause de l'abondance du gibier et du poisson.

« La distance de Cayenne n'est que de 3 lieues, avec un chemin par terre et par eau. Pour tout dire, je suis aussi bien maintenant qu'on peut l'être dans un pareil pays.

« Je me plais à vous transmettre ces détails, autant pour vous satisfaire que pour votre propre tranquillité, soit en vous rassurant sur mon sort, soit en vous donnant moi-même la certitude que, si je venais à mourir, vous ne seriez nullement exposé à être troublé, puisque si les circonstances, pour la première fois de ma vie, m'ont forcé à contracter des engagements, ce que je possède représente plus du double pour y satisfaire.

« A l'égard de l'excédent, je dois vous dire que j'ai, avec moi, depuis huit ans, une ménagère à qui je dois la prolongation de ma triste existence, par les soins inouïs qu'elle a pris de moi, dans les maladies fréquentes et aiguës que j'ai éprouvées ici et lorsque j'étais dans un abandon et dans un dénuement absolus. Aussi, dès que le retour de l'esclavage fut arrivé, l'ai-je achetée et payée comptant et lui ai-je donné de suite la liberté. Je ne présume donc pas que ma famille puisse trouver mauvais, après les services précieux que cette fille m'a rendus et qu'elle continue à me rendre journellement, par l'ordre et l'économie qu'elle fait régner dans ma maison et par la surveillance et la bonne tenue qu'elle maintient parmi mes nègres, que je tâche de la soustraire à la misère, en cas qu'elle vienne à me perdre, en lui assurant la jouissance du bien dont ici je pourrai disposer, et qui lui revient bien légitimement, ayant pour le moins autant contribué que moi, par ses travaux, à le gagner.....

« Billaud Varenne (1). »

(1) Lettre du 27 floréal an xiii (17 mai 1805).

La ménagère dont Billaud parlait dans cette lettre et à laquelle il témoignait un si grand intérêt, était la négresse Brigitte, dite Virginie, créole de la Guadeloupe. Ce fut elle qui enseigna à Billaud Varenne les premiers éléments d'agriculture coloniale, qui le guida dans ses entreprises et dans ses travaux, et qui contribua si puissamment à faire de sa nouvelle propriété, à laquelle il donna le nom de l'Hermitage, une terre lucrative, en même temps qu'un séjour délicieux, au centre, aussi pittoresque que romantique, de l'empire et des richesses de cette même nature, dont la magnificence, sous la ligne équinoxiale, répand ses bienfaits en profusion (1).

Les colons, qui avaient leurs propriétés dans le voisinage de celle de Billaud Varenne, venaient souvent lui rendre visite, et ils n'y étaient pas seulement attirés par la curiosité, mais surtout par les manières distinguées, quoique simples, de l'ancien conventionnel, et

---

(1) *Mémoires de Billaud Varenne.*

par sa conversation, qui était des plus intéressantes et des plus agréables.

« Mon habitation, dit le général Bernard, était limitrophe de la sienne, et nous nous visitions quelquefois. Je le trouvais toujours au travail, tantôt l'herminette ou le ciseau de charpentier à la main, planant les bois de sa maison, creusant les mortaises, sciant les tenons, tantôt ralliant son troupeau ou faisant les trous pour ses plantations. Je lui offris, ainsi que l'avaient fait mes associés, le secours de mes nègres pour l'aider dans ses premiers travaux, mais il me répondit, en me remerciant, que sa résolution était de se suffire à lui-même (1). »

En général, Billaud Varenne n'aimait pas à parler politique, surtout de cette période révolutionnaire où son nom occupait une si large place. Cependant, s'il ne pouvait éviter un pareil sujet de conversation, son visage, d'or-

---

(1) « Billaud Varenne à Cayenne », *Nouvelle Minerve*, 1835, t. II.

dinaire si plein de douceur, s'assombrissait tout à coup, et il prenait une expression sévère et imposante. Ses discours étaient alors très réservés et ses réponses ne satisfaisaient jamais la curiosité de ceux qui l'avaient interrogé avec tant d'avidité.

En 1806, Billaud reçut de son père, par l'entremise d'un colon, une somme de 5,000 livres, pour l'aider dans les travaux qu'il avait entrepris.....

« Mon seul bonheur aujourd'hui, lui écrivait à cette occasion ce pauvre vieillard octogénaire, le 8 juillet 1806, mon seul désir est d'adoucir vos peines et de vous aider, autant que possible, dans les travaux que vous avez entrepris..... Cette somme que je vous envoie était chez moi depuis quelque temps en réserve, et maintenant je n'ai rien de plus à cœur que vous puissiez en profiter. »

Cet argent lui arriva dans un moment où il en avait le plus pressant besoin. Forcé de contracter des engagements pour faire des acquisitions indispensables, Billaud était rassuré, sans doute, par les délais qui lui avaient été accordés pour les remplir ; mais, depuis, des circonstances inopinées lui avaient fait un devoir de s'acquitter sur-le-champ. Au milieu de ces nouveaux embarras, il eut d'abord l'intention de vendre son habitation, mais que serait-il devenu ensuite? et, après s'être donné tant de peines pour la former, il n'avait aucunes chances d'en trouver un prix convenable, à cause de l'état de gêne dans lequel se trouvait la colonie pendant la guerre avec l'Angleterre. Dans cet état de perplexité, se trouvant contraint de prendre un parti, il préféra avoir recours à sa famille, plutôt que de renoncer à son entreprise et de se trouver en retard pour le remboursement des billets qu'il avait été obligé de souscrire et qu'il se croyait moralement tenu de payer immédiatement, sans profiter des délais qui lui avaient été accordés. Il tira des lettres de change sur son père, pour une somme de 15,000 livres, présumée provenir de la succession de sa mère, et il parvint à les faire escompter à Cayenne. La somme qu'il reçut ainsi lui servit, pour la plus grande partie, à payer toutes ses dettes, et, pour le surplus, à faire de nouvelles améliorations dans sa propriété.

Ainsi, Billaud délivré encore une fois des craintes de la misère, semblait avoir retrouvé la tranquillité et le bonheur. Sa famille et ses amis l'estimaient, et ils avaient conservé pour lui une grande affection. Sa femme, devenue Mme Johnson, et même déjà veuve, conservait encore pour lui le plus vif attachement; elle ne pouvait se résigner à renoncer à se réunir à lui. Cependant Billaud avait complètement rompu avec elle ; il ne lui avait plus écrit aucune lettre, depuis qu'il avait appris son divorce et son mariage avec Johnson; toutes les lettres qu'elle lui avait adressées, il les avait déchirées sans les lire. Quoique péniblement affectée de cette rupture et de cet abandon, elle conservait néanmoins tout son courage et toute sa dignité. Le 17 frimaire an XI, elle écrivait à Billaud père :

« Je n'ai reçu aucune nouvelle de Billaud ; sans doute il m'a oubliée pour jamais. Je vois souvent de ses amis qui me parlent de lui, et c'est un plaisir bien grand pour moi. »

Elle n'avait pas cependant perdu espoir de recouvrer l'estime de son mari et de se réconcilier avec lui. Elle désirait bien vivement tenter un suprême effort, mais à qui pourrait-elle confier la mission délicate de sa réhabilitation auprès de Billaud ? Les relations avec Cayenne étaient rendues rares et très difficiles, par la guerre existant entre la France et l'Angleterre. Peu de colons se hasardaient à venir en France ou à retourner dans la colonie, à cause des dangers que présentait la traversée. Elle rencontra une occasion inespérée, à la fin de l'année 1806. Le général Bernard, ancien aide de camp de Victor Hugues, voisin de campagne de Billaud Varenne à Cayenne et son ami, se trouvait alors de passage à Paris. Elle apprit qu'il devait bientôt retourner a Cayenne, porteur de dépêches du Gouvernement. Elle parvint à avoir une entrevue avec lui, et voici le compte rendu que le général Bernard nous a laissé de leur entretien :

« J'étais lié, dit-il, avec un chef de division du ministère des Finances. Il m'invita à dîner chez lui, en me disant que j'y rencontrerais Prieur de la Marne, ancien membre de la Convention nationale, et une dame, qui désirait beaucoup faire ma connaissance. Ma curiosité se trouvant vivement excitée, je me rendis à son invitation. Prieur de la Marne était effectivement au nombre des convives. Ce fut lui qui me présenta à l'inconnue, avec laquelle il me laissa en tête, à tête dans une embrasure de fenêtre. Le mystère me fut expliqué de suite, en apercevant, au cou de cette dame, un grand médaillon sur lequel étaient peints, avec une ressemblance frappante, les traits de Billaud Varenne. Je connaissais l'histoire de son divorce, et la beauté de Mme Billaud justifiait à mes yeux la passion qu'elle avait inspirée à son mari. Elle vit bien que le portrait lui épargnait la moitié de sa confidence, et s'adressant à moi, sans embarras, elle me dit : Vous savez qui je suis, Monsieur, et vous reconnaissez les traits de votre voisin de campagne ? — Oui, Madame. — Mais cette perruque rouge, la porte-t-il toujours ? — Oui, Madame. — Mon Dieu, que cette manie est bizarre et combien elle lui a fait du tort ! Sa physionomie, naturellement douce, en a été changée. Vous allez le revoir, Monsieur, veuillez bien vous charger de cette lettre ; mais j'attends plus encore de votre obligeance. Soyez mon avocat auprès de cet homme inflexible ; obtenez de lui qu'il me permette d'aller partager son exil volontaire, puisqu'il n'a pas voulu profiter des bienfaits de l'amnistie.

« Toutes mes lettres restent sans réponses, et je n'ai cessé de lui écrire depuis que la mort de mon second mari m'a rendu la liberté. Je sais tout ce qu'a d'affreux le séjour de Cayenne, et surtout la solitude que M. Billaud s'est faite sur sa petite habitation ; je sais aussi que je laisse le monde et ses plaisirs brillants ; mais un sentiment qui ne s'est jamais effacé de mon cœur me ramène auprès de mon premier mari et je n'attends plus de bonheur que de notre réconciliation.

« Qu'il se rappelle la position dans laquelle il m'a laissée; je n'avais que 29 ans, un nom terrible à porter et aucunes ressources pour les premiers besoins de la vie. Un homme âgé et riche, touché de cette position déplorable, m'offrit sa main ; je l'acceptai en usant de la loi du divorce. Il est mort; j'ai hérité de sa fortune et je désire la consacrer à améliorer le sort de M. Billaud à Cayenne et me réunir à lui. J'adopterai aussi sa nouvelle patrie. Secondez mon projet, Monsieur, répondez à la confiance que je vous témoigne en ce moment, et employez toute votre éloquence pour vous faire écouter.

« Je promis avec chaleur à Mme Billaud de la servir de tous mes moyens auprès de son mari et je ne doutais pas du succès de ma mission, en admirant les beaux yeux de cette jolie affligée (1). »

(1) « Billaud Varenne à Cayenne », *Nouvelle Minerve*, 1835, t. II.

Le général Bernard partit pour les colonies, sur un navire neutre. Ayant d'abord touché aux Antilles, il y perdit une caisse de dépêches, parmi lesquelles se trouvait la lettre de Mme Billaud.

« ..... Arrivé à Cayenne, reprend le général Bernard, je profitai du premier moment de liberté, pour aller chez mon voisin m'excuser de mon étourderie et remplir la commission verbale dont je m'étais chargé. Mon accent révélait le plus vif intérêt. Billaud Varenne m'écouta avec une attention soutenue et il laissa échapper quelques larmes. Je crus au succès de ma démarche : je me trompais. Quand j'eus fini de parler, l'homme inflexible me dit : *Ne regrettez pas la perte de cette lettre ; je l'aurais déchirée sans la lire ; et il ajouta : il est des fautes irréparables.* Après un court silence, le calme reparut sur sa figure, et il m'entraîna pour me faire juger des progrès faits par ses plantations depuis mon départ (1). »

(1) *La Nouvelle Minerve*, 1835.

Mme Johnson, en apprenant le mauvais résultat de cette dernière démarche, tomba gravement malade. Elle se rétablit néanmoins et elle écrivit alors à Billaud père une lettre dans laquelle elle exprimait tout son chagrin et son découragement. Ses relations avec la famille de Billaud se ralentirent à partir de cette époque ; Billaud père étant mort le 31 mars 1809, Benjamin Billaud, son fils, cessa de la voir et même de correspondre avec elle.

Se retrouvant ainsi plus isolée que jamais, elle se remaria le 2 avril 1808 avec un riche négociant, Cousin-Duparc, beaucoup plus jeune qu'elle, et non moins riche ; elle mourut à Paris, le 14 février 1815, laissant toute sa fortune à son troisième mari.

En 1808, Billaud père avait eu la douleur de perdre sa femme ; son fils Henri, juge de paix à Plaisance, dans l'île de Saint-Domingue, lui avait annoncé son intention de rentrer bientôt en France ; mais depuis 1800 il n'en avait plus reçu aucunes nouvelles, et les troubles survenus dans cette île ne faisaient qu'augmenter ses inquiétudes. Depuis, son fils avait appris que leur frère Henri était mort à Plaisance au mois de février 1801. Présageant sa fin prochaine, il écrivait à son fils, à Cayenne, au mois de juillet 1808 :

« Tout ce que je désire maintenant, c'est d'avoir de vos nouvelles. Il y a lieu de croire que, vu mon âge avancé, ce sera les dernières que je recevrai de vous. Tâchez donc de me les procurer le plus tôt possible, et soyez persuadé que je ne cesserai de vous être utile autant que mes facultés pourront me le permettre. »

Il avait conservé auprès de lui Benjamin Billaud, son plus jeune fils, né le 15 janvier 1768, lequel, ayant renoncé à la profession d'avocat, s'occupait de littérature.

Dans une lettre adressée à son frère aîné, le 19 juin 1786, Benjamin lui annonçait l'envoi du *manuscrit* d'un ouvrage intitulé : *Les mémoires du comte de Warwick*, dont il était l'auteur et qu'il se proposait de faire imprimer. Il se qualifiait d'homme de lettres, et l'Académie des belles-lettres, sciences et arts de la Rochelle l'avait nommé académicien titulaire le 19 prairial an XI. Une carte civique lui fut délivrée, comme homme de lettres à la Rochelle, le 22 août 1807. En réalité, il était sans occupations et il vivait très modestement chez son père.

Billaud père fut sur le point d'être privé de la présence et de la société habituelles de son fils Benjamin; ayant appris que celui-ci avait noué des relations irrégulières avec une jeune domestique de la Rochelle, nommée Jeanne Auger; qu'une petite fille née de ces relations, le 25 mai 1807, avait été reconnue par lui, il entra dans une violente colère, adressa à son fils les reproches les plus vifs et il se porta même à des voies de fait sur sa personne. Celui-ci, âgé de près de 40 ans, désolé de cette scène, et se sentant blessé dans son amour-propre et dans sa fierté, résolut de se séparer de son père; il informa Billaud Varenne de ce qui venait de se passer et de sa résolution.

La naissance de cette enfant, nommée Clémentine, fournit à Billaud Varenne l'occasion de calmer les contrariétés et les chagrins de son père et de réveiller dans son cœur les souvenirs de sa jeunesse. Il lui écrivit le 5 novembre 1808 :

« J'apprends, par mon frère, que vous avez maintenant sous les yeux un être qui ne doit pas simplement vous intéresser par la candeur de l'enfance. Outre qu'il est dans la nature de se complaire à se voir reproduire, l'aimable *Clémentine* est votre portrait, et mon frère joint actuellement l'avantage et le mérite de pouvoir lui seul vous prodiguer tous ses soins et d'offrir encore à votre âme si bienveillante un enfant dont il est le père. Songez que c'est l'unique de votre famille qui en perpétue la race, du moins sans mélange.

« M. Benoit m'a bien dit que mon pauvre frère *Henri* avait laissé de très beaux mulâtres ; mais la différence de couleur en produit surtout en Europe, dans les sentiments ; et d'ailleurs, l'état déplorable de la colonie où ils sont, ne permet pas de s'en occuper et fait même douter de leur existence. Pour moi, qui par tant de raisons n'aurais jamais dû sans doute me marier, à coup sûr cette idée ne peut pas me revenir aujourd'hui, et, dans l'âge que j'ai déjà atteint, ce serait une double folie dont certainement je ne suis pas capable. Il n'y a donc que l'aimable Clémentine qui doive concentrer toutes nos affections. Et, par suite, la mère de cette enfant ne doit en être que plus estimable à vos yeux. Ne vous voilà-t-il pas rappelé à votre premier âge, et, dans celui plus avancé, ces petits bambins semblent sourire davantage ? Ce tableau, qui vous appartient par les liens du sang, doit d'autant mieux vous plaire qu'il n'est propre qu'à distraire les ennuis, dont on ne manque jamais d'être assailli plus ou moins. Moi-même, je n'ai pas oublié ces bonbons que votre bon cœur m'apportait avec tant de plaisir à la Sevreuse. Eh bien ! vous voici en mesure de vous occuper de nouveau de ces doux passe-temps.

« Billaud Varenne. »

En même temps Billaud Varenne écrivait à son frère, dans une lettre datée du 8 novembre 1808 :

« Oui, mon cher Benjamin, ta lettre m'a procuré encore bien plus de contentement que tu ne pourrais te l'imaginer ; sans doute il est désespérant de vivre presque continuellement dans la plus cruelle incertitude sur le sort des êtres qui vous sont le plus chers ; mais à cette anxiété était venue s'en joindre une autre, non moins suppliciante, pour moi du moins, et la crainte que j'aurais eue, sans ta lettre, en ouvrant celle de mon père, m'aurait fait payer cher le plaisir de la recevoir. Comme je lui rends compte succinctement de quelle façon j'ai été forcé d'acquiescer aux offres trompeuses de M. Macaye, je te renvoie à la lettre que j'écris à mon père, pour t'en instruire. Tu y verras que, sous tous les rapports, je n'ai pas encore cessé d'être malheureux. Au surplus, je compte que ton âme est trop généreuse pour ne pas penser, comme moi, que dans le pénible embarras où je me suis trouvé tout à coup plongé, il a encore mieux valu que j'eusse recours à la bienveillance de ma famille que de me trouver en retard d'acquitter des engagements exigibles et contractés forcément. Ainsi, ayant reçu au delà de ce que mon père me destinait, j'espère que tu me rends assez de justice pour être bien assuré que je n'ai pas prétendu toucher cette somme au détriment de qui que ce soit. Mais cette explication achevée, passons outre; car, je te l'avoue, ce sont des charbons ardents qui me dévoreront longtemps, par le désespoir que j'ai dû ressentir quand ce mystère m'a été éclairci, avec la certitude de l'excellence du cœur de mon père, moins encore par la bonté d'avoir paru me démentir à ses yeux, que par la sollicitude de l'avoir exposé lui-même et à son âge aux déboires affreux de la gêne.

« Enfin, mon bon ami, te voilà donc père, et père d'une si intéressante créature ! Je t'en fais mon compliment du plus profond de mon cœur. Je conçois que mon père, gouverné par ses anciennes idées, a eu de la peine à se familiariser avec celle de devenir le grand-papa de l'enfant d'une autre Agar. Mais je n'en aime que davantage ta chère Clémentine qui, après avoir suscité l'orage, a su bientôt le dissiper par ses grâces enfantines. En rapprochant les dates, j'ai peut-être autant contribué que toi, et non moins innocemment, à provoquer ce mouvement d'humeur de la part de mon père. Mais s'il s'est oublié un instant, permets-moi de te le dire : tu aurais commis une grande faute en te séparant de lui, et ce n'est certainement point dans le sens d'un intérêt sordide que je te parle ainsi. Cette pensée n'est pas plus dans ma tête que dans mon cœur. Mais que serait devenu ce respectable vieillard, si tu l'eusses abandonné à son âge et quand ton attention et tes soins lui sont devenus plus que jamais nécessaires ! Lui qui, naguère, a eu le malheur de perdre la digne compagne de ses jours pendant près de soixante ans ; lui qui n'a plus que toi seul sur la terre pour remplir le vide terrible de cette funeste séparation ; lui, en un mot, qui t'est encore, pour ainsi dire, plus attaché par l'habitude de vivre ensemble depuis quarante années que par les primitives impulsions de son cœur paternel. En peux-tu douter, mon cher frère? Une pareille séparation n'eût pas tardé à le plonger dans le tombeau! Et toi-même, toi qui vis si sédentaire, dans quel isolement affreux ne te serais-tu pas trouvé, et que d'instants pénibles et désagréables tu te serais attirés par des souvenirs soucieux et déchirants! Sans doute, mon père a des mouvements de vivacité, mais c'est à lui que nous devons l'existence, et si la mère de Clémentine te fait trouver quelques charmes dans la vie, à tout prendre, tu les dois à celui de qui tu la tiens. Enfin, c'est notre père : et de qui souffrira-t-on quelque chose, si ce n'est d'un être qu'on ne doit pas moins respecter que chérir! Au surplus, tous ces sentiments sont au fond de ton âme, et, grâce à l'intéressante Clémentine, de part et d'autre tous les nuages sont dissipés.

« Tu conçois que je ne prends pas moins d'intérêt à celle que tu as trouvée selon ton cœur. Sais-tu ce qui m'a fait sourire dans ta lettre? Ce sont tes efforts pour démontrer ton aversion pour le mariage, quand tu finis le roman par un dénouement conjugal. Car, s'il n'est pas tel dans l'ordre civil, la nature, plus forte que la loi, ne le considère sûrement pas autrement. Mais il ne s'agit point de philosopher, et pendant qu'il en est temps pour toi, puisses-tu savourer toutes les délices de la plus tendre union qui existe, quand elle est pure et sincère! Je n'ai plus qu'une recommandation à te faire : c'est de songer que, pour complément, il manque encore un second Ismaël (fils d'Agar), afin qu'il ne soit pas dit que notre nom s'éteigne. Peut-être un jour, celui qui le portera, aura-t-il plus à s'en glorifier qu'à s'en plaindre.

« Embrasse donc pour moi l'intéressante mère de l'aimable Clémentine, et dis-lui de ma part que la douceur étant le plus bel apanage d'une femme, je la conjure de ne pas manquer de patience envers le si respectable père du père de son enfant. Quant à celui-ci, je te porte presque envie. Que ne suis-je un autre *Gigès*, et bientôt l'ingénue *Clémentine* verrait tomber autour d'elle une pluie de fleurs, de bonbons, de poupées. Elle goûterait de ces succulents ananas, dont la forme, extraordinaire pour elle, ne lui ferait que mieux aimer les enchantements. Ce serait encore plus étrange que le couvert de *Zémire et Azor*. Au reste, la mer ne sera peut-être pas toujours obstinément barrée, et puisque son oncle a les ailes coupées, du moins pourra-t-il lui envoyer un de ces jolis oiseaux verts, qui nichent partout dans son *Hermitage*, bien gentil, bien privé, qui babillera sur le doigt, comme *Vert-Vert*, mais un peu plus décemment; à moins que les matelots, en passant le tropique, ne lui fassent faire aussi un second cours d'éloquence.

« Quoi qu'il arrive, il n'oubliera sûrement pas de lui dire souvent: l'oncle de *Chouchou* m'a déniché et élevé uniquement pour sa chère *Clémentine*.....

. « Billaud Varenne. »

Une seconde fille, Zélie, naquit le 5 février 1809 ; Benjamin Billaud, malgré son insistance, n'avait pu obtenir de son père son consentement pour son mariage. Celui-ci étant mort le 31 mars 1809, il épousa Jeanne Auger le 5 juillet suivant. Mariés sous le régime de la séparation de biens, il fit entreprendre par sa femme un petit commerce de librairie à Sens, aussitôt après leur mariage ; mais ce commerce n'ayant pas produit les résultats qu'ils espéraient, ils l'abandonnèrent, l'année suivante, pour vivre à Paris de leurs modestes ressources.

Pour occuper ses loisirs, Billaud Varenne éprouvait encore le besoin d'écrire. Il voulait faire la description du pays qu'il habitait, ainsi que des ressources et des avantages que l'on pouvait y rencontrer. A cette époque, la Guyane française avait une population de 16,500 habitants, dont 700 blancs, 800 affranchis et 15,000 esclaves ; aussi, ajoutait-il dans la lettre qu'il écrivait à son frère :

« On a communément en Europe une opinion défavorable de la Guyane ; mais, accoutumé à voir les choses en observateur impartial, je n'ai pas tardé à m'apercevoir combien cette prétention était mal fondée ; et, me pénétrant de plus en plus du préjudice qu'elle portait à la France, surtout depuis la perte de Saint-Domingue, cet amour du pays qui m'a vu naître et qui ne s'éteindra qu'avec ma vie, m'a fait oublier que je n'avais plus la vigueur de trente ans; avec ma plume, encore rouillée par le défaut de l'habitude d'écrire depuis près de dix années, manquant même de ce qui est indispensable pour ce genre de travail, surtout avec une mémoire moins heureuse, j'ai, depuis un mois, entrepris une *Esquisse de la Guyane française*. Mais il y a tant de choses à décrire, que ce sera encore un ouvrage volumineux, et d'autant plus long que je ne puis y donner tout mon temps. »

Ce besoin de travail intellectuel se faisait d'autant mieux sentir à cette époque, pour Billaud Varenne, qu'il se trouvait de plus en plus isolé à la Guyane; son ami Collot-d'Herbois était mort à côté de lui, dans un lit d'hôpital, après une année de séjour et de maladie ; l'abbé Brotier était mort le 26 fructidor an VI, aussi après environ un séjour d'une année, pendant laquelle ils avaient entretenu ensemble des relations très agréables. La supérieure des Sœurs de Cayenne, M*me Catherine* Peynier, était morte des fièvres en 1805, à l'âge de 65 ans. Il avait été très douloureusement impressionné de la perte de cette vénérable Sœur, qui l'avait soutenu dans le malheur et qui lui avait si souvent prodigué des soins, des consolations et des encouragements.

Sur la fin du mois de décembre 1808, la colonie de la Guyane fut attaquée par une expédition anglo-portugaise; Victor Hugues, qui en était alors Gouverneur, capitula, à peu près sans résistance, le 12 janvier 1809, et il fut stipulé que la colonie serait remise aux mains des Portugais. Cette remise eut lieu immédiatement, dans les mains du colonel de Pinto de Souza, premier gouverneur portugais, auquel Maciel Dacosta fut adjoint, au mois de janvier 1810, avec le titre d'intendant général et de chef de la justice. Les nouveaux fonctionnaires de la colonie témoignèrent à Billaud Varenne beaucoup de déférence et de bienveillance; ils lui accordèrent une confiance toute particulière en lui demandant même des conseils. Ces marques d'attention inattendues pénétrèrent jusqu'au plus profond du cœur du proscrit; lui qui, par quinze années d'exil, n'avait pu éteindre ni même calmer la haine et la vengeance de tant de ses compatriotes, il trouvait tout à coup, chez des étrangers, la générosité la plus noble et l'amitié la plus franche; il en fut aussi attendri que surpris.

En se livrant à ses occupations champêtres, il reconnaissait souvent que l'auteur d'*Émile* avait eu parfaitement raison de préparer son élève à toutes les chances de la vie, dans l'incertitude du sort qui pouvait l'attendre. Et, jetant un regard en arrière, il songeait à ses premières années d'exil, si douloureuses, si pénibles, et il les comparait aux jours de calme et de satisfaction qu'il avait trouvés au milieu de ses nouvelles occupations. Il se demandait par quelle force humaine, par quel hasard providentiel il n'avait pas succombé sous le poids des maux sans nombre qui l'avaient assailli. Il avait été soutenu par l'espérance : c'est elle qui avait ranimé son courage et ses forces physiques; c'est elle qui avait réduit à néant la persécution de ses ennemis et lui avait permis de compter sur une juste réparation, en rapport avec les revers et les rigueurs qui l'avaient accablé. Mais l'espérance n'eût pas suffi pour l'empêcher de succomber dans cette lutte contre le malheur, si elle n'eût été soutenue et fortifiée par son caractère énergique.

Billaud apprit, en 1809, par une lettre de son frère Benjamin, que leur père était mort à la Rochelle le 31 mars de la même année. Il laissa à son frère le soin de continuer à gérer les biens de cette succession et de sauvegarder leurs intérêts communs.

En 1813, la propriété dans laquelle il était parvenu à vivre heureux et tranquille se trouvait en pleine prospérité ; il éprouva encore de nouveaux malheurs qui le mirent dans le plus grand embarras. Une épizootie lui enleva presque tous ses bestiaux, et il perdit aussi plusieurs nègres. Pour réparer autant que possible les pertes qu'il venait d'éprouver, il se vit forcé de contracter de nouveaux engagements. Son frère lui ayant fait parvenir, peu de temps après, quelque argent provenant de la succession de leurs père et mère, il put, à l'aide de cette ressource, acquitter toutes ses dettes.

Néanmoins, l'existence de Billaud Varenne s'épuisait tous les jours, par son état de maladie, malgré les soins que lui prodiguait Virginie et malgré le sincère attachement qui lui était témoigné par quelques amis fidèles. Il redevint triste, en se sentant isolé et malade, loin de la France. Ce qui l'impressionnait le plus, c'était son éloignement de sa famille, dans laquelle il ne lui restait plus qu'un frère et un jeune enfant. Il écrivit à son frère le 27 mars 1815 :

« Tous les liens qui m'attachaient à la vie ont à peu près été brisés, hormis ceux qui m'unissent à toi et que l'amitié ne cimente pas moins que la nature. Quand je compare, mon cher Benjamin, la longueur de mes lettres avec le laconisme des tiennes, je ne puis concevoir d'où vient cette différence. A peine me parles-tu de ta situation, comme si ta destinée pouvait m'être indifférente. Crois-tu donc que ce serait une faible consolation pour un homme abreuvé de tant d'amertumes, que d'être persuadé que tu coules des jours plus fortunés que les miens. Car tu es le seul frère qui me reste, d'une famille si tendrement aimée. A la vérité, époux et père, ce double titre doit remplir ton cœur d'autres sentiments et d'autres soins. A Dieu ne plaise que je songe à les improuver. Bien loin de là, je fais des vœux aussi ardents que sincères pour qu'ils concourent à ton bonheur ; et c'est pour y participer par la vive satisfaction que j'en ressentirais, que je désire en être complètement instruit. Ainsi, je t'en conjure, parle-moi beaucoup de toi, de ta digne épouse, de ma chère *Clémentine*...., et sois certain que, lorsque je vous réunis tous dans mon âme, tu ne peux mieux t'y prendre pour adoucir mon chagrin d'être à 2,000 lieues de vous tous.

« Que de choses j'aurais encore à te dire, si j'écoutais la satisfaction que je goûte en m'entretenant avec toi ! Car, quand le cœur dicte, la fécondité de la pensée devient égale à son impulsion.

« ..... Dans l'isolement où je vis, tu dois comprendre que je mets un grand prix à tout ce qui peut venir de toi. Quand on est séparé pour la vie, c'est bien le moins qu'on tâche d'adoucir, par d'affectueuses relations, ce qu'il y a de douloureux dans un pareil éloignement.

« BILLAUD VARENNE. »

Billaud Varenne, pendant les premiers temps de son séjour à Cayenne, n'avait reçu que rarement des nouvelles de sa famille ; il n'avait pas même eu la consolation de pouvoir s'entretenir avec son ami Collot-d'Herbois. Il fut heureux de rencontrer, peu de temps après son arrivée, Sieger, un jeune commerçant suisse, réfugié à Cayenne, et qui avait bien voulu compatir à son sort et lui tenir quelquefois compagnie. C'est par son intermédiaire et sur sa recommandation qu'il s'était trouvé en rapport avec *Virginie*, la jeune négresse, qui eut pour lui tant de dévouement. Peu de temps avant la rédaction de ses *Mémoires*, leurs relations avaient été plus fréquentes et plus étroites.

Billaud lui écrivait de l'Hermitage, le 29 février 1812, après l'avoir remercié avec effusion de ses bons procédés envers lui, de lui avoir prêté quelques livres : le *Poème* de *Milton*, et les *Géorgiques de Virgile*, traduites par *Delille*, et de lui permettre de puiser encore dans sa bibliothèque ; il lui disait, qu'à ces façons d'agir, il reconnaissait un compatriote de Jean-Jacques Rousseau. Ce qui le touchait le plus, c'était la promesse qu'il lui avait faite de venir le visiter dans sa solitude : « Je conçois qu'il y y ait du courage à visiter l'asile d'un réprouvé. Cependant, vous n'y trouverez pas moins la droiture la plus complète et la cordialité la plus intime; ce sera la réception de *Jupiter* chez *Philémon* et *Baucis*, et ce qui me tranquillise, c'est que leur seul empressement fut plus agréable au *Maître des Tonnerres* que toutes les vaines somptuosités de la Phrygie. »

Il lui écrivait encore le 5 août 1812 :

« Monsieur et bon ami,

« Grâce au ciel, vous l'avez scellée cette union sentimentale, qui manquait au bien-être que je suis parvenu à me créer, selon mes goûts; et lorsque c'est à vous, à vous seul, que je dois le complément d'une félicité acquise par tant de maux, jugez quel est le degré de sensibilité que je voue à mon tour à votre généreuse bienveillance; aussi combien n'ai-je pas pris d'intérêt au récit des revers qui vous ont assailli à votre entrée dans le monde. Vous avez donc été pareillement la victime de la fausseté et de la perfidie. Heureux encore d'avoir reçu cette funeste leçon d'assez bonne heure, pour avoir le temps d'en réparer le désastre. Comme je l'avais pressenti, c'est une analogie de malheurs qui nous a rassemblés dans cette contrée ; du moins, puisqu'elle vous a mis à portée de connaître les hommes, n'en appréciez-vous que mieux une âme honnête et qui n'aspire qu'à savourer les doux charmes d'un sincère attachement.

« Comment avez-vous pu, mon bon ami, me recommander de ne pas oublier l'habitant des Alpes ? Est-il un jour, est-il une heure dans la journée sans que je songe à lui ? Que vous êtes heureux que je vous sache si occupé ; autrement, ne pouvant me lasser de m'entretenir avec vous, vous recevriez encore aujourd'hui de moi quelques volumes. Suivant la permission que vous m'avez donnée, vous ne recevrez point la cassette par cette occasion, parce que je désire lire les ouvrages de notre ami commun, M. *Bourrit*, avec toute l'attention qu'ils méritent...

« Billaud Varenne. »

C'est après la lecture des ouvrages de Bourrit, que Billaud Varenne entreprit la rédaction de ses *Mémoires*, qui commencent par une dissertation sur un passage de l'un des ouvrages de ce dernier.

Une correspondance régulière s'était établie entre les deux amis, à partir de cette époque, et elle ne fut interrompue que par le départ de Billaud Varenne de la Guyane. Cinquante lettres de Billaud Varenne, adressées à Sieger, sont conservées dans une collection particulière.

La Guyane fut rendue à la France en 1815, en exécution des traités de paix; mais ce ne fut que le 8 novembre 1817 que le comte Carra Saint-Cyr, lieutenant général, en reprit possession pour le Gouvernement français. Billaud Varenne, mal renseigné sans doute, en apprenant la rentrée des Bourbons, craignit d'être l'objet de poursuites ou de nouvelles persécutions, de la part du gouvernement de Louis XVIII. Il ignorait l'amnistie générale accordée par la Charte constitutionnelle du

4 juin 1814, et le garantissant désormais contre toutes poursuites. En effet, le bannissement des conventionnels régicides, ayant voté la condamnation à mort de Louis XVI, ne fut prononcé, par la loi du 12 janvier 1816, que contre ceux qui avaient fait acte d'adhésion formelle au nouveau gouvernement de Bonaparte, ou qui avaient accepté de lui des fonctions, postérieurement à l'amnistie qui leur avait été accordée par l'article 11 de la charte, et dont ils s'étaient volontairement rendus indignes.

Billaud Varenne résolut donc de quitter promptement la Guyane, pour se réfugier aux États-Unis. Il vendit précipitamment son établissement de l'Hermitage, et il réalisa ainsi sa petite fortune, dans de mauvaises conditions et à vil prix, pour des sommes qui lui furent réglées à terme, par des traités de commerce payables en France. Il s'embarqua ensuite à Cayenne, avec Virginie, au mois de mai 1816, sur un navire qui le conduisit à Newport, aux États-Unis, où il espérait pouvoir se fixer et vivre sans inquiétudes. Cette traversée fut pénible pour lui, et son voyage lui fut très onéreux, en raison de ses faibles ressources. Après avoir parcouru inutilement et à grands frais une partie du nord des États-Unis, pendant qu'il y régnait encore un froid très vif et dont il eut beaucoup à souffrir, il arriva enfin à New-York, d'où il se proposait de se rendre à la Nouvelle-Orléans ; mais les renseignements qu'il recueillit, sur les ressources du pays, sur le caractère et les mœurs de ses habitants, le déterminèrent à renoncer à ce projet. Il ne voulait cependant pas davantage se fixer dans la partie des États-Unis, dans laquelle il se trouvait, ce pays ne pouvant lui offrir aucunes ressources, parce qu'il n'en parlait pas la langue usuelle et surtout parce que les Français qui l'habitaient lui paraissaient pour la plupart malheureux. D'ailleurs, la rigueur du froid qui s'y faisait alors sentir et à laquelle il était moins que jamais en état de résister eût suffi pour l'éloigner et l'obliger à chercher un autre asile.

Ayant appris que dans l'île d'Haïti, la partie

de Port-au-Prince constituée en République en 1804, avait retrouvé, après une lutte vive et prolongée, le calme et la tranquillité, il s'y rendit et il y arriva au commencement de l'année 1817. Il était accompagné de *Virginie*, qu'il appelait publiquement sa femme et pour laquelle il paraissait avoir une profonde estime. Elle s'était attachée à lui dans le malheur, comme une autre se fût attachée à la fortune.

Pétion (1), Président de la République d'Haïti, lui fit un accueil très gracieux et, connaissant l'exiguïté de ses ressources, il lui conféra le titre de conseiller auprès du Grand Juge *Sabourin*, avec un traitement mensuel, et cela dans le double but de venir en aide à un exilé qui lui demandait asile, et de le lier à sa politique par la reconnaissance, en lui imposant implicitement l'obligation de ne publier, pendant son séjour dans la République, aucun écrit qui pût le compromettre auprès de la France.

(1) Pétion (Alexandre Sabès, *dit*), né à Port-au-Prince, le 2 avril 1770. Élu Président de la République d'Haïti le 9 mars 1807, et maintenu pour quatre ans en 1815.

Billaud Varenne acheta immédiatement une case et quelques pièces de terre, situées auprès de la ville de Port-au-Prince, et il s'y établit avec Virginie.

Il devint bientôt l'ami de Colombel, un jeune mulâtre né à Saint-Domingue, élevé en France, et secrétaire du président Pétion. Son nouvel ami avait été, avant 1815, le secrétaire du baron Ladoucette, préfet du département de la Roer, à Aix-la-Chapelle, et, depuis son retour à Haïti, il avait fondé et rédigé plusieurs journaux. Il était aussi distingué par l'esprit que par le cœur. Son attachement pour Billaud, vieux et proscrit, fut celui d'un fils tendre et dévoué. Il éprouvait pour lui autant d'admiration que de respect.

Grâce à son intervention et à son influence, Billaud, qui donnait des consultations sur le droit civil, fut chargé de la rédaction de l'*Histoire de la Révolution de Saint-Domingue* et, en outre, d'un ouvrage dans lequel il devait faire le portrait moral de Pétion, son bienfaiteur. Il rédigea ce dernier ouvrage, sous le titre de:

Question de droit des gens. Les républicains d'Haïti possèdent-ils les qualités requises pour obtenir la ratification de leur indépendance, par un observateur philosophe? Douze feuilles de cet ouvrage furent imprimées ; lorsque le Président Boyer succéda à Pétion, il fut effrayé de la violence des opinions de l'auteur et il en fit suspendre la publication. « Cet ouvrage, d'après le docteur Chervin, n'était composé que de véhémentes récriminations *contre la France, si effacée,* disait l'auteur, *qu'elle subissait le nouveau joug odieux des Bourbons et des Girondins, introduits à la Chambre des pairs par Louis XVIII.*

« La conversation de Billaud était riche de souvenirs nets et précis ; ses idées étaient originales, souvent bizarres, et quelquefois grandes et justes. Ses sentiments et ses opinions politiques n'avaient fléchi ni sur les hommes ni sur les choses, si ce n'est sur quelques points seulement. Par exemple, il avait changé d'opinion sur le 9 thermidor, qu'il appelait sa déplorable faute à lui, et il ajoutait :

« Nous nous sommes bien trompés ce jour-là! Nous avons recommencé, après cette journée, tous les chapitres de la réaction anglaise; on nous a infligé, comme on l'a fait à la *mort de Cromwel*, un système qui, sous l'apparence de la modération, nous a désignés comme des types de monstres, comme des loups à figure humaine, bons tout au plus à égorger. Ce système nous a conduits, à travers d'affreuses et d'implacables vengeances, des palinodies plus lâches encore, à la disette, la banqueroute, la vile banqueroute et les événements du 1er *prairial*, à des torrents de sang patriote et pur!

« Oui, c'est au 14 *germinal*, date de la condamnation de Danton, et au 9 *thermidor*, que les patriotes ont fait les deux fautes qui ont tout perdu. Nos divisions ont brisé ces jours-là l'unité du système révolutionnaire; vous avez vu aussitôt l'influence revenir à des misérables, écartés pour vol, enfin à tous les fripons, les briseurs (de scellés), les oligarques, les royalistes. Les amis de Tallien ne s'endormirent pas : ils avaient vendu notre cause, et nous firent dénoncer par *Lecointre*, qu'ils proscrivirent ensuite avec nous ; par *Saladin* et *Goupilleau*, qui avaient été nos séides, et qui offrirent nos têtes aux royalistes et à l'Europe. Nous étions pour les *royalistes* de lâches stupides, bien que nos actes fussent là ; bien que *tout rayonnât de l'éclat terrible de notre dictature et de nos batailles*. Ainsi, nous, pauvres jacobins, nous qui avions châtié l'orgueil des rois, nous ne fûmes vaincus que par nos fautes et nos frères ; alors, nous fûmes jetés par eux aux flots de la mer en fureur, triste concession de l'ambition, de la cupidité et surtout de la peur.

« Je le répète : la Révolution *puritaine* a été perdue le 9 *thermidor ;* depuis, combien de fois j'ai déploré d'y avoir agi de colère ! Pourquoi ne laisse-t-on pas ces intempestives passions et toutes les vulgaires inquiétudes aux portes du pouvoir ? J'ai vu la réaction qui fit naître le 9 *thermidor*, c'était affreux ; la calomnie venait de partout. Cela dégoûte bien des révolutions.

Nous, du moins, nous nous défendîmes avec dignité. *Duhem* leur tenait tête tous les jours. Les amis qui les secondaient étaient *Lejeune*, *Fayau*, *Chasles*, *Goujon*, *Ruhl*, etc., etc. Mais quelle tâche ! et puis nous avons disparu ! Mais l'ébauche révolutionnaire était sortie de nos mains et elle resta comme pierre tumulaire de l'ancien régime et plus forte que tous les partis réunis (1) ! »

Billaud Varenne, témoin des efforts que faisaient les anciens colons pour faire accepter les propositions faites par les commissaires de Louis XVIII à la République d'Haïti, de renoncer à son indépendance et à sa souveraineté, pour reprendre son ancienne condition de colonie sujette, dit à Pétion :

« La plus grande faute que vous avez com« mise, dans le cours de la révolution de ce « pays, c'est de n'avoir pas sacrifié *tous les* « *colons*, jusqu'au dernier. En France nous

---

(1) *Nouvelle Minerve*, 1835, « Dernières années de Billaud Varenne ».

« avons fait la même faute, en ne faisant pas
« périr jusqu'au dernier des Bourbons (1). »

Les dernières opinions politiques de Billaud ne corrigeaient les anciennes que sur des points purement individuels. Ainsi, la mort de Danton était alors à ses yeux un *crime*, en raison des immenses services qu'il avait rendus.

« Hélas ! disait-il souvent, j'y ai trempé trop directement et avec une haine affreuse. Le malheur des révolutions, c'est qu'il faut agir trop vite ; vous n'avez pas le temps d'examiner ; vous n'agissez qu'en pleine et brûlante fièvre, sous l'effroi de ne pas agir ; sous l'*effroi*, je m'entends, de voir avorter vos idées. Danton et ses amis étaient d'habiles gens, des patriotes invincibles à la tribune ou dans l'action publique, et nous les avons massacrés ! Ils n'avaient pas comme nous, excepté le brave Westermann, le *Murat* de la République, les mains pures de trafics et de rapines ; ils aimaient trop le luxe, mais ils avaient le cœur noble et révolution-

(1) Audouin, *Études sur Haïti*, 1853, in-8°, t. III.

naire ; vous saurez leurs services un jour, quand on fera l'histoire sincère de notre époque. Celle de M. Lacretelle n'est qu'une œuvre sans faits, une œuvre fardée de rhéteur. Je reste avec la conviction intime qu'il n'y avait pas de 18 *brumaire* possible, si Danton, Robespierre et Camille (Desmoulins) fussent restés unis aux pieds de la tribune. »

Billaud avait écrit encore sur une note :

« Les décisions que l'on nous reproche tant, nous ne les voulions pas le plus souvent deux jours, un jour, quelques heures avant de les prendre ; la crise seule les suscitait. Elles étaient prises au milieu des lassitudes de nos longues séances de nuit au Comité ; nous ne voulions pas tuer pour tuer ; c'est trop stupide ; nous voulions vaincre à tout prix, être les maîtres pour donner l'Empire à nos principes. De là, mille malheurs que vous dénoncez, que nous ne connaissions pas ! Au *Comité*, nous ne perdions pas un moment de vue le grand but que nous nous étions proposé ; et nous tous, le jour et la nuit, nous reprenions du même cœur et les mains fatiguées la tâche immense de la *conduction* des masses. Quelle tâche et comme tout marchait ! Danton, comme membre de la Convention, fut admirable de courage et de ressources en 1792 et en 1793 ; il avait fait le 10 août ; il n'avait pas voulu nominalement le pouvoir. Que de calme et d'activité puissante avait cet homme, quand les circonstances étaient difficiles ! Quelle étendue d'esprit ! Quelle facilité !

« Pendant deux ans nous marchâmes positivement à la tête de Paris ; nous marchâmes et contre les départements fédéralisés, et contre les infâmes de la Vendée, et contre les satellites des rois de l'Europe. Dans cette sphère de tempêtes nous ne pouvions voir que le salut commun ; nous faisions de la *dictature*, sans autre intitulé : Dictature ; nous le disions avec une voix ferme, que personne ne fit baisser en Europe : c'était une dictature, un gouvernement révolutionnaire, menant violemment à la

République. Relisez le *Moniteur* et le *Journal de la Montagne*. La dictature dans nos mains dissipa les obstacles ; nous battîmes les Vendéens et l'Europe ; nous écrasâmes les dissidences funestes. Oui, sans nos propres divisions, nous eussions conduit le pays à la *République*, et à présent, une *partie de l'Europe* serait politiquement puritaine. Aucun de vous n'a vu les faits, les accidents très affligeants, sans doute, que l'on nous reproche ! Nous avions les regards portés trop haut pour voir que nous marchions sur un sol couvert de sang. Parmi ceux que nos lois condamnèrent, vous ne comptez donc que des innocents ? Attaquaient-ils, oui ou non, la Révolution, la République ? Oui ! Eh bien ! nous les avons écrasés comme des égoïstes, comme des infâmes. Nous avons été *hommes d'État*, en mettant au-dessus de toutes les considérations le sort de la cause qui nous était confiée. Nous reprochez-vous les moyens ? Mais les moyens ont fait triompher cette grande cause. Reprochez-les-nous, j'y consens, mais dites aussi : Ils n'ont pas failli à la République, à la plus sainte des causes, celle du droit humain, écrite jadis dans la fierté du front de l'homme et effacée par les despotes. Nous, du moins, nous n'avons pas laissé la France humiliée, et nous avons été grands au milieu d'une noble pauvreté. N'avez-vous pas retrouvé *au Trésor public* toutes nos confiscations (1)? »

Ce fragment résumait les dernières opinions de Billaud Varenne; il portait sur les événements sur lesquels il avait changé ses appréciations.

Le président Pétion mourut à Port-au-Prince le 29 mars 1818; il eut pour successeur le général Boyer (2), qui témoigna à Billaud Varenne la même bienveillance et lui continua les mêmes secours.

Indépendamment du jeune Colombel, qui avait continué à le visiter souvent et à l'entou-

---

(1) *Nouvelle Minerve*, 1835.
(2) Boyer (Jean-Pierre), né à Port-au-Prince, en 1776. Il abdiqua en 1843, et vint à Paris où il mourut la 9 juillet 1850.

rer de soins, Billaud Varenne s'était lié d'amitié avec un Français, Frédéric Martin (1), secrétaire du général Bonnet (2), ancien chef de bureau au ministère de la guerre, sous l'Empire, et arrivé aussi à Port-au-Prince au mois de janvier 1817. Cet ami, connaissant sa détresse, avait obtenu pour lui, du Président Boyer, en 1819, une somme d'argent qui avait rendu l'espérance à Virginie, et avait servi à prolonger l'existence de celui qu'elle appelait respectueusement *Monsieur*, depuis qu'il lui avait défendu de l'appeler *son maître*.

A cette époque, Billaud remit à Frédéric Martin, comme témoignage de reconnaissance, deux *manuscrits*, auxquels il paraissait attacher une grande importance : l'un consistait en *Mémoires sur quelques faits de la Révolution et*

(1) Frédéric Martin, né à Rouen en 1777, est mort à Paris, laissant en manuscrit un ouvrage intitulé : *Un épisode de ma vie ou Dix années de voyage*, Paris 1848. Cet ouvrage contient quelques renseignements sur le séjour de Billaud Varenne à Port-au-Prince.

(2) Bonnet (Guy-Joseph), né en 1777, nommé en 1807 commandant général de l'armée d'Haïti, mort en 1843.

sur son séjour à Cayenne; l'autre, en une *Statistique de la Guyane,* avec la description des principales productions naturelles de ce vaste pays (1).

A la fin de 1817, il avait appris, en même temps, la mort de Benjamin Billaud, son dernier frère, arrivée le 26 mars 1817, et celle de la femme de ce dernier, du 13 septembre 1816. Il écrivait, à Guillemet, un de ses amis, qu'il avait vu à Cayenne, et qui était retourné à la Rochelle :

« Ainsi, pour surcroît de malheur, en survivant à toute ma famille, je suis condamné à pleurer sa perte jusqu'à mon dernier soupir (2). »

Avant son départ de Cayenne, Billaud Varenne se trouvait déjà attaqué d'une dysenterie chronique. En arrivant à Port-au-Prince, il

---

(1) Extrait des papiers de Frédéric Martin, dont nous devons la communication à l'obligeance de M. Pierre Margry, ancien conservateur des Archives du Ministère de la marine et des colonies.

(2) *Lettre à Guillemet,* du 23 mars 1818.

était tombé malade, soit par suite des fatigues de son voyage, soit à cause du changement d'air.

Il se rétablit un peu et il put se livrer à ses travaux; mais l'insalubrité du climat lui causa de fréquentes rechutes, qui aggravèrent de plus en plus son état de santé. On s'aperçut tout à coup que ses facultés intellectuelles s'affaiblissaient; le temps avait creusé profondément ses joues et fatigué son cerveau. Sa figure, plus pâle que jamais, était devenue d'une maigreur effrayante : elle semblait plus longue, plus resserrée et plus expressive. Ses cheveux, autrefois noirs et plats, et qui simulaient *la crinière du lion*, suivant des paroles historiques, étaient devenus tout blancs. Ses regards seuls avaient conservé leur premier feu, et quelquefois leur fixité terrible. On sentait bien, en l'approchant, qu'il y avait encore en lui quelque chose d'un grand caractère et un reste de fierté qu'il ne pouvait cacher. Il passait toutes ses journées dans un grand fauteuil, qui venait de France, et placé sur le devant de sa case, composée de deux pièces et d'une alcôve, le tout tapissé de quelques morceaux de papiers usés, mais fort proprement tenu. Lorsqu'il recevait des visiteurs, ses mains sèches et nerveuses cherchaient instantanément les bras du vieux fauteuil, dans lequel il était enfoncé, afin de soulever son corps et de pouvoir s'incliner devant son visiteur; alors, il consentait difficilement à se rasseoir, malgré son affaiblissement. Il habitait la chambre du fond, qui était éclairée sur un enclos et sur une plaine; la première pièce était affectée à la cuisine. C'est là que, dans cette demeure plus que modeste, un des anciens Dictateurs de la France voyait s'écouler les derniers moments de sa vie. La maladie faisant chaque jour de nouveaux progrès, il fut obligé de renoncer à tout travail et particulièrement à l'*Histoire de Saint-Domingue*, qui, par la nature des faits et des arguments qu'elle présentait, avait violemment ramené son esprit sur ce qu'il appelait la justice de *la Révolution française, la rétrocession des droits de l'homme.* Quelques personnes éclairées, qui ont vu des fragments de cet ouvrage, entre autres le savant Dr Chervin (1), s'accordent à dire qu'il avait peu de mérite politique et littéraire. Billaud était trop affaibli, pour écrire avec son ancienne vigueur. Un petit nombre de ses pensées seulement avait de la grandeur, et ses pages fourmillaient de néologismes barbares (2).

Au mois de mars 1819, il éprouva une rechute inquiétante, dont il se releva cependant, grâce aux soins multipliés de Virginie, guidée par les conseils dévoués de M. Mirambeau, son médecin :

« Je jouirais ici, écrivait-il à son ami Guillemet, d'un contentement parfait, y vivant dans une tranquillité profonde et environné même d'une considération très flatteuse, si ma santé, toujours mauvaise, voulait m'accorder quelque relâche. Mais je viens encore d'essuyer

---

(1) Chervin (Nicolas), membre de l'Académie de médecine de Paris (1783-1843).

(2) Extrait de la *Nouvelle Minerve*, tome I, année 1835.

une quatrième maladie, plus terrible que les trois précédentes et qui m'a réduit à la dernière extrémité. Enfin, à force de courage et de bons soins, grâces au ciel, je suis parvenu à la surmonter, et, quoique excessivement faible pendant ma convalescence, je suis pourtant aussi bien qu'on peut l'être, dans un pareil état.

« Billaud Varenne (1). »

« A la dernière époque de sa vie, la société de Billaud Varenne était devenue douce, comme sa figure de vieillard. Rien en lui ne rappelait l'homme de 93, si ce n'est lorsque la conversation ramenait forcément sa pensée vers cette époque. Alors le squelette, devant lequel vous étiez assis, renaissait à son ancienne énergie : vous pensiez entendre sa parole âpre et mordante d'autrefois ; il essayait de sortir de son fauteuil et vous aviez pour quelques instants le Billaud Varenne du club des Jacobins. Mais ces

(1) Lettre du 30 mai 1819.

réminiscences fortuites n'étaient que des éclairs et bientôt vous n'aviez plus sous les yeux qu'un pauvre vieillard épuisé et mourant. Quand Billaud sentit que sa maladie était mortelle, il prit le parti de se retirer à la campagne. « Je vais, dit-il au D`r` Chervin, qui l'avait visité et soigné depuis son arrivée dans l'île, je vais aller respirer pendant quelques semaines l'air des hauts lieux, l'air des *mornes* qui m'a guéri, il y a deux ans; mais je me sens bien usé, bien usé, docteur. » M. Chervin lui demanda s'il habiterait la maison de campagne d'un de ses amis. « Non, répondit-il, je ne veux déranger personne; je suis un vieux républicain qui veut mourir libre; le vent des montagnes emportera ma vie. Je me rends à une pauvre cabane des *Mornes-Charbonnières*, où je serai bien reçu. — Chez qui? — Chez la Négresse qui nous blanchit; je m'y reposerai dans un bien beau site; il ne faut rien de plus à un pauvre malade comme moi. Viendrez-vous me voir? — Oui. — Je voudrais bien vous revoir, docteur; notre ami *Colombel* viendra aussi de son côté. —

Quand partez-vous ? — Mais, dans deux jours, lundi. — Par quel route et quel moyen ? (Il indiqua la route). — Le moyen est simple, ajouta-t-il, je serai placé sur l'âne qui porte le linge blanc à la ville. — Mais ce sera trop pour lui de vous et de sa charge habituelle ? — Oh ! notre amie a pourvu à tout : elle amènera deux montures. » Déjà Virginie s'occupait des préparatifs de voyage.

« J'écoute M. Chervin :

« Au matin indiqué, le 7 juin 1849, Billaud reçut la visite du docteur. Il était de bonne heure, les deux montures étaient placées devant la porte et chacun était prêt à s'acheminer vers les Charbonnières. Le fauteuil fut attaché sur le dos de l'âne, déjà chargé de linge ; alors, avec l'assistance des femmes, j'enlevai de terre le vieux Proconsul et je le plaçai sur la croupe du second âne, où il dit se bien trouver, mieux même que dans la case. Il souriait et paraissait un peu ranimé. Il me remercia et me pressa les mains, ainsi qu'à tous ceux qui l'entouraient. « J'espère vous voir ces jours-ci dans les

Mornes; venez, c'est un beau paysage! Si je ne vous revois pas, soyez heureux! Adieu! » Il était ému, et Virginie, accorte, à pied, faisait aussi ses adieux à ses voisins. Les voyageurs partirent, et tant qu'ils purent apercevoir leurs amis, ils continuèrent à leur adresser des signes d'amitié, puis ils disparurent dans les hautes herbes et les haies du chemin.

« Lorsque, sept ou huit jours après, le docteur voulut visiter le malade, on annonça à la ville que Billaud Varenne, de la Rochelle, ancien député à la Convention, ancien membre du Comité de Salut public, venait de mourir aux *Mornes-Charbonnières*. Son agonie avait été douce; Colombel était présent. Il était mort avec un peu de délire et en confessant, avec l'exaltation de la fièvre, que loin de se repentir, il mourait fier de l'utilité et du désintéressement de sa vie. Ses lèvres bleues et livides se fermèrent, en murmurant ces paroles terribles du dialogue d'Eucrate et de Sylla : « *Mes* « *ossements, du moins, reposeront sur une terre* « *qui veut la liberté; mais j'entends la voix de*

« *la postérité qui m'accuse d'avoir trop ménagé*
« *le sang des tyrans d'Europe* (1). »

Il mourut le 13 juin 1819, à 4 heures du soir, dans la maison de Jeanne Brousse, sa blanchisseuse.

Voici la copie de l'acte dressé après sa mort :

RÉPUBLIQUE D'HAÏTI.

« *Extrait du registre des actes de décès de la commune du Port-au-Prince.*

« Du 31ᵉ jour du mois de décembre 1819, 16ᵉ année de l'indépendance d'Haïti.

« Acte de décès de Jacques-Nicolas Billaud Varenne, Français, âgé d'environ 60 ans, natif de la Rochelle, décédé le 13 juin, présente année, à 4 heures de relevée, dans la maison de la citoyenne Marie-Jeanne Brousse, rue des Frontforts.

« Suivant la déclaration faite par devant

---

(1) Extrait de la *Nouvelle Minerve*, tome Iᵉʳ, année 1835.

moi, officier de l'état civil en cette ville, par le citoyen Guy-Joseph Bonnet, général de division, commandant l'arrondissement des Gonaïves, présentement en cette ville, assisté des citoyens Jean-Baptiste Viau, âgé d'environ 40 ans, capitaine, aide de camp du Président d'Haïti, interprète juré, propriétaire en cette ville, et Colombel, âgé de 33 ans, témoins requis. Dont acte que nous avons signé, avec le déclarant et lesdits témoins. Ainsi signé aux registres : Bonnet, Viau jeune, Colombel et Jérôme Coustard, officier civil.

Collationné :

« Jérôme Coustard. »

A la nouvelle de la mort de Billaud Varenne, le général Bonnet chargea Frédéric Martin d'envoyer des noirs dans les *Mornes*, pour enlever son corps dans un hamac et le rapporter à Port-au-Prince. Ses funérailles eurent lieu aux frais de la République d'Haïti, en présence de Frédéric Martin, malgré la désapprobation de quelques Français.

Billaud Varenne, avant de quitter Cayenne, avait fait, le 3 avril 1816, en faveur de Virginie, un testament olographe, que celle-ci déposa dans l'étude de Roanez, notaire, à Port-au-Prince, le 22 octobre 1824, et dont voici le texte entier :

« Depuis mon testament rédigé, m'étant déterminé à passer aux États-Unis de l'Amérique, les arrangements qu'il m'a fallu prendre à mon départ ayant changé la nature des dispositions que j'ai précédemment faites, et persistant néanmoins dans les mêmes intentions, tant par esprit de justice que par sentiments de bienveillance et de gratitude, je déclare que je ne change rien au legs que j'ai déjà annoncé en faveur de mon frère, relativement aux biens que nous possédons par indivis en France, provenant des successions cumulées de nos père et mère ; ma dernière volonté est donc qu'il en devienne le légataire particulier, après ma mort ou que ce soit, à son défaut, ses héritiers désignés par la loi.

« Et puis, ayant vendu à Cayenne et ce qui m'appartenait dans cette colonie, et ce que j'avais reconnu à Brigitte, négresse libre, créole de la Guadeloupe, qui m'accompagne, je lui lègue universellement, en cas de mort, tout ce que je pourrai avoir en ma possession, c'est-à-dire : argent comptant, lettres de change et effets de quelque nature qu'ils puissent être, comme faisant partie de ce que j'ai annoncé lui appartenir dans mon précédent testament, pareillement olographe ; et, quant au surplus, il est à moi en propre ; je donne cet excédent, quelle qu'en soit la valeur, à cette honnête fille ; autant pour m'acquitter envers elle des immenses services qu'elle m'a rendus depuis plus de dix-huit ans, que pour reconnaître le nouveau et le plus complet témoignage de son inviolable attachement, en consentant à me suivre, quelque part que j'aille.

« En conséquence, je veux que Brigitte entre en propriété, aussitôt mon décès, de la totalité des objets quelconques qui se trouveront alors entre mes mains ; pour qu'elle en jouisse comme lui appartenant de plein droit, à l'exclusion de tout autre et sans que qui que ce soit puisse la troubler dans cette propriété, lui étant dès lors entièrement dévolue, d'après mon expresse volonté.

« Fait et clos à Cayenne, le 3 avril 1816.

« Signé : BILLAUD VARENNE.

« Certifié véritable par la citoyenne Brigitte, dite Virginie, en présence des notaires, qui ont seuls signé, attendu que la citoyenne Brigitte ne sait point signer. »

Les biens légués ainsi par Billaud Varenne à Virginie étaient de peu d'importance. Le général Bonnet lui fit recouvrer de petites valeurs en 1819, au moyen des relations commerciales qu'il avait avec la France et, avec ces ressources, elle put s'acheter une petite maison à Port-au-Prince. M. Jules Claretie a publié, dans le journal *le Temps*, du 7 décembre 1884, que le savant docteur d'Haïti, M. Betance, en lui donnant des renseignements sur les descendants de Camille Desmoulins, lui avait dit qu'en 1874, la vieille négresse, veuve de Billaud Varenne, vivait encore, courbée par l'âge.

Billaud Varenne avait remis à son ami Colombel son manuscrit de l'*Histoire de la Révolution de Saint-Domingue* et celui de la *Question de droit des gens, sur les républicains d'Haïti*. En 1823, Colombel, chargé d'une mission du président Boyer, s'embarqua le 20 mars, à Haïti, sur le brick le *Leviathan*, se rendant à Londres. Il emportait avec lui les manuscrits de Billaud et les siens, dans le but de les publier en France ; son navire fit naufrage pendant la traversée et il périt avec tous ses bagages.

De toute la famille de Billaud Varenne, une seule personne lui survécut ; ce fut sa nièce : Clémentine-Henriette Billaud, la fille de son frère Benjamin. Orpheline et sans parents, elle avait été placée sous la tutelle de Gabriel

Bellion, libraire à Troyes, ami de sa famille depuis plus de vingt ans. Elle fut élevée à Troyes dans le couvent des Sœurs Visitandines et, à l'âge de 15 ans, elle se maria à Paris, le 24 septembre 1822, avec Joseph Bellion, libraire, fils de son tuteur. Elle mourut à la Rochelle le 19 juin 1828, et son mari mourut à Troyes le 12 février 1852. Ils avaient deux fils issus de leur mariage : Gabriel Bellion, né à Marseille le 13 août 1824, et Julien-Benjamin Bellion, né à la Rochelle le 27 mai 1827. Celui-ci avait étudié la médecine et il venait d'obtenir le diplôme de docteur, lorsqu'il mourut à Paris, le 16 mai 1854, d'une fièvre typhoïde qu'il avait contractée en donnant ses soins aux malades de l'hôpital du Val-de-Grâce. Son frère Georges fut admis dans l'atelier de peinture de M. Yvon, et il devint peintre paysagiste. Il se fit un nom dans l'art contemporain et quelques-uns de ses tableaux furent admis aux Expositions des Beaux-Arts des années 1870, 1879 et 1880. Il s'était livré par goût à l'étude approfondie de l'*Histoire de la Révolution française* et, pour connaître la vérité sur divers événements importants et intéressant la mémoire de son grand-oncle, il consulta les documents originaux conservés aux Archives nationales et dans celles de la Ville de Paris, avant leur destruction par les incendies de 1871. Il recueillit, en outre, une collection importante de livres, de journaux et de brochures. A l'aide de ces matériaux, il rédigea l'*Histoire du Comité de Salut public*, plus spécialement en ce qui concerne le bureau de Police générale organisé et dirigé par Robespierre, Saint-Just et Couthon. Il se proposait d'entreprendre la défense de la mémoire de Billaud Varenne, contre tous ses accusateurs, en faisant porter principalement sur Robespierre la responsabilité des actes et des mesures qui lui étaient reprochés; mais il n'a pu que préparer son travail, par la recherche et la réunion de documents et de renseignements utiles et intéressants sur les massacres de Septembre et sur les événements du 9 Thermidor; ces matériaux étaient encore bien insuffisants pour assurer le succès de sa cause. Il mourut à Paris le 17 mai 1880, et en sa personne s'éteignit la famille de Billaud Varenne.

En mourant, il légua tous ses biens à la demoiselle Anne-Marie Foehr, qui l'avait élevé avec son frère et qu'ils considéraient tous deux comme leur mère. Il lui recommanda de faire elle-même, par son testament, la donation à l'Académie des Sciences de tout ce qui lui resterait de sa fortune, sous la condition d'employer le montant de son legs à la fondation d'un prix annuel, qui serait désigné sous le nom de *Gabriel Bellion*, et qui serait décerné *aux savants qui auraient écrit des ouvrages ou fait des découvertes profitables à la santé de l'homme ou à l'amélioration de l'espèce humaine*. La demoiselle Foehr mourut à Paris, le 23 juin 1887, à l'âge de quatre-vingt-un ans, léguant à l'Académie des Sciences la somme de 110,000 francs, à la condition indiquée par G. Bellion.

L'Académie des Sciences est entrée en possession de ce legs, au mois de février 1888, et, remplissant la condition qui lui avait été imposée, elle fonda un prix annuel qui porte le nom de : *Prix Gabriel Bellion.*

Les manuscrits et les notes de Bellion, ainsi que les matériaux qu'il avait recueillis sont actuellement en notre possession, avec les correspondances et les papiers de famille pouvant se rapporter à son grand-oncle. C'est dans cette collection intéressante que nous avons trouvé le *manuscrit* des *Mémoires* de Billaud Varenne, acheté par Gabriel Bellion, en 1848, dans une vente publique faite à Paris.

COLLOT D'HERBOIS.

Député par le Dépt. de Paris à la Conven. Natle.
Condamné à la Déportation l'an 4. de la Rép.

COLLOT-D'HERBOIS

NOTICE BIOGRAPHIQUE

Collot-d'Herbois ayant été constamment lié avec Billaud Varenne, dans tous les actes importants du Comité de Salut public, subit le même sort et il l'accompagna dans sa déportation à Cayenne. Nous avons cru indispensable d'ajouter ici quelques renseignements biographiques, qui lui sont personnels, pour compléter ceux qui concernent directement Billaud Varenne et de rappeler, en conséquence, quelques faits importants de sa carrière politique, pour faire connaître son véritable caractère et les principaux actes qui lui furent reprochés.

Collot (Jean-Marie), dit Collot-d'Herbois, est né à Paris le 19 juin 1750 ; il était fils de Gabriel-Jacques Collot, marchand orfèvre à Paris et de Jeanne-Agnès Hannen, fille de l'un des principaux maîtres brasseurs de Paris. Il avait deux sœurs et un frère : Jacques-Louis Collot, né en 1754.

Voici ce qu'en dit, dans son *Dictionnaire néologique des hommes et des choses de la Révolution*, le *cousin Jacques* (Beffroy de Reigny), qui devait bien le connaître, en sa qualité de journaliste et d'auteur dramatique, ayant vécu au milieu des anciens camarades de Collot-d'Herbois :

« Fils d'un orfèvre de la rue Saint-Jacques, il donna dès ses premières années la mesure de son mérite à venir. Il manquait chaque jour de respect à sa mère et l'on prétend même qu'il alla jusqu'à la maltraiter. Il était méchant, hautain, vindicatif, impatient de toute espèce de joug. Ses sociétés habituelles étaient ce qu'il y avait de plus indocile et de plus libertin dans le quartier. Il fit, pour la forme seulement, quelques études détestables ; mais il puisa en revanche, dans les livres philosophiques du temps (qu'une voisine lui prêtait), ces beaux principes qu'on a tant préconisés et dont l'application, tant de fois répétée, a donné un démenti continuel à la raison des rêves-creux du XVIII° siècle.

« On assure qu'avant de s'enfuir de la maison paternelle, il y vola des *louis* d'or, à la place desquels il mit des jetons. D'autres personnes racontent ce vol avec des détails encore plus aggravants.

« Ce fut malgré ses parents qu'il alla courir la province en qualité d'histrion. »

Son père, marié en 1746, était devenu orfèvre en 1747, rue du Harlay-du-Palais. Il ne réussit pas dans son commerce ; sa femme fut dans la nécessité de faire prononcer sa séparation de biens le 5 novembre 1756 ; son mobilier et ses marchandises furent vendus judiciairement pour le règlement de leurs droits réciproques.

Jean-Marie Collot, son fils, sans fortune, ne

pouvant pas compter sur sa famille, se vit dans la nécessité de pourvoir seul à ses besoins; il se fit acteur, parcourut la province, sous le nom de d'Herbois, et ensuite il devint le directeur de diverses troupes de comédiens.

Il composa quinze pièces, qu'il fit jouer sur divers théâtres et dont une, intitulée : *Le bon Angevin ou l'hommage du cœur, comédie en un acte mêlée de chants et de vaudevilles, composée en l'honneur de* MONSIEUR, *frère du Roi, duc d'Anjou,* laquelle fut représentée à Angers le 19 juin 1775, jour de l'inauguration du portrait de *Monsieur.*

Une autre pièce, intitulée: *La Fête Dauphine ou le Monument français, comédie en un acte et en prose, mêlée de chants et de vaudevilles et terminée par un divertissement, composée pour célébrer la naissance de Monseigneur le* DAUPHIN, fut représentée sur le théâtre de Rouen, le 5 novembre 1781.

Cette pièce de circonstance contenait un vaudeville dans lequel, s'adressant au Roi et à la Reine, Collot disait :

> Pour eux, ô ciel ! chacun t'implore.
> Mets tous ces biens en leur pouvoir,
> Mais les chagrins... que leur cœur les ignore.
> Ce sont nos vœux, c'est notre espoir.
> Comme aujourd'hui, que dans cent ans encore,
> Nos enfants chantent le refrain
> De tout ce qu'un Français adore :
> Le Roi, la Reine et le Dauphin.

Il ne manquait jamais une occasion de manifester son respect et son amour pour le Roi et pour la famille royale.

Il donna des représentations sur les théâtres d'Avignon, de Bordeaux, de Nantes, de Caen, d'Angers, de Marseille, de Douai, de Lille, de Rouen, d'Anvers, de La Haye et de Lyon. Il devint directeur du théâtre principal de cette ville en 1787, puis, le 22 février 1789, directeur du théâtre de Genève.

Pendant le cours de ses pérégrinations, il s'était marié, vers l'année 1780, avec Anne-Catherine-Joséphine Catoir, née à Bruxelles le 23 décembre 1759.

Il paraît avoir acquis, dans l'exercice de sa profession, une assez mauvaise réputation.

Mme Roland, dans ses *Mémoires*, dit de lui :
« Un Collot, comédien de profession, à côté duquel siège un juge des départements méridionaux, qui naguère le condamna à un an de prison pour une vilaine action, lorsqu'il courait les tréteaux et pour laquelle plusieurs juges avaient opiné aux galères ! »

Dans une proclamation de la Commune de Paris, faite le 9 thermidor an ii et signée : *Lescot Fleuriot*, maire de Paris, et *Fleury*, secrétaire, il est dit : « Quels sont les ennemis de Robespierre et de Saint-Just ? Des monstres de cette espèce : Collot-d'Herbois, ce partisan de l'infâme Danton, comédien qui, dans l'ancien régime, avait volé la caisse de la troupe… »

Quoique le fait eût été plusieurs fois contesté, Collot-d'Herbois avait été sifflé au théâtre de Lyon ; cela nous paraît parfaitement prouvé par les témoignages d'un certain nombre d'habitants de Lyon, consignés dans la pétition qu'ils adressèrent, dans ces termes, à la Convention nationale, au mois de frimaire de l'an ii, et environ dix ans après les faits signalés :

« Collot-d'Herbois est comédien de son métier; il a été hué, sifflé et humilié sur le théâtre, à Lyon, pour avoir insulté les spectateurs et principalement le parterre, ordinairement composé d'une nombreuse jeunesse, qu'il a fait exposer en masse sous le feu du canon, parce qu'il avait juré de se venger. »

Dans l'ouvrage intitulé : *Sept mois de la vie de Fouché*, par Audin (Paris, 1816), on lit que Collot-d'Herbois, en quittant Paris pour se rendre à Lyon, avec Fouché et Laporte, représentants du peuple, avait dit :

« Les Lyonnais ont employé les sifflets; j'emploierai pour me venger un instrument plus tranchant. »

Collot avait dit aussi à Fouché, à la même époque :

« Il ne faut pas qu'il reste plus de 30,000 âmes dans *Commune Affranchie* (Lyon). *Plus le corps social transpire, plus il est sain.* »

Dès les premiers jours de la Révolution, il avait quitté le théâtre de Genève et il était revenu se fixer à Paris. Il prit part immédiatement au mouvement révolutionnaire et il fut bientôt l'un des orateurs les plus distingués et les plus applaudis des assemblées populaires et l'un des membres les plus assidus du club des Jacobins.

Dans son exubérance d'éloquence populaire, il atteignait quelquefois le comble de la bouffonnerie. Le 14 octobre 1792, au club des Jacobins, répondant à un discours du général Dumouriez, qui se disposait à partir pour la Belgique, il lui adressa ces encouragements :

« Tu vas à Bruxelles, Dumouriez ; enfants, citoyens, filles, femmes, tous se presseront autour de toi ; tous t'embrasseront comme leur père..... De quelle félicité tu vas jouir, Dumouriez !.... Ma femme.. ... elle est de Bruxelles, elle t'embrassera aussi..... »

A la fin de l'année 1791, il publia l'*Almanach du Père Gérard*, pour lequel il remporta le prix proposé par la Société des Jacobins, pour l'ouvrage qui ferait le mieux sentir au peuple les avantages de la nouvelle Constitution. En 1792, il se fit le défenseur des soldats de Château-Vieux, lesquels avaient été condamnés aux galères pour s'être révoltés contre leurs chefs, à Nancy; il obtint leur liberté et il organisa une fête pour les recevoir à Paris.

Au 10 août 1792, Collot-d'Herbois fut élu membre de la municipalité de Paris ; il y rencontra Billaud Varenne, avec lequel il fut étroitement lié, à partir de cette époque. Il joua un rôle important dans les événements de cette journée; Danton lui enleva le ministère de la Justice, auquel il aspirait et il dut se contenter de la nomination de membre du Conseil de Justice à ce ministère, avec Robespierre et Barère. Camille Desmoulins, surnommé le Procureur général de la Lanterne, Fabre d'Églantine et Robert, de Paris, avaient été choisis par Danton comme secrétaires.

Les massacres de septembre, dans les prisons de Paris, furent organisés par Danton, d'accord avec Marat, qui les avait annoncés depuis plusieurs jours dans son journal, et avec Robespierre, chargé officieusement par la

Commune insurrectionnelle de préparer et de diriger les élections des membres de la Convention nationale. Ils avaient été conçus et préparés avec la froideur et la régularité d'un acte d'administration. Leur but, d'après Danton, était de *faire peur aux royalistes*, et surtout de *terroriser* les électeurs. Des visites domiciliaires avaient été faites quelques jours auparavant, chez tous les habitants de Paris, sous prétexte de rechercher des armes qui n'existaient pas. De nombreuses arrestations avaient été opérées et les prisons avaient été ainsi remplies.

Danton s'était fait adresser les listes des prisonniers et il en avait fait mettre en liberté quelques-uns, auxquels lui ou ses amis s'intéressaient particulièrement. Ces listes ont été vues dans les mains des massacreurs, avec des annotations ou des signes placés en face des noms de certains prisonniers.

Pétion, Maire de la Commune de Paris, Manuel, Procureur de la Commune visitèrent le 27 ou le 28 août 1792, les carrières de Méni montant et celles dont l'entrée se trouve rue de la Tombe-Issoire, en dehors de l'ancienne barrière Saint-Jacques; ils les firent rouvrir et c'est là que furent conduits la plus grande partie des cadavres des 1500 prisonniers massacrés.

Environ 200 ouvriers de bonne volonté, et certainement moins de 400, furent recrutés, principalement dans les abattoirs, pour le compte de la Commune de Paris, qui les paya pour l'exécution de ces massacres, qui eurent lieu, dans les prisons de Paris, pendant les journées les 2, 3, 4, 5 et 6 septembre, en présence d'une foule de curieux, qui n'y prenaient aucune part et qui assistaient à ces exécutions, qu'ils savaient faites par ordre de la Commune de Paris, comme de nos jours d'autres assistent aux exécutions des condamnés, place de la Roquette.

Le maintien de l'ordre public était confié à Santerre, nommé le 10 août commandant général de la Force armée de Paris et disposant de 117,000 hommes, dont : 500 gardes nationaux, 2,400 gendarmes ou vainqueurs de la Bastille, 1600 fédérés et 2,600 hommes de cavalerie.

Les rapports des officiers de ronde, ayant inspecté tous les corps de garde dans Paris, pendant les cinq journées des massacres, constatèrent, jour par jour, qu'il ne se passait rien d'*anormal* dans les divers quartiers de Paris.

La police de la ville et des prisons était confiée à un Comité de Surveillance, organisé par la Commune de Paris et composé notamment de Sergent, Panis, Marat, Duplain, Jourdheuil et autres. Ils ont ordonné la mise en liberté de plusieurs prisonniers réclamés par leurs Sections.

Chaney, leur secrétaire, a reconnu qu'il assistait aux massacres de la prison de l'Abbaye, et Sergent, l'un des membres de ce Comité, a déclaré, par écrit : « *que les massacreurs de l'Abbaye demandèrent, pour les protéger pendant leur épouvantable travail, une garde qui leur fut accordée* ».

Le salaire promis aux massacreurs leur fut

payé par la Caisse municipale; leurs reçus avaient été conservés. M. de Cassagnac en a fait reproduire un en fac-simile dans l'*Histoire des Girondins*, et la bibliothèque de Rouen en possède un pareil. Des états de ces payements sont conservés aux Archives nationales.

Les membres du Comité de Surveillance de la Commune de Paris, pour compléter leurs opérations, adressèrent aux municipalités des départements et aux sociétés populaires une circulaire, datée du 3 septembre et signée par chacun d'eux, pour leur annoncer le massacre des prisonniers et pour les inviter à en faire autant chez eux. Cette circulaire imprimée fut expédiée, dans une enveloppe du ministère de la Justice, imprimée avec les mêmes caractères et, pour en indiquer l'origine et l'importance, revêtue du *contre-seing* de Danton, comme ministre de la justice et du cachet de son ministère.

Dans son discours du 29 octobre 1792, Louvet déclarait à la tribune de la Convention qu'il n'y avait pas 200 bourreaux dans l'intérieur des prisons, pour exécuter les massacres qui ont eu lieu pendant plusieurs jours, sans avoir été empêchés ni même entravés par Santerre, commandant général de la Force armée, ni par Pétion, Maire de Paris, ni par Manuel, Procureur de la Commune, chargé par ses fonctions de surveiller l'exécution des lois.

C'est au milieu de cette épouvante générale et de cette anarchie qu'il fallut procéder aux élections des membres de la Convention nationale. Collot-d'Herbois fut désigné par Robespierre pour présider l'assemblée électorale de Paris, laquelle siégea pendant les massacres de septembre, pour la nomination des membres de la Convention nationale. La première séance de cette assemblée ayant eu lieu le 3 septembre, dans une salle de l'Archevêché, Robespierre fit remarquer aux électeurs que cette salle était insuffisante et il fit décider que l'assemblée se transporterait en masse rue Saint-Honoré, dans la salle des Jacobins, pour y continuer ses opérations. Tous les membres de cette assemblée s'y rendirent ensemble immédiatement, en passant sur le pont au Change et en défilant devant les cadavres des prisonniers massacrés dans les prisons du Châtelet. Le bureau de l'assemblée électorale commença par éliminer du nombre des électeurs tous ceux qui avaient signé, le 10 juin 1792, la pétition dite des 10,000, contre l'établissement d'un camp de 20,000 hommes près Paris, proposé par le ministre de la Guerre, sans avoir consulté le Roi, et, le 1er juillet suivant, celle dite des 20,000, exprimant l'improbation et l'indignation des signataires contre l'envahissement du château des Tuileries le 20 juin 1792. Les auteurs de ces pétitions formaient la base principale de la partie modérée de la population parisienne. Le bureau de l'assemblée décida ensuite que les votes seraient exprimés à haute voix.

Dans un discours prononcé à la tribune de cette assemblée électorale, le 3 septembre, Collot-d'Herbois disait aux électeurs :

« Les hommes vers qui l'opinion publique dirige vos regards sont les hommes à caractère, les hommes vertueux, énergiques, les hommes populaires.

« Défiez-vous des hommes à talents, des hommes à grands talents, je les crains.

« Les modérés sont tremblants, perfides et tracassiers. Ces hommes sont toujours effrayés des *grandes mesures*. A leurs yeux, les hommes hardis, énergiques et robustes sont des *maniaques* ou des *énergumènes*. Les résolutions *décidées* leur paraissent des attentats.

« Nos maîtres en Révolution ce sont ceux qui, le 10 août, ont rassemblé les faubourgs et marché à leur tête, qui nous ont montré le chemin..... »

C'est dans ces conditions, après cette mise en scène et avec ces précautions, que les Jacobins, les Cordeliers et la Commune parvinrent à faire élire, à Paris, comme membres de la Convention nationale, leurs principaux chefs : Robespierre l'aîné, Danton, Marat, Collot-d'Herbois, Manuel, Billaud Varenne, Camille Desmoulins, Legendre, Panis, Sergent, Robert, Fabre d'Églantine, Robespierre jeune, David, Laignelot et autres, presque tous originaires de la province.

Le 12 septembre, l'assemblée électorale, sous la présidence de Collot-d'Herbois, arrêta à l'unanimité de présenter aux Sections de Paris la liste des députés élus, à l'effet de préparer la sanction du peuple par un scrutin épuratoire, et encore à l'effet de réveiller l'esprit de souveraineté dans tous les membres du corps politique.

Dès la première séance de la Convention nationale, le 21 septembre 1792, Collot-d'Herbois, conformément à une décision qui avait été prise préalablement dans une réunion privée, tenue par une partie des membres de la Convention, demanda l'abolition de la royauté, et, le 30 septembre suivant, il sollicita la peine de mort contre tous les émigrés qui, pour la plupart, n'avaient quitté la France que pour échapper à la mort.

Parlant des massacres de septembre, dans la séance des Jacobins du 5 novembre 1792, il disait :

« Le 2 septembre est le grand article du *Credo de notre liberté*. Sans cette journée, la Révolution ne se serait jamais accomplie, il n'y aurait pas de liberté, il n'y aurait pas de Convention. »

Dans une délibération du Comité de Salut public, quelques-uns de ses collègues ayant émis l'avis de se délivrer des suspects par la déportation, Collot s'écria :

« Il ne faut rien déporter, il faut détruire tous les conspirateurs; que les lieux où ils sont détenus soient minés; que la mèche soit toujours allumée pour les faire sauter, si eux ou leurs partisans osent encore conspirer contre la République. »

(Lebas, *Dictionnaire de la France*.)

Il fut élu président de la Convention nationale le 13 juin 1793 et encore le 1er thermidor an II.

Nous avons rappelé plus haut les massacres qu'il a fait exécuter à Lyon et sa participation, avec Billaud Varenne, comme membres du Comité de Salut public, à l'organisation des principales mesures révolutionnaires qui leur ont été reprochées.

Collot-d'Herbois fut considéré comme le plus véhément des Jacobins et le plus sanguinaire des terroristes. Il fut surnommé le *tigre*, et les massacres de Lyon lui firent donner le nom de *mitrailleur*.

Les actes de violence exercés par le Gouvernement révolutionnaire avaient suscité contre ses chefs des sentiments de haine et de vengeance. Le 4 prairial, à une heure et demie du matin, Collot-d'Herbois, rentrant du Comité de Salut public, était attendu dans son escalier par un garçon de bureau nommé Admiral, habitant la même maison, lequel se précipita sur lui, en lui criant : « Scélérat, ton dernier jour est venu ! » et il tira sur lui deux coups de pistolet à bout portant, mais sans l'atteindre, l'arme ayant fait long feu. Cet homme, âgé de 50 ans, fut arrêté immédiatement et interrogé. Il répondit : « qu'il avait cherché en vain dans la matinée à rencontrer Robespierre à la Convention nationale et au Comité de Salut public, dans l'intention de l'assassiner; qu'il avait tiré deux coups de pistolet sur le citoyen Collot-d'Herbois, dans l'intention de le tuer; qu'il était bien fâché de l'avoir manqué, ses pistolets ayant fait faux feu; qu'il les avait achetés exprès pour le tuer, ainsi que Robespierre; que s'il les avait tués tous deux il y aurait eu une belle fête ».

Admiral fut traduit devant le tribunal révolutionnaire, avec Cécile Renaud, une jeune couturière âgée de 20 ans, accusée d'avoir voulu assassiner Robespierre. Par un décret du 26 prairial an II, adopté au milieu des applaudissements des tribunes, sur le rapport d'*Élie Lacoste*, la Convention ordonna de leur adjoindre, comme complices, 52 autres prisonniers, dont la plupart n'avaient jamais eu aucune espèce de rapports avec eux, et notamment : le marquis de Sombreuil et son fils, le prince de Rohan-Rochefort, le duc de Laval de Montmorency, de Sartine fils, les citoyennes Sainte-Amaranthe et le citoyen Sainte-Amaranthe fils, âgé de 17 ans, la citoyenne Grandmaison, actrice au Théâtre-Italien, *Nicole* Bouchard, sa domestique, âgée de 18 ans, et le comte de Fleury.

Ce procès eut lieu le 29 prairial an II, il dura seulement trois heures et avec les formes sommaires qu'autorisait la loi du 22 prairial an II, c'est-à-dire sans défenseurs, sans témoins à décharge, et même sans interrogatoire sérieux. Les 54 accusés furent condamnés à mort et conduits au supplice, revêtus de chemises rouges, comme assassins des Représentants du peuple. Les charrettes, sur lesquelles ils étaient placés, étaient escortées en avant et en arrière de 2 pièces d'artillerie de campagne, de canonniers en grand nombre, mèche allumée, et de nombreux piquets de gendarmerie; elles mirent trois heures pour arriver à la barrière du Trône, lieu fixé pour l'exécution. Fouquier-Tinville, s'apercevant que de jeunes femmes, au nombre desquelles étaient les citoyennes de Sainte-Amaranthe, belles dans leurs draperies rouges, allaient au supplice avec cette fermeté que donne le sentiment de l'innocence persécutée, dit :

« Voyez comme elles sont effrontées ; il faut que j'aille les voir monter sur l'échafaud, pour voir si elles conserveront ce caractère, dussé-je manquer mon dîner. »

Vouland, membre du Comité de Sûreté générale, ayant vu défiler ce long convoi de charrettes, remplies de condamnés ainsi vêtus, dit ironiquement :

« Allons maintenant au grand autel, voir célébrer *la Messe rouge.* »

Ces actes, joints à ceux rappelés plus haut, suffisent sans doute pour caractériser le Gouvernement révolutionnaire et pour expliquer la terreur et la consternation qui régnaient alors dans toute la France.

C'est pour avoir participé à ces actes et même pour les avoir souvent ordonnés ou dirigés, que Billaud Varenne et Collot-d'Herbois furent accusés et condamnés à la déportation par la Convention nationale. La peine de mort avait été prononcée contre Robespierre, contre Saint-Just et contre Couthon, leurs collègues, et la même peine avait été appliquée à

Carrier, à Joseph Lebon, aussi leurs collègues, à Dumas et à Fouquier-Tinville, qui avaient agi sous leurs ordres et sous leur surveillance. Ils avaient pu craindre le même supplice.

Collot-d'Herbois ne laissait pas de fortune en France ; sa famille était restée dans la gêne. Sa mère était morte à Paris, le 1er mars 1770, laissant deux fils et deux filles. Le frère de Collot ne put terminer ses études, il s'engagea le 28 août 1772, dans le régiment de Beaujolais-Infanterie, en garnison à Arras. Il y resta seulement pendant quelques années, puis il se rendit à Saint-Domingue, auprès de son oncle, François-Étienne Collot, ancien horloger. Ils furent massacrés tous deux par les hommes de couleur en 1793. Une indemnité de 60,000 francs environ fut attribuée à leur famille en 1832, sur les fonds alloués par le traité fait en 1825 avec le Gouvernement haïtien.

Élisabeth-Charlotte Collot, sa sœur, née en 1750, s'était mariée à Paris, le 23 juin 1796, avec Michel Sauzier. Elle est morte à l'Hôtel-Dieu, le 21 vendémiaire an VIII (13 octobre 1799).

Jeanne-Louise Collot, son autre sœur, née à Paris, le 23 mai 1751, s'était mariée à Paris, le 26 mars 1775, avec Séverin Liénard, peintre en bâtiments, mort en 1814. Ils avaient exploité ensemble un petit commerce d'épicerie, dans le faubourg Saint-Antoine. Elle est morte à l'hospice de la Salpêtrière, le 23 mars 1823.

Collot-d'Herbois, en quittant la direction du théâtre de Genève, en 1789, était venu à Paris avec sa femme, et ils s'étaient fixés d'abord à Chaillot, dans une petite maison de campagne prise à loyer. Il croyait pouvoir y vivre au sein de la solitude et de la philosophie. Sa femme avait recueilli la succession de ses parents morts en Belgique et il avait amassé une petite fortune dans ses diverses entreprises. Les événements de la Révolution, le trop grand éloignement de la Société des Jacobins, dont il était membre assidu, et surtout, dit-il, son dévouement à défendre les opprimés, le firent rentrer à Paris; il s'installa rue Favart, n° 4, dans un appartement situé au troisième étage. Après la tentative d'assassinat dont il fut l'objet, il transporta son domicile rue de la Convention, n° 375.

Dans sa défense du 11 ventôse an III, devant la Convention nationale, parlant de sa vie de famille, il disait :

« Vous ne trouverez nulle part, j'ose le dire, un plus sincère tableau d'un ménage vraiment républicain que chez moi; les habitudes et les plaisirs de l'égalité et de la fraternité, leur langage franc y ont toujours habité. Je vis actuellement et je suis meublé comme je l'étais à Chaillot. Diminuer, c'eût été hypocrisie; augmenter, c'eût été ostentation. »

Et, répondant à l'accusation de tyrannie dirigée contre lui, il ajoutait :

« Au reste, c'est un singulier tyran que celui qui a toujours vécu isolé, plongé dans toute la profondeur de ses devoirs, osant à peine distraire de son affection pour la patrie quelques pensées pour sa famille, et qui ne s'est reposé quelquefois d'immenses travaux qu'en parlant au milieu des siens des bienfaits de la liberté et des hautes destinées de la République; qu'en faisant pressentir à deux ou trois enfants, que l'amitié et l'habitude ont adoptés chez lui, le bonheur qui les attend un jour. Ces enfants et leur mère, qui ne nous a point quittés depuis trois ans, une fidèle amie de ma femme, voilà le parti formidable avec lequel j'ai conspiré; car il n'y a qu'avec eux qu'on peut me trouver rassemblé. Ma famille est restée ce qu'elle était, travaillant à la journée.

« Le genre de travail auquel je me consacrais continuellement était peut-être le moins aperçu; il était nécessaire et fastidieux, il me tenait attaché quinze heures par jour, et j'y ai suffi sans relâche.

« On peut demander à tous mes collègues qui ont été en mission, quels étaient le caractère et les principes, soit de la correspondance, soit des instructions particulières qui ont eu lieu relativement à leurs missions. Ce travail, chaque jour nourri par les différentes communications et les relations entretenues avec les administrations de toutes les classes, offrait une telle continuité de détails, que je me suis vu privé pendant huit mois d'aller manger chez moi. Je prenais à la hâte, chaque jour, un repas frugal dans le voisinage du Comité. Carnot était forcé de faire de même, ainsi que Prieur (de la Côte-d'Or). Ils savent quelle fut mon assiduité; la leur et celle de Lindet pouvaient seules la surpasser. »

Cette défense habile et sentimentale n'avait pas suffi pour désarmer ses accusateurs ni ses juges. Sa présence à Paris et celle de Billaud Varenne avaient paru présenter un danger public; la Convention nationale résolut de s'en débarrasser, sans effusion de sang, par la déportation.

Collot-d'Herbois, déporté à la Guyane, avec Billaud Varenne, le 12 germinal an III, fut atteint des fièvres du pays, et il mourut à l'hôpital militaire de Cayenne, le 20 prairial an IV (8 juin 1796).

Voici la copie de son acte de décès :

« Aujourd'hui, 20 prairial an IVᵉ de la République française, une et indivisible, huit heures de la matinée.

« Par-devant moi, Annette-Nicolas Chambrant, élu officier municipal et officier public le 12 germinal dernier, pour dresser les actes de naissances, mariages et décès des citoyens, est décédé à l'hôpital de cette ville le citoyen Collot-d'Herbois, déporté dans cette colonie, âgé de 44 ans, natif de Paris, suivant la déclaration de Germain aîné, commis préposé aux écritures ; certifiée par le citoyen Juzand, son chef d'administration *ad hoc*, pour l'absence du citoyen Richard, chargé de l'inspection dudit hôpital.

« Pourquoi j'ai dressé le présent, fait en la maison commune de Cayenne, département de la Guyane française, en Amérique, les jour, mois et an que dessus.

« Signé : CHAMBRANT,
« Officier public. »

La femme de Collot-d'Herbois, restée à

Paris, avait d'abord fait cause commune avec celle de Billaud Varenne, pour réclamer les indemnités dues à leurs maris, comme Représentants du peuple, et pour demander l'autorisation d'aller les rejoindre à Cayenne. Elle renonça à ce dernier projet, à cause des obstacles qui résultaient de l'état de guerre maritime et elle continua à habiter Paris. Elle eut bien vite épuisé les ressources que lui avait laissées son mari ; elle parvint à obtenir du Gouvernement une modique pension, à l'aide de laquelle elle put vivre. Elle mourut à Paris, sans postérité, le 17 mai 1810.

MÉMOIRES INÉDITS
DE
BILLAUD VARENNE

Le Pour et le Contre, ou Réflexions morales et politiques sur un passage de la *Description des Alpes*, par M. Bourrit.

M. Bourrit, ce peintre, aussi célèbre qu'estimable, des Alpes et de la nature, dans son intéressante *Description de la charmante vallée de Valorsine* (1), pour donner une idée plus exacte

---

(1) La vallée de Valorsine est située à 800 mètres au-dessus de Chamonix; son entrée se trouve en face du village d'Argentière.

des mœurs candides de ses habitants, rapporte l'anecdote suivante :

« Un jeune voyageur, après avoir parcouru les Alpes de la Suisse, être monté sur le col de Balme, en descend et entre dans la Valorsine, où, poursuivi par un temps d'orage, il trouve, chez l'un des habitants de cette vallée, la franche hospitalité. Une nièce de dix-sept ans en gouvernait la maison ; elle était un modèle de beauté, élégante dans ses habits, élégante de taille, dessinant les grâces dans tous ses mouvements et offrant des traits à la grecque, que l'ingénuité de son esprit et l'innocence de son cœur embellissaient encore. Dès ce moment, il bénit l'orage qui l'avait si bien adressé; les brillants aspects et la magnificence des montagnes ne furent plus à ses yeux que des beautés secondaires. C'était des mains de cette intéressante créature que ses mets lui étaient préparés; c'était elle qui l'accompagnait dans ses promenades, qui le conduisait sur les rochers, qui lui tendait la main pour lui faire franchir des petits précipices, et qui l'introduisait sous l'ombrage des bosquets, près des fontaines et des ruisseaux. Là, assis, un livre à la main, il s'enivrait de sentiments délicieux, et aimait à les faire germer et éclore dans ce jeune cœur. Admirer tant de perfections, se plaire à entremêler des fleurs à de beaux et longs cheveux, étaient des jouissances innocentes. Mais si l'on se rappelle la remarque de M. le président Tacher, sur l'habillement voluptueux des Valorsiennes, on conviendra que tout concourait à troubler les sens de l'étranger, à lui ôter la raison. Il allait se perdre et perdre pour toujours l'innocence même, lorsque l'aspect sévère des montagnes, qui n'avaient jamais été les témoins d'une mauvaise action, le rappela à lui-même : « Non, s'écria-t-il, non! ces lieux n'ont « pas été faits pour le crime! ils ne seront pas « les témoins de la perfidie, et la plus noire « trahison ne sera pas la récompense de l'hon-« nête et confiante hospitalité ». Au moment même il se dérobe aux dangers de sa situation.

« Telle est l'influence des montagnes, les cœurs s'y épurent, les idées y prennent de l'énergie ; et tels qui, dans nos plaines, ne rougissent pas de certaines actions, en détestent ici jusqu'à la pensée ; on y devient plus honnête, plus délicat, plus généreux, plus fort pour résister aux tentations voluptueuses. Qui sait même si ce n'est pas à ces sensations de vertu que l'homme doit le plaisir qu'il goûte à s'élever? Qui sait si ce plaisir ne lui a pas été donné pour qu'il sente, une fois dans sa vie, les avant-goûts des jouissances célestes, auxquelles il est destiné? Que l'on me permette encore deux réflexions !

« Cet étranger, succombant à de coupables désirs, aurait-il pu contempler le beau spectacle des montagnes, la pureté du ciel, la multitude des feux de la nuit qui proclament si hautement la grandeur, la toute-puissance de l'Être qui les créa, la sagesse qui leur donna des lois ; son âme dégradée, souillée, aurait-elle été digne des pensées nobles, et son crime ne l'aurait-il pas suivi partout? Que de remords, que de souvenirs déchirants à la pensée d'avoir fait le malheur d'un être innocent et faible ! La fuite l'aurait-elle soustrait aux reproches de sa conscience, à l'idée du déshonneur ; et lorsque, quelques années après cet événement, il revint à Valorsine, aurait-il pu jouir de la tendre réception que lui fit cette intéressante beauté, devenue épouse et mère? Aurait-il pu jouir du touchant souvenir des jours passés dans l'innocence et la paix? (1) »

Ces réflexions de M. Bourrit, sur la très louable conduite de ce jeune voyageur, désertant par principe d'honneur l'heureuse et belle vallée de Valorsine, sont pleines de sens et de justesse, en les appliquant à l'incohérence si inconséquente de nos mœurs et de nos opinions, avec la pureté et la rectitude des sentiments de la nature. Mais revient-on aux bénignes impulsions qu'elle a gravées dans nos

(1) *Description des cols ou passages des Alpes*, par Bourrit, — Genève, 1803, an XI, 2 volumes in-8°; pages 205 à 208 du tome Ier.

âmes, pour assurer notre bien-être sur la terre:
dès lors on ne peut que gémir de voir un jeune
homme, si parfaitement organisé pour en jouir,
y renoncer néanmoins, par cela seul que les
illusions des hommes dégénérés ont déjà fasciné ses regards inexpérimentés. O prestige
trop funeste de la vanité et de l'ambition! Quel
est donc votre déplorable empire du moment
que, dans les cœurs même les plus honnêtes,
vous l'emportez sur l'attrait le plus puissant de
la sensibilité? Sans doute il est admirable cet
effort sur soi-même d'une générosité trop rare,
et c'est en l'applaudissant, qu'on s'écrie avec
amertume :

« Jeune homme, tu brûles pour une beauté
vertueuse et tu fuis! Où vas-tu? — chercher la
prospérité et le bonheur? — Aveugle infortuné!
tu résides dans leur retraite, et tu l'abandonnes!
pour courir après quoi? A la poursuite de leur
vain simulacre!... Ah! que te sert d'avoir, dans
la première ivresse de l'émotion, béni mille et
mille fois l'orage prospère qui conduisit tes pas
positivement où ton cœur délicat devait se satu-

rer à jamais dans une mer de délices? Qui sait si cette bourrasque bienfaisante, que tu as prise pour le simple effet des variations fortuites de l'atmosphère, n'a pas été une direction secrète du ciel, pour mettre ta vertu sur l'étroit sentier de son vrai refuge? Car, sans admettre le dogme absurde d'une inique prédestination, ni le système irréfléchi d'une fatalité partiale et barbare, qui sont l'un et l'autre, non moins outrageants pour la divinité, qu'évidemment démentis par l'existence formelle du libre arbitre, dont l'hypothèse de ces deux ridicules idées deviendrait l'annihilation, crois-tu néanmoins, bon jeune homme, que l'ordonnateur suprême, malgré sa hauteur incommensurable, demeure tout à fait indifférent à ce qui se passe sur la terre, quoiqu'elle soit un des plus petits globes soumis à ses lois, et qu'on voit si majestueusement disséminés dans l'immensité infinie des espaces éthérés? Parmi nous-mêmes qui sommes rélégués dans une sphère tellement distante de leurs orbites qu'à peine pouvons-nous en apercevoir le plus petit nombre, cependant par combien d'efforts et d'essais une pure curiosité n'exerce-t-elle pas notre intelligence et notre industrie, pour nous rendre capables de découvrir la majeure portion de cette quantité incalculable des astres, de suivre leur marche diverse, de supputer leur différente distance; d'approfondir en un mot dans tous ses points le système planétaire, à la fois si compliqué et si simple? D'où vient une semblable émulation, quand il semble ne nous présenter aucun intérêt direct et profitable? C'est que Dieu ne pouvant se montrer à nos organes trop grossiers et trop frêles sans les anéantir par la pulvérisante réverbération dont son inexprimable majesté a voulu, afin de ramener plus décidément notre attention et nos pensées vers lui, que le voile qui l'intercepte, indiquât, par le ton resplendissant de lumière dont il paraît tissu, que cette clarté accidentelle et surprenante jaillit du maître qu'il cache, et qui est par lui-même éblouissant au delà de toute idée. Telles sont du moins les uniques notions sensées que l'homme, doué de la plus vaste pénétration, puisse se former du souverain céleste de l'univers ; et tout présomptueux qui, prétendant aller plus loin, tâchera de concevoir pleinement et de définir positivement la divinité, ne peut manquer de tomber infailliblement dans l'anthropomorphisme, et de s'égarer dans les divagations extravagantes de l'anthropologie, ce qui est en effet le vice radical de tous les cultes. Raison aussi pourquoi les philosophes, en les répudiant, se sont dit :

> Pensons comme Zénon, vivons comme Socrate ;
> Et mourons, sans effroi, sur cette terre ingrate.

« Ainsi il n'y a pas à s'étonner, lorsque la splendeur du firmament, qui ne cesse point d'étinceler au milieu des ténèbres, étale un spectacle si merveilleux que, quelque inepte que l'on soit, il attire et fixe les regards de chacun. Or, pour achever de remplir les intentions divines, est-il possible de s'arrêter un instant sur cette ravissante anamorphose sans admirer l'art incompréhensible de la main invisible qui, tenant suspendu, par une pondération magnétique, l'ensemble de ces masses lumineuses, les fait mouvoir et rouler en harmonie si justement combinée que leur cours, leur déclinaison, leur apogée, n'amènent ni chocs, ni froissements, ni confusion ? Aussi, malheur à quiconque, après avoir examiné ce magnifique et inconcevable tableau, ne sera point resté intimement convaincu de cette vérité, également palpable et instructive, préférée et chantée à titre de louange par le prophète-roi : *Cœli enarrant*, etc.

D'un dieu régulateur l'éclat nous éblouit,
Le seul aspect du ciel l'atteste jour et nuit.

« Mais toi, digne jeune homme, déjà pourvu de la chasteté d'un vieillard, toi qui décèles des intentions trop droites pour être athée, quel dommage si tu allais imprudemment exposer ta vertu à des dangers plus imminents, plus corrupteurs, que le péril que tu songes à éviter ! Va, je suis incapable de te tromper, c'est ton inexpérience qui cause ton erreur, et souffre que mes avis salutaires parviennent à te rendre complètement à la raison. »

Je poursuis donc, et, reprenant le fil de mes idées, je dis : Vainement la terre semble-t-elle, à la faiblesse et aux bornes si courtes de nos sens, d'une capacité énorme. Devant la toute-puissance de la divinité, notre planète se réduit à moins qu'un grain de sable.

Par conséquent, l'homme superbe a beau la fouler orgueilleusement à ses pieds, ce vers rampant, en présence du souverain inexplicable de toutes choses, paraît moins qu'un insecte, beaucoup moins qu'un atome.

Toutefois, cet être si fragile et si borné devient grand, sublime par le développement de son génie et surtout par l'exercice de la raison, dont l'union si savamment combinée l'élève sans mesure, en dépit de l'exiguïté physique de l'individu, privilégié dans la classe animale, de qui ces deux inappréciables attributs composent l'apanage. Puisque c'est l'excellence de cette prérogative, qui, dans sa parfaite concrétion, lui permet de planer jusqu'au plus haut des cieux, partons maintenant de cette observation incontestable, et dis-moi, jeune étranger, s'il n'est pas de toute certitude que les regards en tout temps ouverts de ce dieu observateur embrassent à chaque minute jusqu'aux espaces inimaginés, ne fût-ce que pour s'assurer de la marche de ses opérations, du résultat de ses œuvres, et de l'usage de ses immenses libéralités, ainsi que doit particulièrement fixer ici-bas une vue si vaste, si universelle, si attentive, si perçante que les plus noirs abîmes ont pour elle la diaphanéité phosphorique du cristal : si ce n'est l'objet d'une prédilection notoire par les bienfaits dont il est comblé, l'homme, le chef-d'œuvre des êtres organisés, puisque lui seul est susceptible de concevoir et d'apprécier les merveilles de la nature, ne devient pourtant digne de cette préférence qu'autant que l'exactitude de sa conduite permet à l'être suprême, en scrutant les anfractuosités de son âme, de le contempler avec complaisance. Car tout don prescrit la reconnaissance, et rend l'ingratitude un insigne méfait. Voilà le devoir de l'homme envers l'essence divine, et dont l'accomplissement consiste à savoir si, usant avec sagesse du libre arbitre, il s'applique spontanément à atteindre à la hauteur glorieuse de sa dignité morale. J'en conclus donc, sans réplique, qu'il n'y a nul doute que Dieu ne distingue clairement, à toute heure, les pensées et les actions, et qu'il n'évalue séparément, dans les balances d'or et redoutables de la justice éternelle : et le cœur pur qui l'honore, en se conformant religieusement à la rectitude de ses décrets, et le pervers qui l'outrage par ses crimes. Ce fut cette opinion sentimentale, et plutôt innée que méditée, qui fit toute la consolation de l'immortel Socrate qui s'écria, en exhalant le dernier soupir :

Vivants ou morts, l'homme juste et l'impie,
Sont sous l'œil du Très Haut qui protège ou châtie !

Il suit de là que ce divin contemplateur qui, dans sa profonde indignation, abandonne entièrement les méchants à leurs écarts effrénés, applaudit aussi avec une satisfaction plus vive, sans doute, à la régularité de l'âme sans tache, qui correspond le mieux à la perfectibilité si épurée de l'essence céleste. Ainsi pourquoi, se complaisant dans ces nobles efforts, ne daignerait-il pas les seconder indirectement, de peur de quelques funestes faux pas sur une route si scabreuse ? Oui, certes, Dieu, sans se départir de sa volonté immuable, en faveur de l'intégrité, par des prodiges qui seraient non moins inconséquents qu'insensés, dès qu'ils deviendraient le renversement de la stabilité inébranlable de l'ordre établi, peut, malgré cela, amener certaines circonstances pressantes dans le cours de la vie, qui, sans cesser de placer celui qui mérite ses bontés entre le choix absolument libre du bien et du mal, le mettent sur la voie, par la meilleure option, de se maintenir dans le droit chemin, sans biais et sans retour rétrograde. Alors, se montrant de plus en plus digne de cette première grâce, par sa persévérance à conserver ses bonnes mœurs, il n'est point étrange, que tel qui concentre ses goûts et ses désirs dans une vie simple et innocente, reçoive dès ce monde, sans l'avoir ni recherché, ni prévu, la juste et provisoire récompense de professer constamment la vertu, par la découverte, qui surprend d'abord, de la vraie félicité qui réside exclusivement, et qui se tient soigneusement cachée, où? Dans le sanctuaire de cette même et adorable vertu qui, méconnue et délaissée, punit notre criminel mépris par l'ignorance de son secret.

Non, non, mon jeune ami, tu peux m'en croire, ce n'est pas au centre du chaos social qu'on a élevé des temples à cet ange réel de lumière dont l'heureuse empreinte fut incrustée dans nos cœurs, quoiqu'elle en soit plus que jamais effacée. Son auguste et propice sanctuaire ne s'aperçoit guère qu'au fond de quelque obscur et solitaire réduit, ou bien dans les campagnes éloignées de la contagion des villes. Le vice siégeait à côté de Crésus dans ses palais somptueux, et la vertu se faisait un plaisir, ainsi que le déclare l'oracle, de loger avec le pauvre

Irus, sous son humble chaumière, parce que ce n'est point le faste qui puisse songer même à lui ériger des édifices. Les monuments qui lui conviennent n'ont ni lambris dorés, ni tout l'attirail de la voluptueuse mollesse et se construisent à peu de frais. C'est à l'honnête médiocrité, et souvent à l'indigence qu'elle en départit le soin, au sein de leurs simples et paisibles pénates. On ne peut donc mieux la rencontrer qu'au milieu de ces villages agrestes et reculés, où la candeur de la nature prédomine dans l'absence préservatrice des passions méphitiques.

Jeune étranger, trop protégé du ciel! Ah! n'est-ce pas précisément là que tu as été accidentellement conduit? N'est-ce pas là que l'angélique Valorsienne et ses estimables parents t'ont si bien accueilli? Ah! que je te plains, si tu ne reconnais pas, dans une réception si engageante, l'invitation surnaturelle de te fixer à jamais dans un asile qui t'est gracieusement ouvert à la lueur des éclairs, et vers lequel la foudre n'a semblé te poursuivre que pour que, en te forçant d'entrer dans la demeure de l'innocence, d'autant plus enchanteresse qu'elle est unie à la beauté, tu ne voulusses plus désormais en habiter d'autre. Quoi! tu hésiterais de l'adopter irrévocablement, c'est peut-être l'unique lieu en Europe où il te sera loisible, à l'ombre constante de la vertu, de la paix, de la sécurité, d'une honnête aisance et, qui mieux est, dans des étreintes tressées de fleurs par la tendresse conjugale et délicieusement resserrées par les grâces, de goûter, de savourer dans toute son ineffable plénitude, le bonheur le plus pur, comme le plus parfait, dont ton irréprochable conduite atteste que ton âme est des plus dignes.

Au reste, lors même que tu ne serais pas redevable de cette inappréciable occasion aux favorables intentions de la divinité, qu'importe, puisque le hasard te l'offre, ce bonheur si difficile à rencontrer, garde-toi de le rejeter. Hors de cette tranquille et belle vallée, je te le répète, jeune voyageur, ta vertu même ne te prépare que désagréments et que peines. Arrête, te dis-je, et ne sois pas sourd à la voix d'un ami sincère, muni de l'expérience procurée par les ans et l'usage du monde, et durement acquise à ses dépens.

Sans doute tu trouveras, je le sais, beaucoup de gens dans la société qui s'intituleront aussi tes amis, et qui te tiendront un tout autre langage. Les perfides! Plus ils te manifesteront d'empressement et de zèle, plus, sous les démonstrations fallacieuses d'un attachement fictif, ils chercheront à te tromper. Hélas! l'amitié! cette sainte amitié, qu'est-elle devenue? ce sentiment inné qui est aussi le premier qui se développe dès le berceau, par l'intensité de l'attendrissement, fécondé lui-même par la pointe aiguë de la douleur et par la reconnaissance des soins maternels qui l'épargnent; cette attraction réciproque des cœurs, destinée à centupler les charmes de l'existence, en les rapprochant, en les unissant, en les identifiant par les doux nœuds d'une étroite et cordiale sociabilité. Ce don le plus précieux de la nature, dont les blandices balsamiques embellissent le cercle entier de nos jours, allègent les maux et les infirmités qui les parsèment de souffrances, écartent les horreurs du dernier moment, qui ne peuvent être complètement oubliées que dans de semblables étreintes; cette image vivante sur la terre de la généreuse bienveillance de l'Être suprême, ne reçoit plus l'hommage des insensés mortels, et le culte qu'ils feignent de lui rendre encore, ne fait plus brûler, sur ses autels profanés, que l'encens d'une traîtresse hypocrisie. Observe de près ces prétendus adorateurs, et tu discerneras bientôt le masque qui donne le change. Ce sont autant de fourbes qui n'empruntent un respectable et imposant manteau qu'avec l'arrière-intention d'en couvrir leurs vues intéressées et leurs projets cupides, dans l'espoir de faire plus aisément des dupes, en éloignant toute défiance, par des apparences mensongères et captieuses. J'ignore depuis quel temps; mais aujourd'hui nos liaisons sociales ne sont plus que de sordides et viles spéculations. Il n'est que trop vrai, grand dieu! l'égoïsme, l'orgueil, l'ambition, l'immoralité ont étouffé toute expansion sentimentale, et maîtrisent le monde. Si donc tu n'en deviens pas à ton tour le lâche et criminel esclave, très certainement tu en seras tôt ou tard la déplorable victime.

Jeune homme, tu t'imagines peut-être qu'il te sera possible d'aller perdre le souvenir des noirceurs de ces faux amis auprès d'une amante de meilleure foi. Point du tout : et le poison, apprêté par ce sexe enchanteur, devient pire encore, parce qu'il est plus séduisant. Si je navre ton cœur, ce n'est pas ma faute, tu ne dois t'en prendre qu'à la vérité. Oui, l'amour, ce feu céleste dont l'âme ignée de ton âge n'est jamais à son gré assez dévorée, l'amour qui, après avoir consumé la jeunesse dans l'ivresse de plus en plus ardente de ses ravissements, répand des sensations de plaisir jusque sur les glaces impassibles de la vieillesse; l'amour qui fait de l'homme un demi-dieu, et de sa compagne, sortant des mains de la nature, un modèle exquis de beauté, de grâces, de candeur, de sensibilité, de pudeur, de délicatesse, de décence, d'amitié ; assemblage inouï de toutes les perfections humaines, et uniquement digne d'adorations ; l'amour qui doit te conférer les deux titres les plus honorables et les plus chers qui existent, ceux d'époux et de père ; l'amour si délicieux qu'on l'idolâtre en le maudissant ; l'amour qui, pour tout dire, fait à la fois le charme et le désespoir des cœurs tendres, au lieu de t'imprégner de joie, va commencer ta désolation. Car peux-tu te promettre de le voir exercer son empire au milieu des salons, des boudoirs, des petits soupers ? Sans doute voltigeant de belle en belle, et pirouettant autour d'un cercle monotone, pour tuer l'ennui, dans ces superficiels et fastidieux gynécées, où tout est femme, jusqu'aux hommes, il te sera trop aisé de courtiser à ton choix, soit des héroïnes de roman à grands sentiments, sur les lèvres qui ne peignent que l'excessive volupté de leur dépravation, soit des coquettes qui, se disputant à l'envi ta conquête, joueront la passion à merveille, et sûrement avec beaucoup plus d'art que l'ingénue Valorsienne. Il y a vraiment à s'y méprendre à leurs yeux tantôt enflammés, tantôt langoureux, à leur air abattu, ou à leur geste animé, à leurs soupirs à moitié étouffés et à leur respiration élevée; en un mot, à tant de minauderies agaçantes, qu'il est bien difficile de ne pas succomber à la longue. Mais pense au sort des compagnons d'Ulysse, pauvre jeune homme! tu es dans l'antre de Circé; et avec les transports exaltés de Didon, ces Héloïses de second ordre ont à peu près toutes le cœur banal de Laïs.

Certes l'amour et l'amitié tiennent de trop près à la vertu pour ne s'être point réfugiés ensemble dans la même retraite : et toi qui parais si heureusement né, pour en connaître le prix, en quel coin de la terre espères-tu découvrir une demeure plus favorable que celle-ci pour te livrer sans efforts, sans contrainte, sans restriction, à tes purs et nobles penchants? Oui, puisque ces trois primitives impulsions de la nature constituent les principaux mobiles du bien-être préparé par le ciel à l'homme dans cette vie, c'est où elles sont généralement cultivées que tu dois te fixer pour toujours, afin de jouir pleinement de leurs bienfaits, car que reste-t-il à désirer à celui qui, avant d'avoir été décidément avarié par les passions, possède une épouse remplie de douceur et d'attraits, sensible, honnête, aimable sous tous les rapports, et qui s'étudie en conséquence chaque jour à faire régner l'ordre, l'économie, la propreté, la sincérité au sein de son ménage, tandis qu'elle partage inclusivement sa tendresse et ses soins, entre un mari qu'elle respecte autant qu'elle l'aime, et ses charmants enfants, dont l'intéressant, le ravissant cortège pour un père, lui montre sa femme cent et cent fois plus adorable? Enfin que manque-t-il à celui qui, nageant dans une source si féconde de contentement et de joie, et ayant pour concitoyens des êtres universellement probes et vertueux, peut à son gré agrandir, décupler même la satisfaction intérieure dont le comble la jouissance de tous les agréments domestiques, en y joignant le second des biens suprêmes qui consiste dans une collection choisie de quelques amis loyaux et francs, sur l'attachement et le zèle desquels il peut autant compter, en tout événement, que sur sa propre bienveillance et son dévouement envers eux? A en juger par tes excellentes dispositions, qui m'inspirent pour toi une affection si vive, voilà les vrais, les seuls biens qu'il te faut, pour établir et consolider le genre de prospérité conforme à la régularité de tes mœurs, qui te donne tant d'ascendant sur toi-même. Puisses-tu apercevoir aussi clairement que moi que c'est dans cette vallée bénie du ciel que cette trop rare félicité t'attendait, pour couronner ta vertu, ou plutôt, je le vois trop bien, déjà fasciné par les illusions humaines, tu ne comprends point la sagesse et le but de mes conseils.

Peut-être même présumes-tu, dans ton aveuglement, que je te sollicite à te souiller d'un crime? Le crime en amour est la trahison, comme la vertu est la constance. Si tu n'es qu'un volage, un infidèle, pars au plus vite. Tu ne peux t'éloigner à pas assez précipités. Si ta foi jurée est inviolable, tombe aux genoux tremblants de ta belle Valorsienne ; profite de cette propice attitude pour lire dans ses yeux languissants l'instant décisif du bonheur ; et t'abandonnant soudain à tous les transports de l'amour, qu'une moelleuse violence la saisisse tendrement et l'enlace dans tes bras triomphants de sa timidité pudique. Cette chaîne d'enchantement une fois formée, pour achever de la rendre intime, que simultanément vos cœurs embrasés et palpitants de plaisir se confondent et ne se distinguent plus que par la pulsation fréquente de la vivacité oscillatoire de leurs mutuels battements, pendant que tes deux lèvres enflammées signeront sur sa bouche de rose et entr'ouverte par d'électriques soupirs, l'engagement aussi doux que sacré qui soude et rive pour jamais le nœud de l'hyménée, et qui, enregistré à l'instant même par la nature, ne doit plus être brisé que par la mort impitoyable à qui seule appartient le droit de les anéantir. Car cette rupture est-elle l'ouvrage d'un criminel délaissement ; à moins qu'on ne soit totalement blasé, que de reproches harcelants, que de remords poignants n'entraîne-t-elle pas à sa suite? Mais respecte-t-on cette sainte union, jusqu'au moment fatal de la dissolution douloureuse de tous les liens physiques et moraux qui nous attachent à la vie, on reçoit journellement des mains mêmes de cette constance le salaire qui lui plaît davantage, quand il est acquitté par les attentions cordiales et soutenues d'un juste retour. Ah! qui plus efficacement que ces dignes modèles de la fidèle Baucis, calmant et tempérant, mieux sûrement que les remèdes, les cruelles souffrances qui sont les sinistres et trop ordinaires avant-coureurs de notre prochaine extinction! L'amour a beau s'être envolé avec les années, sa place étant aussitôt reprise par la consolante amitié qui ne permet seulement pas qu'on s'aperçoive de sa fuite; l'attachement que nous voue cette complaisante sœur, la longueur de son intimité, nous fait trouver une douceur extrême dans la satisfaction d'expirer entre les bras d'un autre soi-même, avec la tranquillisante assurance de survivre au fond de son cœur, aussi bien que dans celui d'enfants chéris qui, devenus les précieux gages de son inviolable tendresse, concourent à son exemple à payer avec usure l'accomplissement exact des devoirs d'époux et de père, par l'empressement qu'ils nous prodiguent à l'envi, afin de nous procurer quelque soulagement.

Jeune homme, à ton âge on se croit trop loin de la sinistre et dernière heure, pour avoir réfléchi combien il est affreux et désespérant, surtout pour l'être sensible et dont l'existence fut intacte, de languir au lit funèbre, dans le vide désolant de l'indifférence ou de l'abandon, et combien, par conséquent, la bouche déjà sèche d'un mourant, toujours digne de compassion, a besoin, pour se rafraîchir, d'être humectée par les larmes d'un affectueux attendrissement.

Maintenant qu'ajouter, que dire de plus pour déchirer le bandeau qui t'abuse? Tu soupires et tu t'éloignes! Non, ce n'est pas la crainte de devenir perfide qui te dicte cette résolution; tu n'es pas fait pour l'être; c'est aux préjugés du rang et de la fortune que tu sacrifies, quoi qu'il t'en coûte, une amante adorée, et dont pourtant la passion t'eût prodigué mille fois plus d'avantages que ceux imaginaires que tu lui préfères. Mon ami, tu ne le sais donc pas?

> L'or est pour les mortels un mets délicieux,
> Que des loups dévorants se disputent entre eux.

Voilà le prestige qui t'appelle. Quelle indigne, quelle horrible curée pour un cœur aussi honnête que le tien! A coup sûr tu prendrais un autre parti, si tu écoutais moins l'inconséquence de nos idées factices et délirantes, que les mouvements naturels de l'âme, toujours d'accord avec le dictamen qui ne trompe jamais. Aussi de quelle affliction ne vas-tu pas être pénétré à l'époque lugubre de ta vie où les froissements des passions qui hérissent l'état social de tant de chagrins, en brisant le prisme, ne te laisseront plus que le désespoir du réveil. Avis superflus! tu fuis, insensé, malheureux! tu fuis l'Éden de Valorsine, sans prévoir ni soupçonner que l'enfer est dans l'enceinte empestée de Paris, ou de toute capitale ; car partout où les hommes sont entassés, sont en même temps réunis les extrêmes. De sorte que dans ces fameuses Babylones, on voit un mélange disparate et monstrueux de luxe outré et de misère excessive, de palais splendides et de taudis délabrés, de chars dorés et de haillons fangeux, de morgue révoltante et de bassesse honteuse, de sensualité raffinée et de crapule dégoûtante, d'inanité oiseuse et de travaux forcés, d'urbanité mielleuse et de rusticité emportée, de vices parés d'un joli vernis et de forfaits hideux. Ainsi ta vertu même t'entraîne où ta cécité morale va bientôt te plonger ; dans ce gouffre profond d'agitations, d'intrigues, de contrariétés, de revers que fomentent sans cesse ces levains de crime, et qui t'abreuveront d'amertume et de soucis, d'autant plus aigus qu'alors le souvenir de la félicité réelle que tu repousses et rejettes ne manquera pas d'y joindre le repentir.

Hélas ! bon jeune homme, te voilà parti. Te

voilà séparé de ton inestimable Valorsienne !
Cependant, à peine éloigné d'un séjour doublement enchanteur, puisqu'elle l'embellit encore par ses divins appas, te voilà luttant déjà péniblement dans le tourbillon convulsif du grand monde. Hé bien ! que t'avais-je annoncé ? Promptement fatigué de tant de fracas, de confusion, de manœuvres, d'enrayures, de déplaisirs de toutes les couleurs, et pressé du besoin de respirer en paix, tu reviens dans cet asile de l'innocence, où tu as coulé des jours si tranquilles, si sereins, si remplis de charmes. Tu la revois, cette adorable Valorsienne. Que tu as dû palpiter de joie dès l'approche de son village ! et peut-être, plus éclairé et plus sage, n'es-tu venu la rejoindre que pour remettre à ses pieds ton hommage et ta foi ! Il n'est plus temps. Non pas que tu puisses l'accuser d'une ingrate légèreté, mais durant ton absence, ton brusque départ ayant dégagé son cœur, ce cœur, trop sensible pour demeurer inactif, a contracté un second attachement. Tu la retrouves épouse et mère, et, dans la candeur de son âme, elle

reçoit son premier amant avec tous les transports de la plus tendre amitié. Quel tableau du plus vif intérêt pour une âme aussi belle que la tienne! Sans doute, profondément attendri, ton cœur, également sensible et honnête, a dû d'autant mieux tressaillir d'allégresse qu'exempt de tout reproche, tu avais à t'enorgueillir à tes propres yeux de leur montrer la contemplation enchanteresse et sans tache, d'une famille au sein du véritable bien-être, dont la base est dans le calme inaltérable d'un esprit à l'abri de toute chimère, et d'une âme inaccessible à toute passion. Cependant sois de bonne foi, et, témoin de la félicité inappréciable que goûtait à longs traits l'époux de cette céleste créature, as-tu pu te soustraire aussi facilement aux regrets qu'aux remords?

Ah! pourquoi, à vingt-cinq ans, ne me suis-je pas trouvé à ta place! Vainement, jeune voyageur, avais-je été, dès mon enfance, égaré comme toi par les pernicieux documents d'une fausse éducation; à peine le sentiment eut-il pris toute sa force expansive dans mon cœur qu'il sut toujours l'emporter sur toutes vues d'intérêts ; et si ces erreurs antisociales et qui ne prédominent pas moins dans le monde sont devenues la cause de ma disgrâce, c'est qu'en suivant une direction contraire, je n'ai pu, dans un temps d'explosion politique, atteint plus qu'un autre par la commotion générale, m'empêcher de m'abandonner enfin, au mépris de ma raison, avec une impétuosité irrésistible à la véhémence entraînante de ma philanthropie.

> Orgueil, ambition, ô monstres que j'abhore,
> En vous voyant couverts de crime et de noirceur,
> La nature est en moi beaucoup plus forte encore,
> Et malgré votre haine, elle a fait mon bonheur.

Ainsi quels biens n'eussé-je point immolés à l'amante la plus digne d'être idolâtrée, avec l'entière confiance que sa fidélité répondrait inviolablement à la mienne ! Car si tu te fusses décidé à t'unir avec elle, peux-tu la soupçonner d'avoir jamais pensé de donner son cœur à quelque autre ? Une fois animé, embrasé par l'ardeur même de sa tendresse, le ressort de mon âme, naturellement ignée, n'en eût acquis que plus d'élasticité. Dans cette ivresse ravissante, je fusse devenu un autre homme, mon essor eût été rapide, mon vol élevé et majestueux. L'amour fut, dit-on, inventeur de la poésie et de plusieurs arts : on ne peut du moins lui refuser d'avoir été le véhicule des entreprises les plus hardies, les plus grandes, les plus admirables. Ainsi, me prêtant un génie exalté, comment n'eussé-je pas rivalisé avec Homère ou Platon, avec Sophocle ou Lycurgue, avec Pindare ou Jean-Jacques ! Et quel qu'eût été le succès des efforts de ma témérité, du moins eussé-je plané bien au-dessus de la sphère étroite et affaissée de ce ramas d'âmes de boue qui, n'ayant que la domination ou la fortune pour point de mire, se contentent de raser tellement la surface, qu'ils l'écrasent du poids compressif de leur vanité insultante et de leur avidité rapace. Leur triomphe est de mettre le pied sur la gorge de tout le monde, parce qu'un dur et barbare égoïsme a complètement étouffé chez eux les germes sociaux d'une bienveillante cordialité, de façon qu'au défaut du lustre qui jaillit des qualités morales, ils s'enflent, comme la grenouille de la fable, pour en imposer au vulgaire, par un air boursouflé. Puis, à force d'astuce et d'intrigues, sont-ils parvenus à achever leur agrandissement en grimpant sur de misérables, mais énormes échasses, fabriquées par la tourbe avilie, qu'à l'aspect de bassesse à genoux, ils se persuadent eux-mêmes avoir atteint le plus haut degré de l'éminence.

Mais moi qui méprisai toujours un relief abject, n'enviant qu'une ascension conforme à la dignité morale de l'homme, c'est en visant à ce qu'elle a de plus sublime, qu'elle m'eût conféré la distinction la plus éclatante, et cette noble illustration qui fut constamment l'unique objet de mes bouillants désirs m'eût d'autant mieux charmé que la devant aux regards électriques de ma bien-aimée, j'eusse eu à lui présenter en retour, pour hommage, les fruits glorieux d'une émulation dont elle eût été seule le divin mobile. Brûlant donc pour elle de tous les feux de l'amour, j'aurais aussi bien succombé que je l'ai fait, pour une femme qui n'était rien moins que l'ingénue Valorsienne, à la violence impétueuse de ma passion. Et certes, jeune et vertueux voyageur, je ne me serais point plus souillé que toi de crime, en sacrifiant au vœu le plus impératif comme le plus sacré de la nature. Car, dès lors, cet objet ravissant eût été tout pour moi dans l'univers, ou plutôt, concentrant avec mon cœur l'univers dans son être, et renonçant à tout, pour l'adorer et la servir jusqu'au tombeau, heureux jusqu'à mon dernier soupir avec elle et par elle, j'eusse, pendant le cours entier de mon existence, savouré une satisfaction d'autant plus épurée que, pour en jouir, il faut être capable d'apprécier toute l'inanité de la prétendue prospérité qu'on lui préfère. Non, non, ce ne sont point les impulsions innées et sentimentales de l'âme, puisqu'elles découlent d'une source naturellement si pure, qui rendent coupable en s'y livrant; mais l'ambition qui les avarie, et qui d'un amant, en apparence sincère et passionné, ne fait qu'un séducteur voluptueux, un perfide infâme, un traître atroce.

Suivant l'ordre de la nature, on devient époux par le seul acte physique qui, en consommant le fait, en confère le titre. J'en trouve un exemple formel chez les Indiens de cette contrée. Le cœur d'une jeune fille s'ouvre-t-il à l'amour, sa manière de le déclarer à celui dont elle fait choix est de lui présenter du feu pour allumer sa pipe. S'il répond à cette galanterie par un retour d'inclination, la conclusion du mariage est scellée par l'acceptation de l'offrande. Dès le même soir, la jeune Indienne attache son hamac à côté de son bien-aimé, et le lendemain, devenue sa femme, elle se fait reconnaître pour telle, en prenant désormais le soin du ménage. Je conçois que d'autres mœurs exigent d'autres coutumes; quoique pourtant les Lacédémoniens n'y aient pas encore apporté autant de cérémonies. Au surplus, quel que soit l'usage qu'on imagine et qu'on adopte pour constituer la sanction légale, il n'en est pas moins de toute certitude qu'une simple formule de convention ne peut jamais rien ajouter intrinsèquement à la validité naturelle, comme à la sainteté impérative du lien conjugal que noue décidément la jonction physique. Car indépendamment de ce que ces ratifications civiles et religieuses deviennent insuffisantes pour fixer l'inclination, en commandant la fidélité à la conscience, le sceau sacré qu'on y appose, dans l'intention de la rendre inviolable, est précisément ce qui incite le plus à l'enfreindre.

Les poètes ont peint l'amour avec des ailes, moins pour exprimer sa légèreté, que pour indiquer qu'il ne devient jamais plus volage que quand on le mutine, en prétendant le violenter : et l'on dirait que Moïse, qui connaissait sûrement le cœur humain, n'ait imaginé l'histoire du fameux fruit défendu qu'afin de prouver que toute prohibition en amour, proclamée, même au nom de Dieu, en centuplant l'attrait de la tentation, est la cause principale de la chute. C'est toujours pour avoir plutôt cherché, par un aveuglement téméraire, à contrarier et à combattre les combinaisons de la nature qu'à s'en rapprocher, qu'en se persuadant aller au bien, on a produit tout le mal.

Puisque pour peu qu'on revienne aux dispositions propres à remplir ses vues, on a la conviction de cette vérité; il suffit d'analyser particulièrement les qualités épicéniques des deux sexes, pour s'assurer de leur coïncidence. Ou, si l'on veut, la solidité de leur amalgame dérive de la dissemblance de leurs propriétés morales et physiques, marchant au même but, mais par des routes diamétralement opposées; car l'attaque est la tâche de l'un, et la défense, le partage de l'autre qui, destiné à une défaite inévitable, doit se faire valoir, en ménageant adroitement sa résistance pied à pied, afin que le terrain, ainsi disputé, tienne sans cesse le vainqueur en haleine. C'est donc en les laissant agir chacun dans leur sens, qu'ils arriveront simultanément à une adhérence indissoluble, et qui correspond seule à leur homogénéité identique.

Il est sans doute très évident que l'homme

n'a besoin de la femme que pour couronner ses feux; mais sa compagne, aussi faible que jolie, voit encore moins en lui l'être qui remplit son cœur, que l'appui qui lui est nécessaire. De là cet empressement à vouloir s'en assurer au plus tôt par l'union conjugale. Toutefois l'expérience ne prouve que trop combien elle se trompe : étant elle-même mise à l'instant sous le joug, d'après la dépendance que lui imposent nos coutumes vexatoires, émanées de la dureté farouche de la gothique et asservissante féodalité, ce qui enlève aux femmes toute facilité, toute ressource, pour prévenir les évasions d'un mari. Car ce désolant abandon, dont la seule crainte ne fait le tourment de leur vie qu'afin qu'elles s'étudient sans relâche à s'y soustraire; comment l'éviteront-elles s'il ne leur reste plus la possibilité de retenir et de captiver à jamais cet époux trop enclin à s'échapper? Cependant qui peut ignorer quel est le moyen dont le sexe a naturellement été pourvu pour y parvenir! N'est-ce pas l'art et le désir de faire valoir cette puissance attractive et enivrante dont son être est investi, de façon qu'elle sache se fortifier journellement, ou plutôt acquérir, s'il est possible, une progression d'intensité sur celui qui doit en ressentir une impression ineffaçable? Mais ce n'est pas dire que cette espèce de coquetterie licite consiste dans la prétention inconvenante de dominer, secondée par l'adresse d'un certain manège étudié; ni même dans le secours emprunté de la parure, assez inutile à la beauté, et qui, d'ailleurs, s'emploie vainement à relever celle dont la fraîcheur se fane, puisque le fard, les rubans, les dentelles, les diamants sont superflus pour empêcher sa perte et pour la suppléer. A force de voir la splendeur radieuse du soleil, tout admirable qu'il soit, ne cesse-t-on pas d'en être frappé et pourtant le disque de cet astre merveilleux ne perd rien de sa lumière, toujours éblouissante, au lieu que l'éclat des appas se ternit avec la plus extrême rapidité.

La nature ayant évidemment voulu que l'union des deux sexes fût permanente; intention dont on ne peut pas douter, lorsque les rejetons qui en sortent languissent si longtemps dans un état de faiblesse et d'incapacité, qui leur rend indispensable l'assistance des auteurs de leurs jours, et principalement de celui des deux qui a la force et la vigueur en partage, la nature prévoyante et calculant tout n'a aperçu, dans l'influence active des attraits éphémères qu'elle a attribués à la femme, que cette première sensation préparatoire, qui séduit l'âme, en la remuant par une vive émotion, c'est l'étincelle qui l'enflamme d'abord ; et, le feu s'étant une fois communiqué à son essence combustible, l'incendie doit ensuite se perpétuer de lui-même, quoique le flambeau qui fut son moteur soit usé, soit éteint. Ainsi, comme il ne s'agit plus, entre époux, que d'entretenir la vivacité du sentiment dans sa pureté naturelle, tout ce qui y concourt doit en porter l'empreinte.

Sans doute il est dans l'ordre qu'une jeune fille s'occupe un peu de sa toilette, parce que, placée sur les rangs d'une concurrence nombreuse, elle n'a rien à négliger pour l'emporter sur ses rivales. Mais, en devenant femme, son sort est fixé, et son devoir ainsi que son intérêt se bornent à plaire uniquement à son mari. Or la propreté, l'arrangement, la décence, la réserve, le soin de sa famille, et une aménité de caractère égale à son tendre attachement, formeront toujours aux regards d'un époux, quel qu'il soit, l'ornement dont il fera le plus de cas; car il ne suffit point qu'un amant ait été conduit à l'autel de l'hymen par les transports ordinairement irréfléchis de l'amour; le calme prenant naturellement leur place au sein du ménage, il faut que le sentiment y fasse trouver et goûter un genre de douceur profondément cordiale, qui approche beaucoup de la suavité que répand l'intime amitié vers laquelle l'état du mariage a la plus forte tendance; vu que celle-ci devient un jour sa finale. De sorte que si ce sont les yeux qui ouvrent le passage à la flamme amoureuse, c'est au fond du cœur qu'elle s'introduit pour y résider; ce n'est donc plus une passion qu'il est question d'inspirer, et le soin qui reste à prendre est de la modifier de manière que, loin de dégénérer et de s'amortir par la satisfaction, devenant dès lors plus raisonnable et mieux sentie, elle présente sans cesse un nouveau prix, c'est là précisément la tâche départie à la femme. Ainsi, par cela même que la couronne nuptiale lui a donné des droits légitimes sur le cœur de son mari, c'est la conservation de ce trésor qu'elle doit exclusivement songer à s'assurer. Mais qu'on me dise : ce qui le lui fait perdre le plus fréquemment, n'est-ce pas le dégoût qui succède à l'ivresse ? Par le contraire de toutes les autres passions qui s'accroissent à mesure qu'elles se contentent, d'où vient cette étrange différence ? C'est que le stimulant de l'amour gît dans les désirs qui servent à l'embraser, et que neutralise la passion qui paraît sans valeur, sitôt qu'on en jouit sans obstacle.

Certes, il en serait autrement si la femme, à qui la nature équitable a confié, par compensation, le dépôt le plus envié de l'homme, soustraite à une suggestion servile et désavouée par la justice, restait perpétuellement maîtresse de la dispensation de son propre bien, suivant que l'avait réglé l'ordre naturel, en le cachant de manière à le dérober à la force, de peur qu'un entier dessaisissement n'amenât l'ingratitude qui le suit toujours de si près. Jean-Jacques, frappé de cet inconvénient, n'a pas oublié de le faire pressentir dans la conclusion de son traité d'éducation. Aussi qu'arrive-t-il d'une marche dissemblable? qu'un époux qui ordonne plutôt qu'il n'invite, après avoir à volonté assouvi son ardeur, jusqu'à satiété, va porter son hommage où le désir, qui fait le charme de toute jouissance, a besoin de s'exercer pour s'accomplir. Voilà comment l'inconstance vient presque toujours premièrement du mari, au lieu que la femme, dont l'œil perçant ne tarde pas à découvrir son inconduite, que ne lui attestent que trop ses froideurs et souvent ses duretés, commence par gémir en secret. Elle pleure, elle s'humilie, elle achève de tout perdre, en se prodiguant. Car, de même que l'a dit Jean-Jacques, l'attachement et les soins gagnent les cœurs; mais quand on les a perdus, ils ne les recouvrent guère. Cependant, les dédains, en blessant à la fois l'âme et l'amour-propre, provoquent trop vivement le dépit, pour qu'à la fin ils n'étouffent pas un reste de tendresse, et la femme, outrée à la longue d'un abandon outrageant, après avoir fait de longs et vains efforts pour ramener le volage, prend à son tour le parti de recourir à la vengeance. C'est ainsi que le mariage, que cette institution la plus respectable aux yeux de la nature, et dont la pureté importe le plus à l'état civil, est néanmoins devenu parmi nous un foyer de plus, qui alimente la corruption même, qu'il devait prévenir, contenir et éteindre.

Veut-on une autre preuve de l'effet pernicieux de cette dépendance absolue? Qu'on remarque comment les deux sexes se comportent mutuellement lorsqu'elle n'entre point dans leurs liaisons. L'homme n'a-t-il encore que le simple titre d'amant, tant que sa maîtresse lui résiste il est rare qu'elle ne le tienne pas à son gré, très attentif, très empressé, très soumis dans ses fers; mais à peine a-t-elle succombé, que, par la même raison, un perfide délaissement ne tarde guère à devenir la récompense de s'être si inconséquemment rendue, surtout de la part de ces infâmes voluptueux qui ne vivent qu'à faire des victimes de leurs débauches. Brigandage d'autant plus funeste qu'il est la source pestilentielle qui vomit sur le pavé des grandes villes ces essaims malfaisants de filles publiques qui, après avoir été indignement dupes d'une trahison impunie, quoique excessivement répréhensible, et ne songeant qu'à s'arracher aux atteintes de la misère qui les talonne, beaucoup plus que la honte, s'établissent les odieuses institutrices de la dépravation des jeunes gens, ce qui achève de gangrener le corps politique jusqu'à la putréfaction.

Voici un second exemple non moins démonstratif. Sous le règne d'une pareille dissolution, il y a pourtant une autre espèce de femmes qui, tout en y participant, se préservent malgré cela de tomber dans une si vile dégradation, et qu'on nomme femmes entretenues. Hé bien! n'est-ce pas parce que celles-ci conservent l'entière liberté de leur personne, que leur empire obtient une telle durée, qu'il en est qui, préférant un seul engagement à une vie plus licencieuse, existent et meurent avec leur premier courtisan, tandis que, pour l'ordinaire, l'épouse la plus aimable comme la plus honnête voit l'ingrat qui lui a juré une foi inviolable devenir infidèle, presque à la sortie du temple? Hercule, le plus fier des mortels, mais amoureux de la belle Omphale, n'hésite pas, pour lui plaire, de filer à ses genoux. Voilà tout le secret du triomphe de l'amour et de la permanence de son ascendant.

D'après ces observations, puisées dans les mouvements même spontanés de l'âme, chez les deux sexes, il n'y a plus à s'étonner qu'une jeune fille, sans expérience, pressée à la fois, et par ses penchants amoureux, et par le sentiment de sa faiblesse, qui ne contribue pas peu, non seulement à les faire éclore, mais à les aiguillonner, en lui montrant, dans celui qui lui fait la cour, le soutien qui lui devient indispensable, cède aisément et trop souvent à ses instantes sollicitations, lorsque celui-ci ne manque jamais, pour être écouté plus favorablement, d'y joindre l'assurance de l'épouser, accompagnée des serments les plus persuasifs. Sa crédulité doit d'autant mieux ajouter foi à leur apparente véracité qu'elle n'y voit, pour ainsi dire, par instinct, que la promesse naturelle de l'assistance obligatoire qui doit devenir irrévocablement le juste retour de ses premières faveurs.

Et qu'on ne dise pas que c'est uniquement à la surveillance des mères à suppléer l'inexpérience de leurs filles et à leur prudence à contenir leur aveuglement. L'amour a tant de détours et de ruses que, quelles que soient leur exactitude, leur clairvoyance, leur sagesse, elles seront sans cesse en défaut. Souvent le cœur d'une fille est épris longtemps avant que sa mère s'en doute : longtemps même avant que son amant ait réussi à se faire admettre dans la maison. Que de lettres écrites et répondues, que de rendez-vous, d'entrevues, de tête-à-tête même, sans que le moindre indice décèle le mystère. C'est un complot général contre l'argus redoutable, dont le conjuré le moins actif n'est sûrement point la fille, qui ne soupçonne seulement pas qu'elle agit à son détriment, en suivant dans sa candeur, mais avec trop de zèle, les pures directions de son âme. Une amie complaisante devient l'intermédiaire, une duègne, vénale et achetée, est dans la confidence, et sert avec d'autant plus d'empressement l'amant qui la paye en prodigue, qu'elle lui montre qu'elle sait gagner son argent. Si je n'ai pas perdu la mémoire, c'est à peu près de cette manière que les choses s'arrangent. Ainsi la vertu d'une fille, cernée par les mille pièges dont elle est très loin de se méfier, n'est-elle pas à la discrétion du premier homme capable lui-même de manquer d'honneur? Car qui soustraira cette infortunée au danger imminent qui la menace, en dépit de toute l'attention de la mère la plus vigilante, si celui que la violence de la passion et de la tentation porte à l'envi à profiter de ses avantages, n'est seulement pas retenu par la crainte de la censure et de la réprobation publiques, qui ne devraient jamais laisser commettre impunément aucune mauvaise action.

Voilà le funeste résultat de l'étrange distance de nous à nous-mêmes, vers laquelle nos opinions erronées, nos coutumes mal conçues et nos mœurs, en dégénérant, nous mènent incommensurablement, sans qu'on s'en aperçoive. Mais chez les Indiens de la Guyane, qui, sous ce rapport, sont infiniment plus près que nous du point raisonnable d'où nous nous sommes si fort écartés, ce n'est jamais que pour en être l'époux qu'un homme convoite et reçoit les prémices d'une femme, et ce sont des sauvages qui enseignent aux peuples, qui s'appellent policés, quel est le vœu formel de la nature, qu'ils accomplissent encore dans la droiture de leur ingénuité rustique, de leurs idées simples et de leurs usages primitifs. En récusant cette vérité, il serait impossible d'expliquer l'objet de cette tendre et profonde sensibilité dont le cœur des femmes est imprégné, et qui, les entraînant, comme en dépit d'elles-mêmes et de l'excessive timidité de leur pudeur, les livrerait à la merci de l'astuce, de la fourbe et de l'abandon des hommes, ce qui réaliserait au sein de l'état social un désordre universel, également scandaleux et subversif, si ces derniers, quand du moins ils ne sont pas tout à fait avariés, ne trouvaient point de leur côté, au fond de leur âme, un arrêt puissant, que nous nommons honneur, pour enchaîner les écarts perfides de leur voluptueuse concupiscence. Comment en douter, quand les animaux eux-mêmes, qui sont susceptibles d'éprouver ce genre d'attachement, en fournissent un modèle palpable; témoin les tourterelles et les colombes, chez qui la très rare inconstance du mâle est ordinairement suivie de la douleur inconsolable et de la mort plus ou moins prompte de la femelle délaissée, malgré que l'aide du volage lui soit beaucoup moins urgente que le secours non interrompu du mari à la compagne de ses jours, dont les couches se succèdent, avant que les premiers-nés soient en état de se suffire.

Certes, la sagesse suprême a dû combiner l'ordre des choses avec plus de discernement et de régularité que n'en peuvent déployer tout le génie et la prudence d'une faible créature. C'est donc à la morale publique à fortifier l'élasticité si utile du ressort propice d'une honnêteté prédominante qui est naturellement en nous, en couvrant de honte, d'affronts, d'anathèmes même, quiconque est capable de le briser. Voilà comme l'opinion peut se monter au ton et à la hauteur des décrets de la Providence. Voilà comme des institutions réglementaires, exactement conformes à ses secrètes inductions, peuvent s'élever jusqu'à la perfection de la pureté de son essence. Pour tout dire, voilà comme leur coïncidence, mutuellement coactive et répressive, sait maintenir les bonnes mœurs, ou bien opérer leur amendement.

Assurément, il y a de la vertu à ne pas succomber, en prévoyant que la foi, expressément ou tacitement jurée, sera violée tôt ou tard; mais y en a-t-il moins à ne plus rompre l'engagement, dès qu'une fois il a été contracté, lorsqu'il est possible de l'enfreindre à son gré, parce qu'il n'est fondé que sur une simple parole?

La législation a beau faire, afin de le rendre obligatoire dans le mariage, la corruption est partout, ou, disons mieux, n'est-ce pas de l'incompatibilité évidente des lois, si savamment méditées, de la parfaite harmonie qui dirige la marche de l'univers, avec l'absurde incohérence des lois humaines et des préjugés délirants qui leur servent de pivot, que dérive tout le mal? Ah! comment respecterait-on les serments de l'amour quand on se joue si impudemment de ceux de l'hyménée, ou plutôt, la violation si commune de l'engagement le plus solennel n'est-elle pas une suite de l'habitude, déjà contractée, de fouler impunément aux pieds des protestations également impératives et qui, quoique faites sous le voile secret du mystère, n'en ont pas moins l'Être suprême pour témoin! De quelle honnêteté, de quelle délicatesse, de quelle constance peut être susceptible l'époux qui a commencé par être un libertin?

On disait de César que c'était l'homme de toutes les femmes et la femme de tous les hommes. A quelle époque? A celle désastreuse où la dissolution des mœurs entamait déjà l'illustration de Rome. Mais remontez seulement un demi-siècle au-dessus, et vous verrez cette maîtresse de l'Ancien monde, encore plus admirable par l'austérité de ses vertus, qui fut l'unique source de sa prospérité et de sa gloire, qu'étonnante par ses exploits et ses triomphes signalés. Vous apprendrez qu'elle fut plus de cinq cents ans sans qu'aucun de ses citoyens songeât seulement à invoquer la loi du divorce. Encore, Carbilius Ruga, qui fut le premier de tous, motiva-t-il sa demande sur une cause qui semble légitimer le but du mariage, celle de stérilité. Il ne s'en tint pas là pour justifier sa demande et il témoigna combien il lui était douloureux de répudier sa femme, en protestant aux magistrats qu'il la chérissait tendrement; « mais, ajouta-t-il, avant d'avoir été époux, j'étais citoyen; et mon premier devoir est d'en donner à l'État d'autres qui puissent me remplacer un jour; c'est donc à cette obligation, prescrite à chacun de nous, par l'amour de la patrie, que je sacrifie à regret ma satisfaction particulière à l'utilité publique ».

Un semblable plaidoyer serait parmi nous couvert de huées. N'avons-nous pas vu tourner en dérision l'amour conjugal, jusque sur le théâtre, établi pourtant pour la réforme des mœurs? *Castigat ridendo mores*, a dit Santeul. Bien loin de là, c'est l'inverse, et la comédie qui, dans ces derniers temps, a eu chez les Français le plus de succès, est l'immoralité la plus profonde et par conséquent la plus répréhensible, mise en action, à chaque acte, à chaque scène. Il n'est pas un trait saillant qui ne soit un précepte exécrable ou une réflexion perversive. Qu'on en juge par le poison renfermé dans ce qui suit : Le comte Almaviva, dans *Figaro*, ne se borne pas à étaler, au sein de sa propre maison, toute la dépravation la plus éhontée et la plus perfide ; mais fatigué de l'attachement que lui témoigne son épouse, qu'il ne paraît point suspecter, il s'écrie : « Les femmes, quand elles vous aiment, c'est qu'elles vous aiment !... » et l'acteur n'a pas achevé sa période, qu'il est couvert d'applaudissements.

Oh ciel! où en est-on quand la dissolution générale est arrivée à ce comble? Comment imaginer une plus infâme, une plus odieuse morale, puisqu'elle tend directement à étouffer le sentiment le plus impérieux, le plus respectable, celui qui forme le premier lien social et dont émanent tous les autres, qui, en conséquence, n'ont plus qu'une consistance apparente, dès que leur principe est anéanti. En vérité, l'âme honnête et indignée serait autorisée à demander si c'est une brute ou un homme qui a eu l'audace de s'exprimer de la sorte, à la face du public! car du moment que la tendresse ne paraît plus qu'importune dans l'être que la nature en avait imprégné, pour que, la transmettant à l'âme mâle et un peu farouche de l'homme, elle s'affranchît, en goûtant, en savourant dans les bras de la moitié de lui-même les délicieuses saveurs de l'aménité, qu'y cherche-t-il autre chose que l'assouvissement d'une passion brutale? Ainsi la plus ravissante des unions, quand, basée sur la délicatesse, elle est fomentée par l'amour dans toute sa pureté, une fois convertie en vils excès d'une luxure effrénée, est pire que le périodique, que le machinal et détestable accouplement du lion ou du tigre. O si honnête et si sensible Pétrarque, toi dont l'amour de la belle et tendre Laure fit jusqu'à ton dernier soupir le charme de ta vie, même par réminiscence, lorsque l'inexorable trépas te l'eut enlevée, toi à qui cette passion aussi noble que constante au fond de ton âme sut inspirer cette poésie enchanteresse qui pénètre, qui embrase, qui enlève les cœurs qui ressemblent au tien ; que penserais-tu de pareils hommes, en les voyant tombés dans une dégradation si humiliante pour leur espèce? Et si, de ton temps, ils eussent été si universellement, si radicalement pervertis, eusses-tu rencontré un seul ami qui, digne de toi, eût mis son bonheur à partager ta solitude, à l'exemple du vertueux Assérigno, dont le sincère et vif attachement te prodigue, à ta campagne d'Arqua, les consolations cordiales de cet autre sentiment, de cette céleste amitié, trop méconnue dans le monde, quoique si précieuse à tout âge et surtout dans la vieillesse. Ce fut aussi de ces suaves blandices, que tu reçus le dédommagement jusqu'au tombeau de la privation des transports amoureux, qui avaient fait la félicité de ton printemps.

Au reste, on ne doit pas être surpris de la licence qui règne dans *Figaro*, cette comédie n'étant point un simple jeu d'esprit, et il faut qu'on sache que le machiavélisme qui a imaginé, filé et ourdi graduellement l'intrigue, si compliquée de la Révolution française, s'y est artistement pris, de fort loin, pour arriver à son dénouement. C'est donc là le génie infernal qui, pour amener plus infailliblement la subversion préméditée, ayant besoin de réaliser en même temps la fermentation et la dissolution qui l'effectue, a présidé à la composition de cette pièce jetée sur la scène comme une première torche incendiaire, ainsi que le prouve assez le fameux monologue du cinquième acte, qui est un vrai manifeste. Aussi n'avons-nous pas tardé à devenir les témoins, les instruments, les victimes des horreurs que cette sentine de perfidies, de trahisons et d'attentats a vomies sur la France et bientôt après sur l'Europe.

Encore une fois, c'est la pureté de cœur et la sévère probité qui en découle, qui ont toujours été et qui seront perpétuellement parmi les hommes le plus sûr palladium de leur bien-être respectif. Or, comme l'union conjugale forme le premier anneau de la chaîne civile, elle en devient elle-même, à ce titre, la principale égide. Ainsi, quoi qu'on en pense et qu'on en dise, c'est surtout le sentiment qui forge et qui soude cet impénétrable et essentiel bouclier, qui doit être maintenu dans toute son intégrale intensité. Cependant, il ne faut pas croire que ce soit là l'ouvrage des lois qui, ne pouvant être que coactives ou coercitives, n'ont nulle prise sur les tendres affections qui ne se commandent point, mais qui s'inspirent. L'ascendant même de la religion n'est pas moins insuffisant que l'action législative, parce que toute espèce de contrainte creuse le tombeau de l'amour, par la raison que la nature, en unissant la force et la faiblesse, a voulu, pour rétablir l'équilibre, que la force ne dût l'obtention de ses désirs qu'aux soumissions complaisantes qu'exige la liberté du refus, et cet obstacle adroitement ménagé entretient l'ardeur, en l'attisant sans cesse, au lieu que, dès que toute difficulté disparaît, cet enfant que les poètes appellent Cupidon et qu'ils ont muni d'un carquois inépuisable, pour désigner qu'il aime à combattre continuellement, ne trouve plus dans ce qui lui est livré, plutôt qu'accordé, que dégoût, ennui, satiété. De là tant de mauvais ménages, parce que le mécontentement s'empare d'emblée du poste même de l'amour qui, dans le dépit qu'il en éprouve, s'envole d'autant plus volontiers qu'il ne lui reste plus que les ailes.

Vainement donc compte-t-on l'enchaîner, en faisant tonner la voix de Dieu; comme son langage et celui de la nature sont absolument synonymes, malgré qu'on s'obstine insensément à n'en pas convenir, et que ce langage parle uniquement au cœur et non pas aux oreilles, tenir des discours opposés, c'est mentir au sentiment, et, dans ce cas, ne persuader personne. Trop d'exemples nous apprennent assez ce qui arrive quand le culte et la loi prétendent transformer en droit ce qui ne doit être qu'une faveur. Pour lors, la violence, d'un côté, se substitue aux égards et à l'attachement, tandis que, de l'autre côté, la crainte remplace aussitôt la confiance et la tendresse, et ces levains d'antipathie n'enfantent plus que boutades, débats, querelles, animosité et haine irréconciliable.

> A la nature en vain veut-on donner des lois,
> Bien plus puissante encore, elle reprend ses droits.

C'est pourquoi le divorce est-il ce qu'il y a de plus sage sur ce point, étant conforme aux dispositions régulatrices des mouvements de l'âme qui ont placé l'homme sous la dépendance, en amour, de l'absolue volonté de la femme. Ainsi, pour ne point les enrayer ni les contrarier, que la loi s'en tienne à ordonner l'inscription nécessaire pour constater l'état civil des citoyens; et que le prêtre se borne aux monitions morales, tant pour prévenir que pour réprimer les désordres. Voilà tout ce qu'il faut en ce genre, et rien de plus, que des institutions civiles dont la pratique, strictement observée, restaure conjointement l'opinion, les mœurs et les actions. Autrement, on anéantit le seul mobile de la prolongation de l'amour, qui consiste exclusivement dans l'indépendance individuelle, soumise au sentiment, que soutient la possibilité arbitraire de ne point acquiescer à ses souhaits : ce qui le réveille, ce qui l'aiguise, en l'obligeant d'en avoir perpétuellement de nouveaux à former, car cette suspension elle-même ne peut être de la part du sexe qu'un artifice agaçant qu'on remarque chez les femelles de plusieurs espèces d'animaux, qui, plus elles sont en feu, plus elles feignent de résister ou de fuir. A plus forte raison, l'être gratifié d'une si forte dose de subtilité doit-il l'employer avec encore plus de raffinement, comme Virgile, dans ses *Pastorales*, l'a su peindre si naïvement, en parlant d'une bergère : *fugit ad salices*.

Amaryllis s'enfuit, pour qu'on coure après elle :
Mais non pas au hameau, c'est le bois qui la cèle.

Sans cet égal penchant à accorder ce que demande le poursuivant, il n'y aurait sûrement pas tant de filles séduites et trompées. Cependant, qui sera leur sauvegarde, si leur innocence qui, dépourvue d'expérience, avec toute la bonne foi de la candeur, se trouve d'autant plus exposée et compromise, qu'au mépris de la surveillance des pères et mères, elle n'en devient pas moins presque à l'entière discrétion de ces atroces Lovelaces, dont la société fourmille, n'est pas, en outre, mise sous la garantie publique qui devrait au moins se déclarer, par une opinion foudroyante contre ces pervers, tellement accablés de honte, qu'ils n'osassent plus lever les yeux jusqu'à ce qu'ils eussent réparé leur faute. Les censeurs de Rome frappèrent de la peine du blâme un mari qui avait eu l'indiscrétion d'embrasser sa femme sur la bouche, en présence de leur jeune fille; et la perfidie qui attaque, qui altère, qui corrode l'état social dans sa source, est précisément celle qu'on tolère, qu'on publie et qu'on vante comme une prouesse louable, ou dont on rit comme d'une gentillesse, pendant que la confusion, le mépris, l'humiliation, le désespoir sont le partage de l'infortunée, dont le seul crime fut d'être trop sensible et trop crédule, et que toutes les âmes honnêtes devraient s'empresser de plaindre et de secourir !

Eh ! quoi, permettre des mariages disparates et inconvenants ! sans doute la vanité et l'ambition ne manqueront pas de faire cette réponse. Hommes insensés ! ne vous plaignez donc plus d'être si malheureux, puisque, dans votre opiniâtre aveuglement, vous caressez, avec tant de complaisance, les vautours qui vous déchirent et qui vous rongent, ou renoncez à la félicité, ou revenez à la nature qui en est l'unique dispensatrice, ou bien n'accusez que vous-mêmes des maux qui vous supplicient, et qui n'en sont que les infaillibles résultats. Car l'ordre naturel n'admet point d'autre disproportion dans le lien conjugal que celle toujours répugnante de l'âge ; ni d'autre empêchement, que le défaut d'adhésion spontanée, réciproque et purement sentimentale. Du reste, laissez agir l'amour qui veut être libre dans son choix, comme dans ses faveurs, et qui porte un bandeau sur les yeux, pour vous apprendre que son goût, ne reconnaissant ni rang, ni fortune, a le droit d'aller, sans acception, où son penchant l'appelle et l'entraîne. L'Anglais, si fier et si cupide, n'a pas songé à entraver ses préférences, et probablement les mœurs sont-elles, là, moins dépravées qu'ailleurs ; ce qui lui a permis de conserver un certain nerf de caractère qui ne s'aperçoit plus chez aucun autre peuple moderne.

Comment la passion la plus utile à la propagation de l'espèce, ainsi qu'au maintien de sa conservation, la seule avouée par la nature, et qu'elle prend soin elle-même de provoquer, de stimuler, pour arriver plus sûrement à ses fins ;

la seule qui, dans ce sens, soit impérieusement un devoir, au lieu que toutes les autres sont des vices qui portent souvent au crime ; la seule aussi qui se montre belle, admirable, pourvu qu'elle ne perde rien de sa délicatesse ; celle qui pour devenir sans doute plus attrayante et plus durable fait qu'exclusivement l'homme en est atteint à l'improviste, par un trait de flamme qui le saisit soudain, qui le transporte, au simple aspect d'un objet inconnu ; auprès duquel il faut ensuite qu'il s'introduise, afin de parvenir à son tour, en lui rendant de respectueux et tendres hommages, à mériter le bonheur de régner sur le cœur attendri de sa bien-aimée ; la passion qui, toute de feu quand elle est saine, sait produire tant de merveilles par son exaltation ; celle qui fit d'Héro une héroïne, de Sapho un poète divin, et d'Héloïse un modèle achevé de tendresse, de constance et de vertu ; comment la passion positivement faite pour épurer, pour électriser l'être qu'elle aime, en se conservant dans son intégralité, qui ne se détériore qu'à un trop grand éloignement de sa source limpide, pourrait-elle souiller l'âme qu'elle embrase, en la pénétrant des plus exquises sensations !

> Des sentiments si légitimes
> Seront-ils toujours combattus ?
> Nous les mettons au rang des crimes.
> Ils devraient être des vertus.

Jean-Jacques, qui s'exprima ainsi, dans une épître à Sylvie, a fait plus que d'énoncer cette vérité morale ; il a forcé d'en convenir, du moins implicitement, car pourquoi, malgré sa chute, s'extasie-t-on devant Julie, cet ange du Vevay ? Pourquoi ressent-on tant d'estime pour son amant ? C'est que la première a été contrainte d'immoler son amour à la volonté tyrannique d'un père orgueilleux ; et que l'autre, indépendant, n'a sacrifié le sien qu'à la seule tranquillité de son amante, sans toutefois s'être démenti jusqu'à sa mort. Ce qui touche surtout le plus dans l'union indestructible de leurs âmes, c'est que tandis que Mme de Volmar se montre un exemple accompli pour toutes les femmes et toutes les mères, elle n'a pourtant pas cessé d'être moralement, jusqu'au tombeau, l'épouse du digne Saint-Preux. Voilà l'impulsion de la nature dans toute sa pureté, scrupuleusement accompagnée de la plus excessive délicatesse. Voilà son triomphe le plus pénible, comme le plus méritoire et le plus glorieux, sur les funestes préjugés qui l'étouffent, qui l'assassinent.

Qu'il est inconséquent le vain jugement du public, contradictoire jusque sur le même point ! L'inconduite d'une femme, à la faveur de son manteau, ne déshonore que son mari, qu'un sobriquet vulgaire ridiculise, sur la simple présomption que la faute vient de lui, dans l'origine, ayant probablement donné lieu à son épouse de frauder les droits de l'hyménée; et les infâmes fauteurs de la dépravation d'un sexe, dont l'innocence, jointe à la faiblesse, est le principal attribut et le plus précieux des attraits, voient, sans en essuyer la moindre atteinte, déverser sur leurs tristes victimes toute la confusion réprobative de leur exécrable perfidie ? Aussi que de filles, nées avec un cœur non moins candide que sensible, et destinées, comme Julie, à faire d'honnêtes femmes et de bonnes mères de famille, mais qui, séduites, égarées, trompées, trahies, abandonnées dans les angoisses de la détresse, et n'ayant à espérer désormais que l'opprobre en partage, ne rougissent plus de se plonger dans ce cloaque de corruption, ce qui les en rend à leur tour les plus effrontés et les plus pernicieux agents. J'en ai pourtant connu plus d'une qui, maudissant l'infamie de l'odieux métier que cette funeste nécessité les avait forcées de prendre, après en avoir été tirées par des hommes qui vivaient tranquilles avec elles, les payaient, de la main généreuse qu'ils leur avaient tendue, par une conduite irréprochable, et par un attachement des plus vifs. Que leur avait-il donc manqué, dans le principe, pour mener constamment une vie absolument exempte de souillure? Un premier amant probe et fidèle :

Nous nous plaignons du sexe, injustes que nous sommes,
Ses vertus sont de lui, ses défauts sont aux hommes.

Que si, parmi ces malheureuses trop indignement abusées, il en est chez qui le frein de la pudeur, leur ravissant apanage, arrête encore ce dernier écart, cette pudeur si salutaire par son objet, mais à moitié fanée, leur fait elle-même commettre des actions bien autrement répréhensibles, puisqu'en échappant au vice, elles se noircissent du plus affreux attentat. Combien d'avortons étouffés dans le sein de leur mère sont effacés de la liste des vivants, avant d'avoir vu le jour, par une fausse honte qui l'emporte, quoique fortement repoussée par la nature, qu'elle fait frémir, tout en y cédant, mais qui, guidée par la violence des vertiges dont la transporte l'effroi d'un anathème impératif, malgré qu'il soit évidemment et souverainement injuste, immoral et funeste, se transforme en barbarie, au mépris même de l'échafaud.

L'échafaud! grand Dieu! a-t-il jamais servi à épurer les mœurs? En quel siècle, en quel pays, a-t-il su parvenir à enchaîner le crime? Au contraire, c'est où le gibet se voit à chaque pas, qu'on peut assurer qu'il existe le plus de malfaiteurs. Encore, en fait de suppression de part, pour qui le dressez-vous ? Sont-ce des brigands de grands chemins, des scélérats consommés, des monstres dont il importe à la sûreté publique que la terre soit purgée au plus tôt, qu'attendent vos infâmes potences ? non : c'est une jeune fille de dix-huit ou vingt ans, très coupable sans doute, mais n'est-ce pas à vous, à vous seuls, que vous devez vous en prendre ? N'est-ce pas vous-même qui lui avez ordonné ce forfait, lorsque votre opinion, non moins erronée qu'inique, l'a placée entre le déshonneur, pire que la mort, qui est prêt à lui apposer sur le front le cachet ignominieux de sa perte, et le crime devenu indispensable pour s'y soustraire ! La sévérité des lois romaines est connue, et pourtant on n'eut point à leur reprocher de traîner à l'échafaud un sexe faible et timide, incapable par lui-même de concevoir la sinistre idée du crime qui demande une certaine audace, alliée à un cœur dur et féroce, noir et perverti. Les Néron, les Caligula, dans leur rage sanguinaire contre les femmes qu'elle n'épargna même pas, employèrent le glaive, le poison, le poignard, et leur cruauté, quelque inouïe qu'elle fût, n'imagina pas de leur faire subir les horreurs du supplice. La nature vous l'avait donné ce sexe pour ramollir cette férorité qui vous distingue, en l'attendrissant par la douceur de son âme, qui lui est propre, et qui décuple son amabilité ; car n'est-ce pas à ce dessein qu'elle l'a créée un chef-d'œuvre de beauté, de grâces et de qualités enchanteresses ? ce qui le rend, au moral comme au physique, un objet complètement digne d'adorations. Et vous, modernes, vous qui prétendez renchérir sur les anciens en galanterie, vous qui avez l'air de l'idolâtrer, à la sortie de vos bras, vous la livrez à des bourreaux ? N'y a-t-il donc en principes, comme en justice, que de nouveaux meurtres à commettre pour punir les assassinats ? Et ne serait-il pas plus humain, plus juste, plus sage, plus moral, plus utile, de tarir, de détruire, d'anéantir, s'il est possible, la source si désastreuse du crime, que d'exterminer les misérables qui s'en abreuvent, parce qu'elle coule à torrents de tous côtés?

A l'aurore si brillante, et en apparence si pure, de la Révolution, l'amour de la Patrie, qui ne peut éclore et se maintenir que dans l'étroite société de l'honnêteté publique, chacun n'ayant plus songé qu'à voler à la défense commune, ce Paris, qui avait perpétuellement été un repaire de filous, de voleurs, d'assassins, en dépit de toute la surveillance de la police et des carcans, des potences, des roues, des bûchers de la place de Grève, cessa tout à coup de retentir des plaintes de ces affreux désordres, et l'on n'entendit même pas dire qu'un seul mouchoir eût été dérobé dans les foules, tant que ce noble enthousiasme s'est maintenu; mais à peine la perversité machiavélique des gouvernants creusa-t-elle le gouffre horrible qui a englouti soudain, avec les précieux éléments de la prospérité générale, cette salutaire exaltation qui en est à la fois le plus puissant véhicule et la plus solide base, que non seulement Paris, mais la France tout entière, furent derechef inondés par des bandes forcenées de scélérats, qui ont si longtemps plongé dans la consternation et réduit aux abois ce beau et trop malheureux territoire, par leurs effroyables brigandages, exercés le fer et le feu à la main. Ah! quel est un ordre de choses qui provoque de pareilles horreurs, surtout chez le sexe le plus tendre et sur qui le titre de mère a tant d'empire que, hors cette crise d'un désespoir frénétique, il lui fait oublier, pour le salut de ses enfants, jusqu'à sa propre conservation?

Encore une fois, ces abominables excès auraient-ils lieu, si l'opinion publique et des institutions morales et pratiques étaient enfin calquées sur les maximes fondamentales de la raison et l'ordonnance positive d'une justice impartiale, qui peut seule correspondre aux vues du régulateur souverain, que portent ces préceptes éternels et dont les vestiges ne sont jamais totalement effaçables? Jugez-en par vos plus profondes inductions, dégagées de tout aveuglement, de toute prévention, de toute passion, de toute erreur. Consultez votre propre conscience, elle vous dira que, de même que la première grossesse d'une femme devient la déclaration notoire du changement de son état natif, de même, par obligation réciproque, un homme ne peut accomplir le vœu de la nature, sans se conférer civilement, suivant sa volonté formelle, avec le titre de père, celui d'époux, qu'elle a rendus tellement identiques, que, pour peu qu'on conserve quelque honnêteté dans l'âme, elle y reste à jamais gravée, l'image toujours chère de la beauté avec laquelle on a pour la première fois sacrifié à l'amour. Aussi a-t-on vu cette Rome, dont le quartier Saburra, tel qu'un autre Palais-Royal, fut couvert de courtisanes, dans les temps licencieux de sa complète dépravation, exister pourtant au delà de cinq siècles, avec son austérité originelle, sans que, durant tout cet immense laps de temps, aucun ait songé même à abandonner la chaste et tendre moitié de lui-même ; tant il est vrai, qu'avec des mœurs bien réglées, on sent fortement que la nature a si intimement joint le titre complexe d'époux, qu'il n'y a que la mort qui devrait pouvoir le dissoudre.

Ainsi quel crime n'est-ce pas, quand on se fait un jeu de violer des droits si respectables? et cependant, parmi nous, l'impunité la plus absolue est acquise à l'odieux parjure qui brise effrontément le nœud le plus sacré de l'état civil; tandis que tout le poids de la flétrissure de cette insigne et criminelle perfidie retombe et pèse exclusivement sur la tête de ses infortunées victimes, à qui il ne reste plus, dans la désolante amertume de leur cruel délaissement, qu'à gémir toute leur vie de leur crédulité et de leur confiance, si horriblement abusées. Car, à peine sont-elles autorisées à se plaindre d'une si indigne et si noire trahison, ne pouvant oser le faire que pour sceller elles-mêmes leur affront par la publicité d'une demande juridique, tendant à obtenir quelle réparation, quel dédommagement? De futiles droits de gésine, litigieux et incertains. Et c'est là ce qu'on appelle justice! c'est là toute la satisfaction offerte à l'outrage le plus sanglant! c'est là toute la peine encourue par le délit qui blesse le plus grièvement et la personne qu'il frappe en ternissant sans retour sa réputation et en lui enlevant tout espoir de bien-être, et les mœurs publiques qu'il attaque, en ouvrant la sentine infecte du libertinage, si contagieux, et de tous les vices subversifs qui l'accompagnent! O extravagance des imaginations de l'homme, qui prépare, qui autorise, qui sanctionne le désordre le plus scandaleux et le plus corrupteur, en croyant de pareilles opinions et des lois vraiment antisociales, sans prendre des mesures propres soit à le prévenir, soit à le redresser!

J'avais atteint cinquante-six ans révolus, le jour que ces idées me sont venues, l'année dernière, d'après les réflexions de M. Bourrit. Si les miennes paraissent ne renfermer qu'un paradoxe, du moins ne dira-t-on pas que ce soit le feu ou les prestiges enivrants de l'amour qui les ont suggérées.

Ce qui s'enfuit d'abord, ce sont nos plus beaux jours :
Et je suis déjà loin des folâtres amours !

Qu'on me permette, quoique aujourd'hui j'aie plutôt à me glorifier qu'à gémir de figurer dans cette seconde anecdote, d'annexer au modèle, malheureusement fictif de la nouvelle Héloïse, un exemple d'un autre genre, et que sa réalité rendra peut-être plus démonstratif.

Une ancienne supérieure de l'hôpital de Cayenne était une de ces filles trop à plaindre qui, trahies par d'infâmes séducteurs, se trouvent dans la dure alternative de faire le sacrifice en entier, ou de leur honneur déjà terni, ou de leur félicité décidément évanouie; c'est ce que son humilité chrétienne fit savoir, par une confession publique, au lit de la mort. Mais, née pour former une femme honnête, dans le désespoir de son abandon, à l'imitation de sainte Thérèse, l'amour qu'elle portait à un amant infidèle fut douloureusement expulsé de sa belle âme, dont par conséquent l'extrême tendresse ne pouvait la laisser oisive, pour y substituer l'amour de Dieu.

Qui peut le consoler, mieux que l'Être suprême,
Un trop sensible cœur, quand il perd ce qu'il aime?

Une circonstance de ma vie, en mettant en évidence toutes les qualités morales de cette bonne Sœur grise, sa douceur, sa commisération, son zèle bienveillant, triomphant en elle, ainsi que chez ses excellentes compagnes, de la haine fanatique des dévots contre quiconque ne leur paraît pas au rang des élus, sert à prouver quel meurtre c'eût été que cette vertueuse fille particulièrement eût enfoui tant de mérite dans un cloître stérile, si elle n'eût pas eu la sagesse de ne plus compromettre sa fragilité par des vœux indiscre.... Elle choisit donc, en conséquence, un de ces ordres, utiles à la société, et dans lequel cette brave Sœur grise servait si efficacement l'humanité, en proie aux cruelles infirmités qui décuplent trop souvent la masse de tant d'autres afflictions. Lorsqu'on aura lu ce qui va suivre, je demanderai à tout homme qui a de l'âme s'il ne maudit pas l'ingrat, le perfide qui trompa si lâchement une fille si respectable? Et où peut se rencontrer quelqu'un qui ne sentira pas quel domma.. ce fut qu'une femme, si parfaitement organisée pour faire le bonheur suprême d'un mari, qui eût été digne lui-même d'en connaître tout le prix, ne soit pas devenue la mère d'une famille élevée par ses soins et stylée d'après son cœur? Le monstre qui la trahit n'avait seulement pas pour excuse le dégoût d'une laideur répugnante, qui semble justifier l'inconstance, en la motivant.

> Même en dépit des ans, et malgré leur outrage,
> On découvrait encor dans sa caducité,
> Que, faite pour charmer à la fleur de son âge,
> Sa vertu pour égale eut jadis la beauté.

Quoique l'inexpérience du jeune Gouverneur qui se trouva chef de cette colonie, quand nous y arrivâmes, Collot-d'Herbois et moi, lui fît penser qu'il fallait traiter des prisonniers d'État à la manière inquisitoriale du despotisme, en les plongeant dans un cachot, je dois à la vérité de dire que, du reste, il eut pour nous toutes les attentions et les égards qui dépendaient de lui; sa conduite même, sous ce rapport, fut d'autant plus louable et propre à nous imposer de la reconnaissance, qu'il avait reçu des ordres les plus rigoureux ; car la fureur de nos ennemis, non contente de nous avoir enterrés dans un désert, avait poussé la barbarie jusqu'à enlever à deux malheureux, relégués aux extrémités de la terre, la triste, mais bien douce consolation de souffrir ensemble. De sorte que ce Gouverneur, pour empêcher que nous eussions des communications, nous avait distribués séparément dans deux maisons de détention, assez éloignées l'une de l'autre. Cependant le hasard voulut que la prison où le pauvre Collot-d'Herbois fut séquestré se trouvât sur le passage des promenades de ce chef de Cayenne.

« On accourt pour contempler l'ours, » disait Voltaire, en riant, au sujet de l'empressement qu'on manifestait dans le désir de se procurer la satisfaction de l'avoir envisagé, « mais, ajoutait-il, avec son air malin, il y aurait sûrement une plus grande affluence si l'on me menait pendre ». A plus forte raison, le moyen de n'éprouver que de l'indifférence pour des êtres vomis, comme des lions enchaînés, sur un autre hémisphère, et qui semblaient n'être échappés au supplice que par une force surnaturelle ; ainsi, soit par la curiosité qu'excitent aussi des hommes tombés dans le néant de l'adversité, après avoir fait quelque bruit dans le monde, soit par l'intérêt qu'inspire la lutte de qui est aux prises avec les revers, ou encore mieux, dirigé par ces deux mouvements, qui sont naturellement dans le cœur humain, ce jeune militaire, en allant le soir respirer le frais, ne put résister à l'envie de voir mon compagnon d'infortune. Comment ne l'aurait-il pas plaint, au fond de son âme, au souvenir attendrissant que son affreux sort était peut-être la récompense du dévouement que Collot-d'Herbois avait déployé, en défendant avec autant de générosité que d'énergie la cause des victimes infortunées du régiment de Château-Vieux ?

Insensiblement, ces visites se multiplièrent, et sitôt que les explications amenées par ces entretiens, en certifiant à ce Gouverneur que nous étions un holocauste machiavéliquement immolé par la politique, eurent enfin dissipé l'erreur de la prévention, toujours inhérente au titre d'accusé, qui disparaît devant l'évidence aux yeux de la bonne foi et que la passion seule s'obstine à méconnaître, s'il ne crut pas en son pouvoir de briser nos fers, au moins s'empressa-t-il d'en alléger le poids. Quand donc les maladies vinrent mettre le comble à tant de chagrins, nous dûmes à son estime d'être honorablement placés dans la salle destinée aux officiers de la troupe de ligne, à l'hôpital, alors parfaitement tenu, sous l'administration des *Sœurs grises*, établies à Cayenne (1).

Ce Gouverneur ne tarda pas à être relevé par un commissaire de la métropole, nommé Jeannet, qui venait, par des raisons qui lui étaient personnelles, et dérivées de la haine irascible dont les révolutions n'imprègnent que trop aisément les cœurs, avec des dispositions beaucoup moins favorables pour les deux proscrits.

(1) Les *Sœurs grises*, au nombre de sept, faisaient partie de la congrégation des sœurs hospitalières de *Saint-Paul de Chartres*.

Toutefois ce délégué, étant accompagné par un général de brigade, qui s'appelait de la Gennetière, et qui avait l'obligation à Collot-d'Herbois de l'avoir dégagé de ses fers, ayant été fait prisonnier en Espagne, et qui était incapable de l'oublier, nous fûmes redevables au crédit de sa place que rien ne fût changé à notre ancien traitement; de sorte que, dans une rechute morbifique, attaqué depuis trois mois par une violente dyssenterie, pendant qu'une fièvre maligne dévorait déjà Collot-d'Herbois lui-même, étant ainsi tous les deux expirants, j'eus pour surcroît de douleurs l'affliction de voir, dans le lit à côté du mien, la mort précipiter sous la tombe ce compagnon trop à plaindre d'une infortune, prix assez ordinaire de l'austère intégrité et de l'immuable énergie du civisme. Le malheur qu'on partage ensemble paraît plus facile à supporter, et j'aurais ressenti encore plus vivement les cuisants regrets de cette perte, sans une réflexion lénitive qui vint les tempérer, car, condamné comme moi, à traverser un océan de misères, comment n'aurais-je pas trouvé le sort de Collot-d'Herbois moins rigoureux, dès que, prenant pitié de ses peines, il l'en délivrait avec tant de célérité?

> La proie, en expirant, échappe à la fureur,
> Qui mettait son plaisir à déchirer son cœur.

Moi-même, dans cette idée, j'endurais ma désolante situation avec plus de patience, l'état d'agonie dont j'étais assailli me faisant espérer que je ne tarderais pas non plus à cesser à mon tour d'avoir si violemment à souffrir. O nature, réellement et infiniment bienfaisante! qu'ils sont ingrats, ces hommes qui, loin de reconnaître les grâces dont tu les as comblés, ont l'insigne injustice de t'accuser de leurs maux, tandis que ce sont eux-mêmes qui s'en accablent à l'envi, dans les transports aveugles de leurs passions frénétiques! comme si, quand elles les ont engloutis dans un abîme de misères, ils ne te voyaient pas encore accourir à leur aide, pour leur offrir du moins quelques lueurs de consolation, qui, toutes lugubres qu'elles puissent être, n'en deviennent pas moins propres à les soulager.

L'abandon suit toujours le malheur de trop près ;
Et l'espoir est le seul qui ne s'enfuit jamais.

Ah! que ne me fut-il possible, dès ce funèbre instant, de percer dans un avenir si funeste; car mon être consumé par la maladie, et déjà aux trois quarts éteint, eût-il eu la force de résister à l'aspect de l'horrible enchaînement de tous les maux qui m'attendaient! Mais que dis-je? Oh! qu'il est insensé celui qui s'efforce à soulever le voile salutaire qui intercepte aux regards trop curieux de l'homme les développements successifs de sa destinée. Comme le malheur en occupe pour l'ordinaire la plus grande latitude, avec cette connaissance prématurée et fatale, le monde ne serait bientôt couvert que de désespérés. Pour moi, quand je croyais être au plus haut période de la détresse, je n'en dévorais encore que les plus faibles préludes.

Environ quinze jours après le décès de Collot-d'Herbois, le trépas vint aussi frapper le général de la Gennetière ; et qui se douterait jamais de quelle manière je fus instruit de cette sinistre nouvelle? Il fut remplacé sur-le-champ, par une de ces âmes de boue, qui conviennent le mieux aux hommes impurs, investis de la puissance, et à qui il ne faut que de vils instruments de leurs passions.

Aussi le premier acte que fit en entrant en fonction l'indigne successeur du général de la Gennetière fut-il de servir son idole en bas valet : et pour lui attester son lâche et turpide zèle, n'ignorant pas que le chef de cette colonie était mal disposé à mon égard, sans perdre un instant, il signifia l'ordre aux Sœurs grises de l'hôpital de m'arracher honteusement de la salle des officiers, pour me faire descendre... où?... pourra-t-on le croire?... dans celle des galériens!

Est-ce bien Billaud Varenne, ô ciel! avec une âme aussi honnête, aussi délicate que la sienne, qui va se trouver mêlé, confondu, sali, au milieu d'une troupe fangeuse de malfaiteurs ? Car il faut savoir, pour sentir toute la noirceur de cet infâme traitement, que dans les colonies les Européens les plus criminels sont envoyés au sein de leurs métropoles, pour recevoir le châtiment de leurs forfaits, ce qui fait, qu'ici, parmi les forçats, il n'y a que des esclaves, qui déjà si horriblement dégradés par leur affreux et misérable état d'abjection et par le préjugé dépréciateur et pire encore, se sont de plus souillés de crimes. Ainsi moi, à qui l'on faisait l'atroce injustice de me renfermer ignominieusement dans leur exécrable bagne ; moi, dont l'innocence notoire n'avait nullement permis, en France, de me condamner, ni même de me juger, en dépit de la fureur du pouvoir, et de l'intrigue de ceux qui, lors de ma retraite, étaient entrés dans le gouvernement ; moi, que le ciel, touché sans doute de la pureté de mon âme, autant qu'indigné de la scélératesse forcenée de mes ennemis, parut accourir, au plus fort du péril le plus imminent, pour me délivrer deux fois de suite des bras sanguinaires d'assassins soudoyés, aux lieux désignés, par un machiavélique acharnement, dans l'infernal espoir d'y voir exécuter l'égorgement de trois victimes, qu'il avait traîtreusement prémédité d'exterminer, n'importe par quel moyen; moi, échappé en Europe, comme par miracle, à tant de fureur, pour être relégué au bout du monde; moi en présence de qui l'ordre barbare fut donné, au moment affreux où l'on m'embarqua, par le Commandant d'Armes de Rochefort, quoique j'eusse précédemment contribué à lui sauver la vie, *de me jeter à la mer*, à la vue de deux frégates anglaises, en croisière dans ces parages; et dont une tempête subite nous éloigna pendant la nuit suivante; moi qui, douloureusement meurtri, sous le poids écrasant de ce concours inouï d'animosités implacables, fus séquestré dans les ténèbres et l'infection suffocante de la fosse aux lions; le Capitaine, qui me devait pareillement son grade d'officier, ayant eu l'inhumaine ingratitude de me refuser jusqu'à un cadre, sans pitié pour le mal de mer qui achevait de m'accabler, et que, quelques jours après, le Second, non moins généreux que compatissant, l'obligea de me fournir ; moi qui, au travers de cet horrible déluge de souffrances et d'afflictions, parvenu néanmoins au terme d'une destination également déplorable, mais où pourtant la loi même de mon ostracisme devait expressément me rendre aussi libre que l'air ; moi qui me félicitais de surgir aux bords d'une région lointaine, dans la persuasion généralement répandue que cette Guyane n'était qu'un désert, et qui fus si cruellement détrompé, en y trouvant une assez grande quantité d'instruments des passions européennes, pour me préparer un cachot qui m'engloutit à mon arrivée, et qui ne m'était ouvert que quatre heures par jour, pendant lesquelles je pouvais à peine contempler le ciel ; ce ciel, dont le seul aspect satisfait l'être le plus amèrement navré, et qui est aussi la plus consolante, comme la dernière ressource des malheureux ; moi qui, retiré à la fin de cette obscure prison, songeais que je n'avais plus qu'à le remercier de toute mon âme d'un adoucissement que je devais à ses bienfaisantes inspirations, ce qui m'autorisait à croire que désormais ma triste destinée, au lieu d'empirer, allait devenir meilleure. Hélas! point de doute à coup sûr; si la malveillance pouvait se montrer capable de prendre exemple sur la bonté céleste! Trop flatteuse et trop décevante illusion, qui, telle qu'un songe trompeur, ne tarda pas à s'évanouir, quelque fondée que fût mon erreur! Car, malgré que mes chaînes n'eussent été que relâchées, pouvais-je présumer, parce que je n'avais point encore cessé d'être sous la main de l'ulcération et de la perfidie, que loin qu'elles fussent assouvies par tous les maux dont elles m'abreuvaient, sans se lasser, depuis plus de deux ans, leur rage attendrait le moment le plus affreux de l'existence, par l'approche plus ou moins épouvantable de sa destruction; ce moment où, réduit à l'extrémité, je semblais prêt à rejoindre sans délai l'autre infortuné que la mort venait de leur soustraire, pour me blesser jusqu'au fond du cœur par celui de leurs traits, et le plus acéré, et le mieux empoisonné? Pourquoi donc te redouter avec tant d'effroi, tombeau salutaire, irrévocable asile d'une paix inviolable? Au crime seul, bourrelé de remords, tu devrais paraître un gouffre terrifiant de supplices et de tortures. Aussi Socrate et Sénèque t'envisagèrent-ils en pleine sécurité; et de même, la tranquillité de mon ami, égale à la sérénité de sa conscience intacte, dans l'instant décisif où il te vit t'entr'ouvrir pour l'enclore, annonça-t-elle ostensiblement la rassurante certitude du parfait et doux repos que tu lui promettais, en compensation de ses propres malheurs.

Mais moi, réservé peut-être pour servir d'encouragement à la vertu obstinément persécutée, voilà comme le pénible excédent des jours douloureux que j'ai obtenus, en me livrant à la disposition absolue d'une espèce de sicaire, ou si l'on veut d'argousin; ce petit Séjan, dans son genre, avait eu l'odieuse et impudente méchanceté d'ordonner arbitrairement aux Sœurs de l'hôpital que j'eusse à subir une peine trop infamante pour une âme jusqu'alors immaculée et à laquelle on ne soumettait même point ceux de ma couleur, se fussent-ils noircis des plus grands attentats. Hélas! s'écrie Jean-Jacques, par la bouche de Julie, la misère et l'opprobre changent les cœurs! Amère et profonde réflexion, attestée par trop d'exemples, et qui doit produire sur mon âme la plus terrible impression, car plongé moi-même si longtemps, par des ressentiments implacables, dans ce cloaque infect et contagieux, par quel bonheur inouï ne suis-je pas devenu, pour avoir l'air de les justifier, le plus vil, comme le plus infortuné des hommes?

Grâces, mille et mille fois vous soient rendues, douceur angélique, sensibilité céleste, qui formez la plus inappréciable qualité du cœur des femmes, tandis que la dure méchanceté du nôtre nous transforme trop souvent en monstres! Ah! s'il ne dépendit pas de vous de m'épargner en entier la plus noire indignité dont j'aie été la victime, du moins fîtes-vous votre possible pour en atténuer l'horreur. Ces braves Sœurs, douées d'une bonté infinie, furent non moins stupéfaites que consternées à l'imprévue et inconcevable réception d'un ordre aussi inique que révoltant et, pour la première fois, elles eurent à gémir de leur subordination, devenue trop aggravante, en interrompant le cours infatigable de leurs œuvres pies par la déplorable nécessité de participer, en quelque sorte, à une action si détestable. Ainsi, désolées de recevoir le sinistre mouvement de la servile et chétive manivelle d'une haine qui elle-même n'affichait pas une pareille acrimonie, elles n'eurent garde de se conformer littéralement à une injonction que repoussait leur humanité, encore plus admirable en elles que chez tout autre : lorsque bien différentes des dévots fanatiques, la divine influence de la religion ne coïncidait que mieux à fortifier dans leur âme les sentiments d'aménité et de bienveillance prêchés trop vainement par l'Évangile :

Ubi non est mulier, ibi ingemiscit æger.
Sans, d'un sexe enchanteur, l'âme compatissante.
. . . .

Ces dignes *Sœurs grises*, autant donc pour ne point démentir leur charitable commisération, que pour disculper leur conscience timorée, se hâtèrent de mettre à profit le reste de cette affreuse journée. Leur premier soin compatissant fut de s'empresser de faire passer tous ces galériens dans une salle contiguë, et, anfin de condamner complètement la porte de communication ; elles la masquèrent par une grande armoire. Enfin, vers minuit, la supérieure, accompagnée de deux autres sœurs et des infirmiers, me firent placer sur un brancard ; et les yeux baignés de pleurs, dont le souvenir précieux, après plus de quinze ans écoulés, en arrache encore à mon attendrissement, elles escortèrent cette translation, plus lugubre, il est vrai, que ne peut l'être un convoi funèbre, dont les sanglots sont déchirants. Aussi dans nos entretiens postérieurs : « Comment, me disaient-elles, n'avoir pas l'âme pénétrée d'affliction, en voyant un homme qui avait joui de tant d'importance, et à qui il restait, dans sa disgrâce, tant d'honnêteté, être traîné néanmoins par la violence d'une aversion enracinée au fond d'une sentine d'ignominie, tandis que s'il fût demeuré au sein d'une condition commune, jamais une pareille abjection n'eût approché de lui. Oui, poursuivaient-elles, en soupirant, instruites par votre exemple, nous n'en avons loué qu'avec plus d'ardeur le ciel de nous avoir soustraites aux vanités mondaines, où la pureté même ne sait puiser que déboires amers et outrages humiliants. »

> Le malheur a parfois certaine utilité,
> C'est l'école du sage et de la vérité.

Cependant, depuis longtemps exténué par une maladie grave, je me trouvais heureusement dans cet état d'affaissement physique et d'insensibilité morale où l'on ne s'aperçoit que machinalement et à peine de ce qui se passe autour de soi, de façon que le sommeil, ajoutant encore à mon accablement, la transition d'une salle à une autre, au milieu de la nuit et sur un brancard, ne me parut d'abord qu'un simple changement de lit. C'est aussi précisément dans cette intention bienfaisante que ces bonnes et pitoyables Sœurs avaient choisi l'heure du repos. Mais, malgré toutes leurs précautions, mon erreur ne fut pas de longue durée. Soudain le cliquetis aigu et fréquent des chaînes des forçats à ma proximité, chaînes qui sont ici perpétuellement pour eux du poids de soixante livres, me tira en sursaut de mon si propice assoupissement. J'ouvre les yeux, et tout se présentant à mes regards sous un point de vue dissemblable : « O Dieu! Dieu! qu'est-ce que ce nouvel et étrange aspect signifie? m'écriai-je. Où suis-je? où sont ces lits qui environnaient le mien? Un vide affreux, sombrement éclairé par une lampe sépulcrale, les a remplacés! Quel bruit importun frappe à chaque instant mes oreilles ; et qui, retentissant jusqu'au fond de mon cœur, y porte le saisissement et le trouble! Ne sont-ce pas des fers qui se froissent? Est-ce un rêve, ou serais-je mort? Ah! plût au ciel! Le ciel est juste; et je jouirais enfin d'une tranquillité profonde! Il n'est que la méchanceté infernale des hommes qui puisse, dans son acharnement à persécuter l'innocence, la poursuivre, quoique déjà expirante, jusque dans les bras du sommeil! »

Ces *Sœurs grises*, aussi honnêtes que sensibles, n'avaient eu garde de m'abandonner. « Rassurez-vous, me dit la Supérieure, vous êtes si mal que, pour être plus à portée de mieux vous soigner, nous avons cru à propos de vous faire transférer ici. Nous sommes bien fâchées de n'avoir pas eu à notre disposition un endroit plus éloigné du voisinage déplaisant de ces misérables qui, pour expier leurs crimes, en traînent la juste punition jusqu'au tombeau. Et puissent-ils mériter, par leur résipiscence, que Dieu les reçoive dans sa sainte miséricorde! Pour vous, quoique nous voyions bien que vous ne servez pas ce Dieu rédempteur à notre manière, néanmoins le courage et la patience que vous avez déployés depuis que vous êtes avec nous sont tels, que l'assistance de notre divin Sauveur ne peut manquer d'y avoir quelque part. Comment ne jetterait-il pas un regard de pitié sur vous? car, s il est le vengeur de nos péchés, il est également le protecteur des opprimés et le rémunérateur des vertus. »

Ces paroles onctueuses et consolantes, en calmant mon imagination effarouchée, réveillèrent aussitôt dans mon cœur, pareillement bouleversé, les suaves sensations de la reconnaissance que je m'efforçai d'exprimer en ces termes : « Que j'admire vos propres vertus, mes respectables Sœurs! et quand c'est moi, moi, le triste objet d'une exécration générale, que vous comblez de soins et de bienveillance, votre générosité surpasse à mes yeux l'élévation des plus grandes âmes. Ah! pourquoi les sentiments que vous me manifestez ne sont-ils pas communs à tous ceux qui professent, ou plutôt qui feignent de professer votre culte! Les maux que j'endure sont leur ouvrage, et pour comble de scélératesse, ils n'ont pu consommer ma perte qu'en m'imputant leurs propres attentats!
— Notre-Seigneur Jésus-Christ, me dit l'une d'elles, a pardonné sur la croix à ses bourreaux.
— Et moi, repris-je avec vivacité, non seule-

ment je pardonne à mes ennemis, mais je les méprise souverainement. »

Depuis ce jour, ces filles vraiment inestimables, redoublant d'attentions, se relayaient pour me tenir tour à tour compagnie, dès que leurs occupations leur laissaient quelques moments de loisir, sentant bien que, dans une situation si douloureuse, c'eût été la rendre cent fois pire que de me livrer à moi-même. Tant de zèle, de soins et d'égards apportèrent enfin du soulagement à ma maladie, et encore plus à mon cœur. Pendant le cours de ma convalescence, voici de quelle manière la Supérieure s'y prit pour m'instruire de l'horrible secret que j'ignorais toujours.

« Vous ne nous parlez jamais ni en bien ni en mal de Notre-Seigneur Jésus-Christ; cependant, je crois assez vous connaître maintenant pour être certaine que, quelle que soit du reste votre façon de penser, vous n'êtes pas sans vous sentir pénétré de vénération, en voyant ce divin Maître du ciel et de la terre crucifié entre deux larrons infâmes, et prier le Père éternel de faire grâce au plus mauvais, qui le couvrait d'outrages et d'imprécations? — Ce trait d'une générosité inouïe, lui répondis-je, est en effet sublime et digne de la majesté divine. — Eh bien, poursuivit-elle, il ne dépend que de vous d'enpartager pour ainsi dire la gloire, puisqu'on vous a presque placé dans une pareille position. Et l'explication tardive du mystère, dont le sujet est sûrement ce qu'il y a de plus répréhensible, va décharger ma conscience d'un mensonge qui lui pèse beaucoup, quoique fait pourtant en bonne intention ; car il faut que vous sachiez ce que la prudence m'a forcée de vous cacher jusqu'à ce moment, parce que vous aviez besoin de toutes vos forces morales et physiques pour supporter ce dernier trait d'une aversion trop gangrenée. Après le modèle céleste que je viens de vous offrir, personne peut-être n'a-t-il connu mieux que vous jusqu'à quel point la violence d'une animosité enflammée sait pousser ses excès. Apprenez donc avec votre constance ordinaire que c'est par cet ordre, autant injuste qu'inhumain (en me montrant l'écrit qui le lui avait intimé), qu'on vous a mis dans cette odieuse salle.

— Ah! lui dis-je avec l'accent de l'indignation, cette nouvelle noirceur n'a rien d'étrange pour moi! Outre une grêle effroyable et sanglante d'impostures, de déclamations, de diatribes, d'insultes et de malédictions, versée sur ma tête à torrents, sitôt que l'orage a grondé, à l'instant subversif de l'explosion terrible dont les éclats ont fini par m'accabler, un jeune adolescent, à qui cette tourmente incendiaire communiquait sa fureur, dans l'impuissance de m'arracher la vie, m'avait déjà fait plus de mal, en me crachant au visage! Ah! qu'attendent-ils donc, ces barbares forcenés, pour achever le portrait en me perçant le cœur d'un coup de lance? — Non, non, reprit-elle en joignant les mains, il faut qu'un homme comme vous demeure sur la terre, pour faire rougir et amender, s'il se peut, les pécheurs qui sont si loin de lui ressembler. Il faut que vous viviez pour vous-même, afin de montrer par votre persévérance dans le malheur, sans démentir la pureté de votre âme, ce que vous êtes, au public qui ne vous considère aujourd'hui que couvert de calomnies. Il n'appartenait qu'à Dieu de mourir dans l'opprobre et de paraître incontinent assis radieux à la droite de son père. Ah! que ne pouvez-vous l'imiter en tout! Mais la résignation, unie à la fermeté avec laquelle vous endurez une situation si déplorable, m'inspire trop d'intérêt pour ne pas demander dans mes ferventes prières à ce divin Sauveur, non moins clément que miséricordieux, qu'il vous accorde la grâce efficiente qui vous manque. »

Cette *Sœur grise*, qu'on vient de voir un modèle accompli de toutes les vertus domestiques, ayant, de plus, autant d'amabilité que d'esprit et d'éducation, est morte, quelque temps après ma dernière sortie de l'hôpital, âgée de soixante-cinq ou six ans, comme un ange qui, s'étant revêtu d'une dépouille mortelle, s'en débarrasserait sans efforts, après sa mission terminée, pour s'envoler aux régions éthérées, son asile. Ah! où serait une si belle âme, si ce n'est pas là qu'elle soit allée se reposer? Athées stupides, ce sont les remords qui, au mépris de votre jugement, vous jettent, par l'espoir de l'impunité, dans la persuasion abusive du matérialisme. Platon et Confucius, Pythagore et Zoroastre, Caton et Brahma avaient leur cœur trop pur pour partager la grossièreté de votre aveuglement, et ce n'est pas en vain que moi-même je mets, comme eux, toute ma confiance dans l'immortalité de l'essence animative et dans sa récompense assurée à quiconque, quelles que soient ses opinions religieuses, aura rempli dignement la tâche que son titre d'homme lui avait assignée.

Honnête et sensible Bourrit, toi l'apôtre si éloquent de la vertu dans toute son excellence, ainsi que tu la pratiquais toi-même ; qui fus à la fois bon citoyen, bon mari, bon père, bon ami, que n'as-tu connu cette nouvelle et véritable *Héloïse*, pour en peindre tout le mérite, plus dignement que moi, avec ta diction pleine de sentiment, de génie et d'élégance ! Mais n'aurais-tu pas ressenti trop de peine en apprenant qu'elle fut trahie par un parjure, et autant tu as justement louangé la généreuse chasteté de ton jeune et amoureux voyageur à Valorsine, assez forte pour respecter l'innocence à la discrétion de ses désirs illicites, autant l'atroce perfidie, essuyée par une fille, dont le naturel exquis n'appelait pas moins le respect que l'adoration, t'eût douloureusement affecté.

Que si, dans ces temps fortunés où l'on sait aimer et plaire, au défaut de ta charmante bergère des Alpes et pour l'allégement des maux qui m'attendaient un jour, l'amour, en me pressant d'allumer le flambeau de l'hyménée, m'eût accordé une compagne, dont l'âme, aussi forte que délicate, loin de songer à se flétrir en brisant les nœuds sacrés qui nous unissaient, au moment même où le malheur est venu fondre sur moi, se fût assez respectée pour s'attacher plus intimement que jamais à mon sort, afin de soutenir mon courage, en m'aidant à repousser les coups assénés des revers, quelle gloire pour elle et que de charmes j'eusse encore goûtés, quoique enseveli dans une mer de désolations;

car la nature m'avait vraiment organisé pour être heureux à peu de frais !

Point de passions dévorantes, à l'exception du noble désir de glaner quelques parcelles d'illustration, désir que je sortais de remplir, d'assouvir même jusqu'à satiété. Du reste, peu de faiblesses humaines, si ce n'est celles d'un cœur sensible, et dont la bienveillance, devenue philanthropique, écarta constamment tout levain corrosif d'envie, de haine et de vengeance, ce qui m'a permis d'apporter dans mes liaisons familières une urbanité douce, facile, indulgente, et parée de ce poli gracieux qu'imprime la lime de l'éducation et du monde, humeur qui, plus propre à faire des amis que des ennemis, devait, comme simple particulier, m'épargner bien des désagréments. Quant à ce qui m'est personnel et pour ce qui me plaît, nul goût désordonné, ni aucune fantaisie frivole et dispendieuse, sans être atteint pourtant de la soif ardente de l'argent auquel je n'ai jamais attaché d'autre prix que la tranquillité domestique, principalement basée sur l'exemption et l'absence des anxiétés du besoin. Aussi ma sage prévoyance, pour mieux les éloigner, a-t-elle toujours réglé ma dépense conformément à mes facultés, afin d'éviter la confusion de mendier des emprunts, l'inconvénient très grand des comptes ouverts et les assauts fatigants des dettes harcelantes. Courageux d'ailleurs dans la chute atterrante, autant que ferme dans les efforts d'une lutte impétueuse et opiniâtre, patient dans les maladies qui m'ont accablé, me résignant, avec constance et sans trop en pâtir, aux privations, toujours dures pour qui dès le berceau vécut dans une certaine aisance; ne demandant, en un mot, au ciel, quand je me suis trouvé réduit au comble de l'infortune, qu'un seul être sensible qui, prenant un intérêt affectueux à ma triste destinée, m'en eût fait oublier la rigueur, par la suave consolation de sa sincère et vive amitié.

Et si cet ange généreux, pour excédent de satisfaction enchanteresse, eût été celle que l'hymen m'avait dit être un autre moi-même, touché, attendri, pénétré de tendresse et de reconnaissance, en la voyant immoler son propre bien-être à l'amour conjugal, oublier tout, jusqu'à soi-même, hormis son époux malheureux, pour n'en être séparée, au mépris de tant de souffrances inévitables, que par le tombeau, mon cœur rempli, imprégné de toutes les sensations saturantes et balsamiques de l'attachement le plus brûlant, d'une gratitude sans bornes et d'une admiration ravissante, eût-il eu assez de place pour contenir les déboires de l'adversité? Mais non, et malgré que suivant les lois de la nature, plus inviolables sans doute que celles des hommes, commandant impérativement aux époux de partager jusqu'à la mort leurs plaisirs et leurs peines, il n'est pas jusqu'à l'être identifié avec moi par le nœud conjugal qui, me tournant le dos, m'ait refusé sa propre et si précieuse assistance, non pas toutefois sans que sa conscience lui eût reproché cette indignité, puisque à la faveur de l'éloignement qui m'entretenait dans l'ignorance, cette femme, qui n'était plus la mienne, a continué de m'écrire sous ce titre imposteur, tant que ma crédulité, s'en reposant sur sa bonne foi, lui a permis de la prolonger. O Romains! il n'était dû qu'à vos vertus antiques d'obtenir des épouses dignes de briller dans l'histoire! Porcie, Pauline, Arie et tant d'autres, vous fûtes des modèles achevés de tendresse, de courage et de dévouement, tandis que les dépravés modernes n'ont eu que des matrones d'Éphèse.

Mais à quoi sert, lorsque à la fin j'ai recouvré ma tranquillité, de la troubler par des souvenirs trop amers, par des vœux qui ne sont plus de saison.

Laissons les jeunes gens former d'heureux souhaits,
Les vieux jours n'ont pour eux que les tristes regrets.

D'ailleurs, quoique je n'aie qu'à en rougir, je dois l'avouer à ma honte, de quel droit pouvais-je prétendre à une délicatesse héroïque de la part de celle qui me fut unie, ayant moi-même un cœur avarié, dès l'âge le plus tendre? A la vérité j'ai pour excuse, que ce ne fut pas ma faute. Le mal vint de la stagnation funeste où les modernes laissent croupir leurs enfants et qui ne fournit que trop de temps à ceux-ci pour songer à eux-mêmes et s'en occuper.

Dans un siècle qui se targue du mérite d'avoir tout observé, analysé, perfectionné, comment se fait-il qu'on soit encore à s'apercevoir et à reconnaître combien il devient pernicieux d'astreindre, contre l'intention évidente de la nature, et d'appliquer la jeunesse, qu'elle n'a pas rendue sans dessein si turbulente, à une assiduité studieuse et sédentaire, d'une manière presque permanente. Qui ne voit pas, qu'à cette époque si scabreuse de l'existence, la fermentation dangereuse de la surabondance vitale avant sa totale et calmante expansion, doit être prudemment amortie par la fatigue corroborative de l'individu qui se développe, et par la lassitude que son absorption rend préservatrice? Car, par ce moyen, non seulement tous les vides de la journée sont remplis, mais, ce qui est plus salutaire encore, le repos nocturne est consumé tout entier par un prompt et profond sommeil, nécessaire à la réparation des forces en activité, et qu'appelle sans délai, surtout à cet âge, son besoin urgent, après un exercice vigoureux.

Ce n'est pas ainsi que furent élevés les Samnites, les Crétois, les Spartiates, qui nous montrent aujourd'hui des hommes qui nous étonnent, par la trempe mâle et merveilleuse de leur âme et de leur corps. Avec le mode d'éducation diamétralement différent qu'ont adopté les modernes, on dirait que l'espèce humaine a cessé d'être jetée dans le même moule. Et qu'attendre, en effet, d'êtres efféminés dès le berceau par l'inaction et sa mollesse, et qui, dans l'inanité de l'inertie, se stylant à l'envi les uns les autres, avant même qu'ils se sentent, s'énervent par les excès effrénés de l'onanisme et se corrompent prématurément par la dépravation de sa luxure !

Moi-même, n'ayant plus les prémices de la candeur et de ma personne à présenter sur les autels de l'amour et de l'hymen, quoique du reste j'eusse conservé au fond de mon âme autant d'honnêteté que de sensibilité, je ne méritais donc que la femme qui reçut ma main, et qui, pour apposer le dernier sceau à mes affronts, est déjà veuve d'un second mari, malgré que le premier respire toujours. Au surplus, si celle-là, oubliant son honneur et ses devoirs, a eu le cœur de m'abandonner entièrement, dans les douloureuses étreintes de la disgrâce, pourquoi m'en plaindrais-je, lorsqu'une autre, à qui j'étais étranger, et un étranger hideusement défiguré par les plus noires calomnies, n'écoutant néanmoins que sa commisération, s'est empressée de me prodiguer ses secours bienfaisants et m'a comblé d'autant de soins qu'un ingrat, un traître odieux, l'avait autrefois accablée de chagrins cuisants. Une autre remarque qui concourt à rendre encore plus méritoires son humanité et son zèle envers un homme qui devait pour le moins paraître indifférent à cette respectable Sœur grise, c'est qu'elle était animée d'une piété sincère et solide qui, sans l'éminence d'une bienveillante générosité, ne lui eût montré chez moi qu'une espèce de réprouvé, un prosélyte de Satan à fuir de très loin et même à abhorrer.

La perte de cette inestimable Supérieure, semblable à celle d'une mère de famille qui laisse à sa mort de pauvres orphelins à l'abandon, devint pareillement irréparable pour la maison qu'elle gouvernait ; car ses dignes compagnes s'éteignirent aussi peu à peu, après avoir rendu, depuis l'époque de leur établissement, des services signalés à cette colonie.

Quant à moi qui ai failli tant de fois devancer ou suivre de près au tombeau cette vertueuse Sœur grise, en lui survivant, j'ai dû, comme elle me l'avait annoncé, à une conduite irréprochable, de recueillir assez promptement la glorieuse satisfaction d'avoir désarmé jusqu'à l'ulcération enracinée de l'inimitié. Car non seulement le commissaire Jeannet ne tarda pas à se montrer honteux de s'être prêté à l'infamie que je viens de rapporter, mais ayant été relevé au bout de deux ans, dans le compte rendu à son successeur, il me compara à l'illustre Aristide, ce qui me valut de la part de ce remplaçant, pendant le court intervalle de sa résidence ici, les témoignages flatteurs d'une bienveillance particulière.

Au reste, qu'on n'aille pas présumer de la chaleur que le souvenir d'un trait si révoltant a répandue sur la narration que je viens d'en faire, que ces dernières étincelles exhalées d'une âme jadis trop ardente, aient été fermentées par le fiel, qu'un pareil raffinement de méchanceté pouvait, il est vrai, très naturellement laisser au fond de mon cœur. S'il s'y retrace aujourd'hui beaucoup trop de souvenirs qui m'ont imprégné d'amertumes, il en est aussi de bien flatteurs, de bien honorables qui y viennent prendre place et qui seront à jamais, pour l'innocence, devenue la victime de la fureur atroce des pervers, un encouragement à persister de marcher d'un pas ferme, au mépris d'une vie si précaire, dans le sentier de la vertu, quoique presque toujours hérissé d'épines et de précipices. Qu'importe, doit-elle dire avec Virgile, en les sondant d'un œil stoïque sans doute :

> ..... *incedo per ignes,*
> *Suppositos cineri doloso.*
> Je traverse des feux, qu'une cendre brûlante
> Cache, pour rendre encor leur chaleur plus ardente.

Sans doute, je n'ai sous les pieds qu'un sol douloureux et des volcans prêts à m'engloutir; mais aussi une palme glorieuse n'est-elle pas le but de la carrière? et qui sent tout le prix de la mériter peut-il trouver qu'elle lui coûtera trop cher? Non, je n'oublierai jamais les lauriers que j'ai cueillis dans l'événement sinistre où mes ennemis comptaient me couronner de cyprès. Cependant toutes les mesures étaient prises pour assurer, dans la journée funèbre du 12 germinal, la consommation d'un attentat, d'autant plus noir que ses perfides fauteurs espéraient en rejeter ensuite tout l'odieux sur les transports irascibles de la vindicte publique, sur ceux mêmes qui, affrontant une haie formidable de canons et de baïonnettes, firent avorter cette horrible machination; et c'est ici, mieux qu'ailleurs, l'exacte application de ces beaux vers de Racine :

Celui qui met un frein à la fureur des flots,
Sait aussi des méchants arrêter les complots.

Car, encore une fois, rien ne manquait pour rendre infaillible la réussite de cette catastrophe. Cinquante mille hommes sous les armes, des bouches à feu, mèches allumées, semées le long des quais devant servir de passage et braquées pareillement aux issues de la place où se préparait cette scène sanglante. Cette force armée, déjà si terrible, est en outre commandée, ce jour-là seulement, par le général le plus fameux d'alors (1), mais qui, poussé lui-même par un mouvement de vengeance, consent à suspendre le cours de victoires signalées pour venir honteusement servir dans Paris de chef de sbires, aux yeux de l'Europe. Que de précautions ! Que de prévoyance ! Et pourquoi le concours de tant de moyens réunis ? uniquement pour se défaire de trois individus.

Pourquoi ! O profondeur inconcevable de la

---

(1) Le général Pichegru.

scélératesse, portée à son comble! Elle voulait, en frappant inévitablement ses coups meurtriers, se soustraire à toute suspicion. La rage de ces pervers étant assouvie, on les eût vus jouer la surprise et s'écrier après le massacre : « Eh quoi! on les a égorgés, ces trois monstres! La colère légitime du peuple l'a emporté sur nos efforts! Car, certes, personne ne disconviendra qu'on avait fait l'impossible dans l'intention de les sauver! » Aussi quelle confusion, quel dépit, quand ils virent leur attente échouée et toutes leurs manœuvres superflues!

Enfin Barrère et moi avions déjà été traînés en grand appareil à l'endroit désigné pour l'exécution; Collot-d'Herbois, ayant, probablement par hasard, dans la matinée échappé momentanément, en traversant Paris, pour se rendre, sous la main de la loi, à la destination qu'elle lui prescrivait, sans avoir été arrêté, comme nous, par ces bandes de frénétiques qu'on appelait la belle jeunesse de Fréron. Les Catilina n'oublièrent jamais de se former des séides. A notre arrivée sur la place, dite, dans ce temps-là, de la Révolution, une centaine d'égorgeurs, couverts de haillons, percèrent la haie, sans obstacle, et s'étant emparés de la berline de Barrère et de la mienne, après avoir coupé les traits des chevaux de poste, qui disparurent soudain, se disputèrent entre eux, pour décider quel serait le genre de mort qu'on nous ferait subir. L'objet de cette étrange discussion était d'attendre le retour de Collot-d'Herbois, après lequel on avait couru.

Cependant les deux victimes, déjà placées sous le couteau, avaient si notoirement la conscience intacte de l'accusation intentée contre elles, que c'est parce qu'il avait fallu renoncer à nous mettre tous les trois en jugement devant les tribunaux, qu'on employait l'expédient plus commode d'un assassinat. Mais le ciel, trop juste pour ne pas être indigné de tant de noirceur, daigna veiller à la conservation de l'innocence, et pour déjouer les projets pleins d'horreur de la perversité, il fit accourir la multitude à notre délivrance, par les Champs-

Élysées; seule issue dont la longueur du circuit, pour l'atteindre, avait empêché qu'on présumât nécessaire d'en fermer pareillement l'entrée par une barrière d'artillerie foudroyante.

Aussitôt les massacreurs sont écartés par cette foule qui, pour nous arracher du théâtre qu'on allait ensanglanter, s'attelle simultanément en partie sur nos voitures, tandis que le surplus les entoure et nous reconduit en triomphe, le même général à sa tête, jusqu'au lieu des séances du Corps législatif. Ainsi furent remis sains et saufs, entre les mains de leurs véritables meurtriers, deux malheureux qui, un instant plus tard, n'eussent plus été que des cadavres mis en pièces par une poignée de brigands soudoyés, sous les yeux mêmes de tant de fantassins et de cavaliers, demeurés témoins passifs des faits précédents, quoique pourtant placés là, en apparence, pour maintenir l'exécution du décret qui ordonnait notre exil.

Voilà de ces chances qui illustrent trop ceux qu'elles favorisent, aux regards du moins de la postérité, dépouillée de passions, d'esprit de parti, de partialité et d'aversion, pour, lorsqu'on a de l'âme, n'avoir pas voulu les acheter au prix de mille existences, puisque de tels événements assurent l'immortalité. Aussi, quand je me rappelle cette crise, faisant une époque d'autant plus remarquable dans l'histoire de la Révolution française, que c'est elle qui en a changé la face, que sont les maux que j'ai soufferts depuis, en comparaison de l'honneur que j'ai recueilli ce jour-là, et qui d'ailleurs s'est accru, par un surcroît de tribulations, endurées avec une égale fermeté?

Si même, pendant qu'elles m'accablaient, j'eusse été susceptible de vengeance, sans que j'eusse pris la peine de l'exercer, n'eût-elle pas été accomplie de reste, en voyant ce même général tombé à son tour dans la disgrâce et relégué à mes côtés, au fond des déserts de la Guyane? J'ignore l'impression que ma présence a faite sur lui, au sein de cette nouvelle Sibérie de la zone torride; mais je le dis, parce que c'est la pure vérité, ayant tout lieu de croire que mon aspect ne pouvait que réveiller ses regrets et centupler par conséquent ses propres chagrins, je l'ai plaint sincèrement, en faisant cette réflexion, qui soulageait mes déboires : Ah! comment l'homme probe, en butte à la malveillance, ne serait-il pas sacrifié, du moment qu'elle n'épargne même point ses adhérents, dès que sa politique lui conseille de les perdre !

A tout considérer, cet attendrissement sur le sort d'un infortuné n'est pas si extraordinaire, malgré que je l'eusse vu antérieurement au rang de mes ennemis. Le vers le plus sublime de l'*Énéide* atteste que cette sensibilité est en effet très naturelle :

Non ignara mali miseris succurrere disco.
Le malheur sait apprendre à lui tendre la main ;
Et quiconque a souffert ne peut être inhumain.

Idée non moins sentimentale que profonde et qui semble plutôt être émanée de l'âme que du génie ! A coup sûr, l'immortel émule du divin Homère devait connaître parfaitement les ressorts les plus secrets qui nous font mouvoir. C'est donc cet illustre poète qui me fournit en même temps la réponse la plus victorieuse au reproche que la malignité n'a pas oublié de me faire, au sujet de mes liaisons fortuites avec l'abbé Brottier. Certes je ne fusse pas allé le chercher; mais s'étant présenté dans la pension où je prenais mes repas et où il venait honnêtement faire des visites à la personne qui tenait cette maison, à laquelle il avait été recommandé par la Supérieure de l'hôpital dont j'ai parlé, à son exemple, je n'ai aperçu dans cet homme qu'un malheureux, victime comme moi d'une opinion systématique, prise en sens contraire. Point de doute qu'en France, fidèle à mes devoirs, qui m'imposaient l'obligation de défendre de tout le pouvoir qui m'était confié, la sûreté du Gouvernement dont j'étais membre, j'eusse traité cet abbé Brottier en conspirateur. Brutus consul oublia même qu'il était père. C'est le cercle de Popilius, et qui en sort n'est qu'un lâche, un traître à la patrie. Il faut, il est vrai, des vertus romaines, pour s'élever à cette hauteur. Mais, séquestré dans la misérable bourgade de Sinnamary, qui n'a pu tenir à la politique que comme lieu de proscription, ce pauvre abbé n'avait que trop changé son ancien titre de factieux en celui d'infortuné, et quand du reste son esprit et ses connaissances le rendaient très aimable en société, je n'ai pas refusé de goûter le mérite littéraire de ce savant dans plus d'un genre, à qui je suis redevable d'avoir répandu sur nos entretiens, au milieu de l'affreuse solitude d'une espèce de désert, la seule diversion amusante qu'il m'était possible de m'y procurer. Enfin, au moment où il fut atteint de la maladie qui l'a mis célèrement au tombeau, m'étant abstenu à regret d'aller le voir, la nouvelle de sa mort m'affecta péniblement, et jusqu'à mon départ de ce triste canton, j'ai bien des fois regretté sa perte.

Ainsi la même circonstance est devenue pour moi une double source d'agrément et de souci, par rapport à l'abbé Brottier, comme à l'égard du général Pichegru; elle contribuait à la fois à fortifier ma patience et à rembrunir ma déplorable situation. D'où vient ce contraste? C'est que, dans nos impressions diverses, l'esprit est le principal ministre de notre âme. Qui a bien examiné, comme moi, dans le calme de la réflexion, d'où partent nos mouvements intérieurs, sait que l'âme a très souvent beaucoup moins de part que l'imagination à la manière dont nous sommes affectés. J'ai éprouvé par moi-même que, se rendant, pour ainsi dire, l'arbitre de nos sensations, c'est cette imagination seule qui nous montre à son gré les différentes situations de la vie, tantôt sous un horizon nébuleux, tantôt sous un jour riant. Tout dépend de la façon dont elle est frappée, et loin que le cœur y entre d'abord pour quelque chose, c'est elle au contraire qui, lui transmettant ses propres émotions, s'en empare et le domine ensuite à sa fantaisie.

Or, comme elle consiste toute en pensées, pour elle l'illusion ne s'interpose que mieux devant la réalité. C'est ainsi qu'abusant du jeu mensonger de l'anamorphose, la préoccupation de l'esprit prête de loin à nos regards fascinés des apparences séduisantes à des objets vraiment hideux. De là tant de projets insensés où nous plaçons notre bien-être; tandis que leur poursuite est déjà une source funeste de sollicitudes, et que leur accomplissement même devient le plus souvent le comble de nos maux. Témoin les écarts de l'amour-propre, père unique de l'orgueil et de l'ambition, — les plus grands fléaux de l'espèce humaine, — et qu'on confond pour l'ordinaire avec des sentiments élevés qui ont leur siège dans l'âme; quoique pourtant cet amour-propre ne se niche que dans la tête, dont il n'est certainement pas le levier le moins actif. Aussi se trouve-t-il froissé; c'est l'imagination mortifiée qui se courrouce aussitôt, en ressentant vivement la douleur; et pour être secondée, elle nous persuade que c'est le cœur qui est grièvement blessé, malgré que celui-ci n'ait été que très légèrement effleuré par le contre-coup. L'amour lui-même, et particulièrement sa jalousie, ne sont pas exempts de cette erreur.

Tel est le chemin qui m'a conduit dans l'affreux dédale où j'ai rencontré tant de minotaures. Car ma tête, devenue un peu romanesque, autant par l'activité de son organisation, que par la lecture des romans, qui avaient puissamment concouru à développer sa conception, à l'aide des vives émotions d'une sensibilité excessive, n'avait acquis sur mon être que plus de prépondérance. Dans des temps ordinaires, ses effets n'eussent sans doute eu pour moi aucun résultat fâcheux. Né réfléchi, et d'un caractère tranquille; exerçant une profession qui satisfaisait pleinement mes goûts et mes désirs, celle d'avocat au Parlement; cher à mes respectables parents, à qui j'avais voué la plus vive tendresse; aimé sincèrement de mes amis, que je chérissais moi-même de bon cœur et de bonne foi; estimé de mes concitoyens, à qui je ne pouvais que rendre d'importants services par mes travaux et mes conseils; personne peut-être n'eût obtenu une félicité comparable à la mienne. Mon malheur est venu d'avoir reçu le jour dans un siècle que les destinées des empires, plus fatales que propices à la

France, avaient arrêté devoir être surchargé d'orages et de désastres.

Ainsi, à l'ouverture de la Révolution, qui fut artistement précédée d'une très vive fermentation, que sa longue durée ne rendit que plus incendiaire, moi-même domicilié dans son funeste berceau, et déjà naturellement animé par l'émulation précoce de me distinguer au barreau, de manière à me faire honneur; ayant en outre la tête encore fraîchement imbue des sentiments et des principes burinés dans les fastes de l'antiquité, et trop conformes à la dignité morale que je sentais fortement en moi, pour qu'ils ne se fussent pas profondément gravés au fond de mon cœur, je ne me trouvai que trop bien préparé à devenir accessible à l'impulsion volcanique. Ah! comment tout mon être n'eût-il pas été enflammé, transporté, entraîné même par la commotion générale, avec une âme de feu, et lorsque j'étais précisément dans toute la vigueur impétueuse de l'âge!

En vain une secrète et assez longue résistance essaya-t-elle avec sagesse de me retenir prudemment dans les bornes paisibles des avis salutaires de la froide raison ; si violemment pressé par deux véhéments aiguillons, l'un en moi, l'autre au dehors, qui me stimulaient à la fois avec une égale ardeur ; il fallut céder et prendre l'essor qui m'éleva bientôt jusqu'à l'enthousiasme du dévouement, en songeant que jamais plus belle cause à défendre ne pouvait se présenter, celle des droits de l'humanité, envahis et foulés aux pieds de l'orgueilleuse oppression, qui n'avait d'autres titres que les préjugés, les abus et la force. Dès lors, lancé, emporté au centre igné de ce tourbillon combustif d'ambition, de rapacité, de machiavélisme, de scélératesse, se croisant en tous sens, de toutes les intrigues, les excès, les attentats qui les signalent, l'indignation profonde qu'excite chez l'être probe ce monstrueux assemblage d'abominations, venant encore décupler l'effervescence de mon âme, déjà embrasée par le zèle brûlant de ma détermination qui me rendit supérieur à moi-même, en triomphant de la timidité paralysante dont la nature m'avait frappé; mon courage et mon énergie suivirent la progression des dangers. Placé d'ailleurs en première ligne, par la confiance publique, je ne dus plus entendre que la voix gémissante de la Patrie, à deux doigts de sa ruine, au moment désespéré où je fus un des neuf Représentants du Peuple chargés par le Corps législatif de prendre les rênes en lambeaux de l'État expirant, et le ciel m'est témoin si j'y fus sourd une seule minute. Non certes, et trop jaloux de paraître digne du poste qu'on m'avait assigné au conseil, aux armées, aux séances de la Convention, j'ose croire m'être montré comme un homme qui n'aspirait, si ses efforts devaient lui coûter la vie, qu'à mourir au lit d'honneur.

On me vit donc toujours dans les actions les plus chaudes, combattant avec intrépidité; au repos, et concentré jour et nuit dans les immenses opérations du Comité de Salut public, durant les intervalles de calme, dus à l'extinction de l'anarchie par l'attitude imposante qu'avait prise ce Gouvernement, ainsi qu'au retour de la prospérité ramenée par l'assiduité infatigable de la majorité de ses membres; mais lors des irruptions éclatantes, m'élançant soudain au milieu de la mêlée, et n'abandonnant le champ de bataille qu'après la victoire, qui eût vraisemblablement été constante à ce Gouvernement, ainsi qu'elle était déjà en permanence dans les quinze armées de cent mille hommes chacune qu'il avait mises sur pied, si la dernière des explosions, en partant de son centre, n'eût pas déterminé sa propre éversion par l'ébranlement de ses bases, que la chute d'un énorme colosse populaire, en se précipitant sur elles, ne pouvait que renverser. Enfin, quoiqu'à mesure que j'avançais de front, avec cinq de mes collègues, à l'encontre des factions renaissantes, et des trois dissidents qui formaient la tête la plus terrible de cette hydre révolutionnaire, je ne marchasse plus que sur un volcan, dont les secousses souterraines, si fréquentes sous mes pas, m'avertissaient d'avance de quelque irruption nouvelle, pendant que les poignards étincelaient autour de moi, et que la foudre grondait sur ma tête, plus exposé que Damoclès, le sacrifice de mon existence me semblait n'être rien. D'après cela, il n'y a pas lieu de s'étonner, du moment que je ne regardais les choses qu'à travers un prisme brillant, qu'au dénouement de la catastrophe, et tandis que la mort s'apprêtait plus violemment que jamais à couronner glorieusement le terme de ma tâche, j'aie vu, avec ce contentement qui poussa le généreux et héroïque Curtius dans l'abîme, l'inexorable trépas brandir dans ses mains, guidées par une fureur frénétique, sa faux redoutable pour m'exterminer.

Voilà par quel moyen l'imagination, cette artificieuse magicienne nous séduit tellement qu'elle nous fait presque toujours courir après des chimères. Ainsi, conduit comme les autres dans ce pays qui n'est guère habité que par des prestiges, si son ascendant m'a pareillement leurré par un fantôme d'illustration, du moins a-t-elle su singulièrement l'embellir. Il serait difficile de se trouver dans des positions plus terribles que celles par lesquelles j'ai passé, particulièrement dans les journées des 8 et 9 thermidor.

Vainement cette lutte téméraire d'un pygmée contre un géant me pronostiquait-elle, suivant toutes les probabilités, que mes efforts ne tendraient qu'à me faire succomber; Robespierre lui-même en était encore plus convaincu que moi; autrement lui qui, un mois auparavant, avait aposté deux assassins, chargés de le débarrasser de Collot-d'Herbois et de moi-même, nous ayant tenus tous les deux à sa discrétion dans la séance si orageuse, tenue aux Jacobins, pendant la nuit intermédiaire de ces deux jours, nous en eût-il laissés sortir existants et sans atteintes, au milieu des transports, des cris, des menaces d'une agitation convulsive! Mais cette crise violente, ayant commencé publiquement dès le matin, dans le sein même du Corps législatif, où nous avions déjà vigoureusement essayé nos forces ensemble, qui a connu la vanité despotique de cet homme, sait qu'il fut indubitablement non moins humilié, qu'outré du dessous qu'il avait eu dans ce prélude au combat. Toutefois, bientôt rassuré par le triomphe nocturne qu'il remportait aux Jacobins, il ne dut que mieux préférer y mettre le complément par l'éclat de nous abattre sous la hache des lois, en exerçant le lendemain sa vengeance, avec des armes plus loyales, et d'ailleurs plus formidables par la réunion concertée à loisir de tous les leviers, que lui fournissaient et sa puissance dictatoriale et sa suprématie d'opinion, encore plus foudroyante.

Pour nous, qui n'avions que la justice de notre cause, fondée sur la pureté de nos cœurs, et la vérité à mettre en évidence, en déchirant avec énergie le voile que la politique jette sur les opérations du Gouvernement et qui cachait, aux regards fascinés du public, les vues perfides du moderne Pisistrate, Collot-d'Herbois et moi, satisfaits de recueillir au moins l'honneur de balancer le succès, et prenant pour modèles Harmodius et Aristogiton, nous n'aperçûmes dans notre défaite, presque assurée, que le noble dévouement et la gloire de mourir à notre poste, en défendant avec courage le salut de tous aux abois. Le sort le décida différemment ; Robespierre eut celui d'Hipparque et la couronne de Thrasybule nous fut décernée, pour la voir mettre en pièces un instant après. Car, par suite de cette commotion subversive qui nous enveloppa incontinent, comme complices du tyran que nous venions de culbuter, survint le 12 germinal, dont j'ai rendu compte, puis cette nouvelle entreprise sur mes jours, ayant derechef échoué, je fus, le 15 juillet suivant, exposé avec Collot-d'Herbois, dans la ville d'Orléans, à une pareille scène, scène dont l'horreur est d'autant plus propre à bouleverser, qu'on y est traîné, étant soi-même plein de sang-froid. Cependant la tête exaltée par les sentiments et les principes que je soutenais au péril de ma vie, depuis mon entrée dans la carrière, et de plus en plus électrisé par l'effervescence de tant de crises successives, l'enthousiasme du martyre me conserva au milieu de ces deux derniers événements la tranquille sécurité d'un simple spectateur des apprêts tragiques d'une fureur livrée à tous les transports forcenés d'une de ses plus violentes convulsions.

Enfin, dans la série ultérieure des tourments que j'ai subis, c'est encore l'imagination qui, après avoir été en grande partie la cause des maux que j'endurais, m'a présenté son remède ordinaire, c'est-à-dire : l'espoir, inséparable de l'innocence immolée pour avoir tenu immuablement à ses devoirs, et qui lui promet dans l'avenir une justification éclatante, en égale proportion des revers qui l'auront accablée : cette espérance qui charme constamment les âmes bien nées, et sans laquelle la haine et les persécutions des pervers les réduiraient à ne pouvoir seulement pas compter sur la justice du ciel; mais qui loin d'abandonner Socrate, en buvant la ciguë, lui certifia que le souvenir de ses vertus et de son nom serait immortel, comme la récompense qui attendait son âme.

Aussi, lors même que l'espérance est une vague et pure chimère, n'est-elle pas moins un des bienfaits les plus précieux de la nature; et c'est pourquoi elle naît avec l'homme, afin de lui inspirer l'émulation qui provoque l'emploi utile de ses facultés, et pour le soutenir sous le poids des revers, étant principalement destinée à lui tenir lieu de tout, quand il a tout perdu, quand tout lui manque. Mal à propos a-t-on placé la boîte de Pandore dans la Fable ; je la découvre très distinctement cachée au fond du cœur humain ; car à mesure que les passions malfaisantes s'en évaporent, et couvrent le monde d'infortunés, l'espérance, qui n'abandonne jamais ces êtres trop à plaindre qu'avec la vie ne devient-elle pas la dernière, l'unique ressource qui leur reste, en leur montrant, du moins en perspective, quelques légères lueurs de dédommagement? Plus fidèle et plus sûre que le mot amitié, trop prostitué pour être vrai, il n'est point de plus ferme appui dans le malheur, et c'est elle seule qui empêche qu'on ne succombe sous ses coups atterrants. Sa propice assistance offre encore un plus grand avantage, puisqu'à la longue le baume suave et radicalement spécifique, que cette salutaire espérance se plaît à verser sur les blessures les plus invétérées, les cicatrise et les guérit. Quant à moi, que d'obligations ne lui ai-je pas, lorsqu'elle a su rendre supportable pour une victime de la liberté, jusqu'au cachot où j'ai langui près de neuf mois, indépendamment de quatre années de détention arbitraire, et de toutes les vexations, les rebuts, les outrages, les angoisses du dénuement, qui n'ont guère cessé de me harceler au sein d'un contrée où, avec le titre de proscrit, on m'a jeté presque nu.

Néanmoins, malgré toute l'efficacité du secours que m'a prêté cette flatteuse espérance, eût-elle suffi pour me donner la force de m'abreuver de tant de déboires, sans en être suffoqué? non, et je dois aussi rendre grâce à la trempe assez mâle de mon caractère qui, secondé par la philosophie que j'ai due à un esprit réfléchi et à la raison qui en dérive, m'a muni d'un stoïcisme inébranlable, où j'ai puisé la constance nécessaire pour traîner, sans en être abattu, une chaîne si étendue de souffrances. Je rends grâce surtout à la nature qui a écarté de mon âme ces passions dévorantes qui assiègent, qui supplicient la plupart des hommes jusqu'au sein de la prospérité; au lieu que, dans leur heureuse absence, j'ai toujours aimé une vie retirée et tranquille, entièrement consacrée à l'étude, qui n'a pas peu contribué à m'apporter une diversion soulageante, en m'empêchant d'être trop préoccupé de mes douleurs. Je rends encore plus de grâce à cette organisation morale qui, préservant ma conscience de souillures, m'a constamment ouvert, dans mes jours les plus obscurcis par les chagrins, un refuge dont la sérénité dissipait bientôt tous les nuages. Oui, quelque infortunée que paraisse la vertu, le calme intérieur et inaltérable dont elle jouit, au mépris des traits les plus aigus de l'adversité, la rend toujours beaucoup moins tourmentée que celui qui, entaché de crime, a l'air de nager dans les délices de la félicité, pendant que poursuivi par les remords rongeurs, il en est torturé jour et nuit.

Il m'est trop cher ce repos si bienfaisant de l'âme, pour que j'aie songé à le troubler par le plus faible accès de ressentiment. Un feu plus pur, plus beau, m'animait, quand il est encore sorti quelques étincelles de ma plume, en décrivant une des particularités de ma vie la plus propre à me faire mériter la rétribution acquise par de si longues et si cruelles persécutions. Et présentement que l'affaissement des passions, dont j'ai été le point de mire, a succédé, dans leur épuisement, à leur fougue intempestive, elles me font plus que jamais pitié ; mais c'est plutôt une pitié de compassion que de mépris, car couvrir son espèce de honte, n'est-ce pas ravaler son propre individu? Les frénétiques sont certainement plus à plaindre que faits pour inspirer le dédain, ou pour allumer la haine.

Pauvre humanité! le ciel ne t'a départi que quelques jours à passer comme une ombre sur la terre ; encore sont-ils semés d'infirmités, de travaux, d'inquiétudes, de misères, et néanmoins, à l'acharnement que tu montres à l'envi pour décupler tes désastres, et pour abréger ton existence, ne dirait-on pas que tu la trouves, et beaucoup trop heureuse, et beaucoup trop longue? Souvent au sein de cette paix inestimable que j'ai enfin recouvrée, à la faveur de la solitude isolée à laquelle tu m'as si durement condamné, ma philanthropie supérieure sans doute à ton animosité, me fait jeter mes yeux affligés vers le chaos de prétentions, d'envie, de spéculation, d'intérêts, d'intrigues, de guerres, d'égorgement où la multitude aveugle des hommes s'agite, se supplicie, se dévore, s'extermine; et en gémissant des horribles fléaux qu'ils entassent sur eux, pour se perdre et se détruire avec plus de célérité, je me dis : Mais moi, si étranger à leurs passions, comment, après avoir consommé ma ruine, m'ont-ils encore poursuivi avec tant de ténacité? Pourquoi au bout de seize ans de silence et d'oubli de ma part, leur prévention même n'est-elle pas tout à fait éteinte, puisque j'entrevois leurs regards haineux s'enflammer derechef à ma simple vue?

Eh quoi! tant de plaies profondes, dont mon âme fut percée, n'ont pas suffi pour rassasier leur vengeance ! Cependant dans ces temps sinistres où la désolation et le désespoir déchiraient en tous sens cette âme, siège de l'innocence, combien de fois l'excès de leurs souffrances n'en a-t-il pas fait jaillir cette touchante exclamation, semblablement arrachée par les transports féroces d'une rage altérée de sang :

Tristis anima mea usque ad mortem.
Mon être est tout entier criblé par la douleur !
L'agonie et la mort sont au fond de mon cœur !

Il n'est donc que trop vrai ; c'est précisément la pureté d'intention, c'est surtout le zèle à servir les hommes, qui excitent le plus leur courroux. Ils se complaisent réellement dans les maux qu'ils se font à eux-mêmes, et les préfèrent à l'empressement indiscret du doigt régénérateur qui leur cause une souffrance passagère, en se posant, pour les guérir, sur leur moralité gangrenée. Aussi cherchez parmi eux un seul être de qui sache approcher une véritable satisfaction. Celui même que le vulgaire contemple avec envie, au faîte des grandeurs,

environné de tout l'éclat de l'opulence, où il
paraît savourer à souhait tous les charmes de
la prospérité, ne trouve au fond des obscures
anfractuosités de son âme soucieuse, qu'anxiétés
et chagrins, et n'exhale, soit avec lui-même,
soit dans la confidence, que des soupirs et des
plaintes. Cependant chacun le courtise, chacun
l'encense, chacun paraît s'empresser de concourir à son contentement. Tout semble d'accord pour combler ses désirs; mais non! La
jalousie, la malignité, la perfidie, le simple
soupçon d'en être l'objet, le cernent et l'ob-
sèdent à l'extérieur, pendant que ses passions
le désolent intérieurement; il se consume même
péniblement dans le vide assommant de sa
mollesse oiseuse, et de l'inanité de son existence tissue d'ennuis. Le bonheur, tel qu'un
faux clinquant, brille au sein de son luxe. La
présence harcelante du malheur gît dans les
blessures cachées de son cœur. Ainsi au milieu
d'une révolution qui n'a enfanté que des tempêtes, l'homme honnête et dévoué qui s'est mis
en butte, par son intégrité et sa fermeté, à

toutes les noirceurs des pervers, à tous les coups de leur fureur, pouvait-il manquer d'en être écrasé? Pouvait-il espérer autre chose que la gloire d'être inscrit sur l'immortel martyrologe des illustres victimes de leurs éclatantes vertus; et cette récompense n'est-elle pas sans prix, à qui a l'âme assez élevée pour avoir eu la noble envie de l'obtenir, et l'héroïque courage qui rend capable des efforts à faire pour s'en montrer digne? Par conséquent les vestiges de leurs stigmates honorables, que ces insensés, vautours les uns des autres, ont si bien pris à tâche d'incruster dans ma mémoire, me causent sûrement plus de satisfaction que de peine.

> Des maux qu'on a soufferts le souvenir est doux.
> Même à les raconter le plaisir est extrême;
> Fier d'avoir résisté sous de si rudes coups,
> En faire le récit, c'est s'applaudir soi-même.

Virgile, ce me semble, l'a dit avant moi :

Meminisse juvabit.

Mais ce que ce premier des poètes, après Homère, n'a donné qu'à entendre, en mettant *juvabit* au futur, il faut que je l'ajoute, parce que cette explication m'est inspirée par un sentiment aussi doux qu'impérieux sur mon âme, celui de la reconnaissance qui n'a jamais su que l'épanouir. Sans doute l'oubli des revers qu'on a traversés est prompt chez tous les hommes qui, ne songeant qu'à l'avenir incertain, s'occupent même à peine du présent seul, dont ils aient la possession fugitive. Cependant, reviennent-ils sur le passé ; l'idée de leurs anciens malheurs produit en eux une impression beaucoup plus satisfaisante, quand, à des scènes hideuses a succédé un spectacle riant, et que rendent encore plus enchanteur les philanthropiques étreintes de la sensibilité. Voyez le voyageur, échappé aux périls qui l'ont assailli sur sa route ; quelque vive que soit la joie qu'il en ressent, son contentement ne centuple-t-il pas, si pour comble de bonheur, il se retrouve au milieu des personnes bienveillantes qui, touchées de ses désastreuses aventures, s'empressent de l'en dédommager par les témoignages, toujours si précieux, d'un sincère attachement?

Ainsi je fus moi-même un triste objet de réprobation et de haine : luttant seul, dans l'abandon, contre l'opiniâtreté du malheur, sans qu'aucun être pitoyable daignât m'offrir le soulagement d'une main guidée par une cordiale générosité. A plus forte raison, vainement eussé-je invoqué les émotions expansives d'une tendre amitié, qui fit le principal charme de mes plus beaux jours, de cette amitié, telle que je la conçois, et que je la sens; de cette amitié qui renferme le sentiment le plus propre à ramener réellement la félicité parmi les hommes. Eh bien! c'est au moment où j'y avais renoncé que le ciel compatissant m'a enfin envoyé cet ami (1), si rare et si désiré que je n'osais plus lui demander que par de profonds et inarticulés soupirs.

A ce don si cher à mon cœur, sa justice bien-

---

(1) *Siégert*, jeune commerçant suisse.

faisante en a joint un autre qui mit le comble à son allégresse, car l'événement qui a complété la bizarrerie de ma destinée, en faisant passer la colonie, que l'anathème qui m'a proscrit m'avait assignée pour tombeau, sous la domination d'une puissance étrangère, est inopinément venu apporter dans ma situation le changement le plus inespéré, à coup sûr; après n'avoir profité de la liberté, lorsqu'elle me fut rendue, que pour me tenir strictement à l'ombre de l'obscurité et de l'oubli, où plonge une solitude écartée, et me croyant désormais inconnu dans le monde, j'étais loin de présumer que la considération et l'estime, éliminées de moi, avec tant d'obstination, par la calomnie, la prévention et l'animosité, reparaîtraient, en dépit de leurs rebuts et de l'abjection dont leur acharnement m'avait sali, jusqu'au fond de ma sombre chaumière, pour en former l'ornement et le plus beau et le plus flatteur.

Puis-je me le persuader ? c'est aux Chefs si respectables qui gouvernent aujourd'hui

Cayenne, à qui j'ai dû, dès leur arrivée dans cette colonie, malgré l'isolement où je vis, cette tardive réhabilitation. Ce sont des personnages de la plus haute distinction, qui, nés dans une autre patrie que la mienne, devaient plutôt ignorer ma déplorable destinée que s'en inquiéter, et qui pourtant, en promenant leurs regards attentifs et paternels sur tous les points du territoire confié à leur bienfaisante vigilance, ont pénétré jusque dans le coin de terre à la culture duquel je consacre tous mes soins. C'est dire, ou plutôt prouver, que leur générosité n'est balancée que par leurs lumières, qui les placent si fort au-dessus des passions et de leur partialité. Sans cela, ces inappréciables chefs eussent-ils eu l'âme assez grande et la sagacité suffisante pour reconnaître l'innocence si machiavéliquement immolée, et pour se plaire à lui rendre justice? Ils ne s'en sont même pas tenus à me traiter avec cette gracieuse urbanité, dont le Français se prétend exclusivement en possession; et leur philanthropie, peu commune chez les hommes qui commandent, n'oublie rien, pour effacer de ma mémoire toute pensée soucieuse, en extirpant de mon âme endolorie jusqu'aux dernières traces de plaies trop profondes pour qu'elles fussent totalement fermées.

Voltaire, homme privé, et fuyant l'oppression, attira à Ferney, les yeux de l'Europe entière ; mais ce génie universel, outre la célébrité des productions recherchées qui en émanaient journellement, se faisait aussi remarquer par une opulence dont le relief éblouissant, et si extraordinaire chez un littérateur philosophe, ne contribuait que mieux à fixer l'attention du public. Cherchons donc un parallèle plus analogue à ma moralité, ainsi qu'à ma position ; et, malgré l'énorme distance d'un genre différent, je vois un malheureux qui, quoique sans fortune, et uniquement condamné à perdre la vie, n'expira pourtant pas dans les angoisses de l'abandon, car Socrate eut pour consolateurs, à son dernier moment, les illustres disciples qu'il avait formés, et qui ne pouvaient pas manquer de devenir les plus tendres amis d'un maître, le plus vertueux des hommes, au jugement de l'oracle, comme il en sera toujours le modèle le plus sublime. Mais moi, si inférieur à tous égards au plus admirable des mortels, que de grâces n'ai-je pas à rendre au ciel, quand je dois à mes revers eux-mêmes l'honorable avantage d'inspirer de l'intérêt à des membres d'une nation étrangère, aussi distingués par l'éminence de leur mérite que par l'élévation de leur rang? Et eussé-je encore eu une masse de maux plus accablante à dévorer, que leur estime m'en procurerait une bien ample compensation par la récompense la plus glorieuse. Si dans des temps plus prospères, j'obtins des jours plus brillants, du moins ceux qui se lèvent actuellement pour moi ont-ils une sérénité sentimentale qui a toujours suffi pour imprégner mon être de délices.

Que de gratitude ne vous dois-je pas aussi, digne Supérieure de l'hôpital de Cayenne! puisque, sans vos soins généreux et bienfaisants qui m'ont secouru si à propos dans la première maladie qui m'avait déjà conduit à deux pas du tombeau, j'expirais sous la flétrissure de l'opprobre, horriblement déchiré par la douleur et le désespoir. Depuis même, combien d'autres maladies violentes n'eussent-elles pas achevé de m'arracher cette fatale existence, devenue d'autant plus frêle, qu'elle était fortement minée par la corrosive adversité, si ce n'eût été la bienveillance secourable d'une autre créature (1) qui, n'ayant qu'une âme sensible et honnête, pour la dédommager de l'abaissement de sa condition aux yeux de qui sait apprécier les bonnes qualités, n'importe dans quelle classe il les découvre, se consacra entièrement au soulagement de mon sort misérable. Son empressement à partager ma détresse a soutenu mon courage, souvent prêt à m'abandonner. Car, de même que les grands revers, dans les crises politiques, en enflammant l'imagination, électrisent l'âme et lui donnent du ressort, de même les peines ob-

(1) *Virginie*, négresse.

scures et domestiques, qui découlent ordinairement de sources futiles et viles, en comprimant le moral, deviennent un poison sourd qui l'énerve et qui le tue. Tombais-je dans l'abattement, son attentive affection me rappelait à moi-même, en me disant : « Comment, Monsieur, c'est vous qui avez affronté tant de dangers, et qui paraissez succomber sous les atteintes de ces vermines ! » Pendant qu'une langueur morbifique m'a rendu incapable de pourvoir à mes besoins, son infatigable activité a suppléé mon insuffisance, et maintenant qu'elle s'est chargée des soins du ménage, son expérience agricole et son exacte surveillance n'en allègent pas moins encore mes travaux agraires. Pour tout dire, depuis près de quinze ans, cet excellent sujet ne cesse pas de me prodiguer, avec autant d'assiduité que de fidélité, tous les services qu'on peut attendre du plus vif, comme du plus sincère attachement. En sorte que le sexe qui fit le tourment de ma jeunesse, après avoir calmé si puissamment les maux qui ont harcelé les années de ma maturité, tempère encore efficacement les infirmités qui arrivent avec le déclin de l'âge.

Ainsi Jean-Jacques coula ses jours, sinon les plus beaux, du moins les plus sereins, dans les bosquets d'Ermenonville, et le dernier service qui lui fut rendu, en expirant, dut lui paraître plus doux, puisqu'il le reçut de la main empressée de la compagne inséparable de ses infortunes, ainsi que de l'été et de l'hiver de ses ans. Celle qui me rend le même office ajoute une singularité à ma destinée, qui ne semblera peut-être pas tout à fait indifférente, car elle atteste que l'auteur d'*Émile* avait parfaitement raison de préparer son élève à toutes les chances de la vie, dans l'incertitude du sort qui l'attendait. Qui m'eût dit qu'un jour cette plume, qu'on m'avait exclusivement appris à manier, serait remplacée par une bêche, une toise, un ciseau, ou tout autre outil, selon l'utilité de leur emploi! Qui pouvait me prédire que ces livres, qu'on m'avait seuls présentés à lire et à méditer, seraient presque totalement troqués, par une suite de mes revers, contre le grand livre de la nature, à la vérité bien autrement sublime que les chefs-d'œuvre du génie, qui n'en sont guère que de faibles copies? Où est celui qui eût jamais deviné que trop inepte dans une science, que l'existence de mille savants pourrait à peine ébaucher, et né, avec une âme trop élevée, pour devoir les ressources de ma subsistance à tout autre moyen qu'à mes propres labeurs, je serais traîné par la violence dans une contrée où je n'apercevrais plus d'autres occupations dignes de mes sentiments que la tâche imposée à l'homme par la nature elle-même, qui lui a prescrit, avant tout, d'arroser la terre des sueurs de son front, afin de féconder sa fertilité? Quel augure eût su assez profondément pénétrer dans l'avenir, pour m'annoncer, que mettant mon plaisir autant que mon devoir à me livrer à un genre d'étude pour lequel j'étais si neuf, les documents élémentaires de l'agriculture coloniale, absolument différente de celle d'Europe, me seraient administrés par une originaire d'Afrique? car la vertueuse créole, dont la conduite à mon égard ne se dément en rien, est de cette race d'hommes employée par les colons modernes aux travaux aratoires, et dont la couleur tranchante sur le blanc Européen démontre l'absurdité de l'opinion d'une souche commune, évidemment marquée au coin de l'ignorance, qui n'égare que mieux une imagination vaste et brillante, dans le cercle étroit et ténébreux du défaut d'instruction.

Aussi par qui fut-elle adoptée et mise en vogue, cette assertion qui ne peut convenir qu'à la crédulité du vulgaire? Par l'apédeute hébreu, tel qu'il l'était dans les déserts de l'Arabie. Mais sans l'ascendant invincible d'un préjugé religieux déjà enraciné, Salomon, dont le génie était bien plus sensément éclairé par l'étendue de ses connaissances, qu'immédiatement inspiré par le Saint-Esprit, n'eut-il pas le premier reconnu la grossièreté de cette erreur, dès qu'il vit l'éthiopienne reine de Saba venir à Jérusalem et lui dire galamment :

Nigra sum, sed pulchra.
Je suis noire, il est vrai ; mais faite aussi pour plaire,
A l'œil accoutumé je deviens bientôt chère.

Qu'ils étaient ignorants eux-mêmes, ceux qui, en me reléguant dans cette région, l'ont crue un séjour affreux, uniquement couvert de marais pestilentiels et habité par des tigres et des serpents! Quoi de plus majestueux, au contraire, que le spectacle étonnant que la nature, aussi prodigue que magnifique, étale en ces lieux! L'ordre du ciel et des saisons, les hommes, les animaux, les plantes, rien ici ne ressemble à ce que l'on voit en Europe. Cette marche du soleil, alternativement six mois à droite, six mois à gauche, cette chaleur perpétuelle et tempérée néanmoins tous les jours par des vents alizés, dont les rayons ardents du flambeau qui nous éclaire n'altèrent point la fraîcheur ; ces hommes de tant de couleurs, dans la gradation du blanc de lait à une teinte cuivrée et de cette nuance rougeâtre au noir d'ébène ; ces animaux de tant d'espèces diverses et de formes dissemblables ; cette végétation continuelle et dont la vigueur égale la rapidité ; de là ces forêts sourcilleuses, aussi vieilles que le monde et dont les arbres éternellement parés d'un feuillage à la fois pompeux et varié d'une grosseur colossale et d'une hauteur qui se perd dans les nues ; tandis que le bois précieux de la plupart est d'une dureté qui résiste au fer, embellie comme avec le pinceau, par les plus vives couleurs et susceptible d'un poli qui le dispute au marbre ; ces prairies sans cesse verdoyantes, dont l'immense étendue est agréablement entrecoupée par des étangs et des ruisseaux et parsemée de montagnes et de bois touffus qui laissent dans leurs interstices des échappées à perte de vue, ces belles rivières qu'on rencontre presque à chaque pas, souvent hérissées de cataractes, et qui semblent de six heures en six heures remonter à leur source, le flux et le reflux y prolongeant son action jusqu'à trente et quarante lieues ; cette mer dont le rivage en Europe est si nu, si sec, si aride, et qu'ici de superbes mangliers de haute futaie, dont les racines partant jusque de la cime, poussent des jets de la structure la plus singulière, en tapissant les bords d'un rideau enluminé d'un vert étincelant et qu'on dirait taillé au ciseau ! Quel ensemble d'objets curieux et intéressants pour l'œil exercé de l'observateur! Quel fond inépuisable de méditations neuves pour le philosophe! Quel tableau merveilleux pour quiconque a seulement assez d'âme et de tact pour en devenir le juste appréciateur!

C'est sur une terre où tout ce qu'elle produit, jusqu'au plus petit insecte, est un sujet d'admiration pour l'homme éclairé et de lucre pour l'industrie, et qu'on considère pourtant comme de nulle valeur, que j'ai découvert un poste salutaire, malgré que la malveillance m'y eût envoyé pour achever de me briser contre de nouveaux écueils, dans la ferme croyance que ce territoire en était jonché. C'est dans un de ces sites les plus riants et qui n'était que plus propre à former un *Hermitage* très joli, qu'ayant acquis un terrain vierge, j'ai entrepris d'y construire, selon mes idées et mon goût, un diminutif d'Ermenonville. On conçoit que ce domaine défriché, tracé, planté, exploité et bâti par son possesseur, qui n'est rien moins qu'un Briarée, n'a ni lacs, ni îles, ni rivières, ni torrents, ni précipices, ni grottes, ni ruines factices, et encore moins un château, des statues, des vases d'airain, des tapis de pelouse anglaise, des corbeilles de fleurs renouvelées chaque jour. Mais quoiqu'il m'ait coûté sans doute infiniment moins de dépenses que l'asile qui recueillit Jean-Jacques, pendant les dernières années de sa vie et qui fut son premier tombeau, honneur qui le met à jamais, pour les cœurs sensibles, au rang de la campagne de Naples, également illustrée par les cendres de Virgile ; quel que soit le disparate, peut-être suis-je parvenu, à force de peines et de fatigues, à rendre le séjour que j'occupe d'un aspect plus piquant par la beauté, l'élégance et le prix des plantations qui en composent l'asiatique ornement dans une distribution qui, combinée avec les inégalités du local, fournit des points d'optique et les diversifie. Voudrait-on regarder en Europe un tilleul, un orme, un peuplier, un chêne, si les regards pouvaient s'y repaître d'un giroflier, d'un cannelier, d'un palmiste ? Tel est le faste de ma solitude, et c'est le seul qui m'a constamment souri, et que j'allais aussi chercher autrefois, tantôt au Pré-Saint-Gervais, tantôt à Fontenay-aux-Roses, parce que dans ces deux promenades, purement champêtres, la nature agreste et dégagée de tout art emprunté n'en paraît que plus agréable et plus attrayante à ses vrais amis. Du temps de la splendeur de Babylone, j'aurais sûrement préféré la belle et simple vallée de Tempé aux jardins si somptueux de Sémiramis. Mais ne suis-je pas encore mieux placé, puisque je me trouve au centre, aussi pittoresque que romantique, de l'empire et des richesses de cette même nature, dont la munificence, sous la ligne équinoxiale, répand ses bienfaits à profusion? Présentement donc et plaise au ciel que ce soit pour toujours!

> Dans ma retraite, en paix, je profite du temps,
> En cultivant mon cœur, mon esprit et mes champs.

Il ne s'attendait guère, le prêtre Sieyès, en ourdissant la désastreuse conspiration qui m'a conduit dans un pays magnifique, que j'y goûterais à la fin les agréments les plus conformes à mes heureuses inclinations et à la simplicité de mes mœurs. C'est bien de ce Gygès sacerdotal, de ce fourbe révolutionnaire, qu'on peut dire :

> Qui pourrait se douter de toute sa noirceur ?
> Le Ciel est dans ses yeux ; l'Enfer est dans son cœur !

Aussi l'a-t-il trouvé cet Enfer sur la terre, après l'avoir couverte de calamités et d'horreurs ; car cet esprit intrigant ayant été, avec une si preste dextérité, absorbé à son tour dans le Sénat conservateur, enfanté par sa propre subtilité, n'y subit-il pas le châtiment de Tantale ? Cette invention, que son tartufe raffinement avait depuis longtemps imaginée, pour tuer politiquement ses concurrents en ambition, est devenue pour lui-même le taureau d'airain de Phalaris qui lui fut donné par le sculpteur Pérille, et dans les flancs embrasés duquel le tyran d'Agrigente le fit enfermer le premier pour accorder la récompense la mieux méritée à sa lâche et atroce complaisance.

Ce n'est pas la première fois que de pareils traits d'une scélératesse, que la politique fait trop souvent dégénérer en férocité, ont tourné à l'avantage de leurs victimes, et les Agrigentins, révoltés surtout de la cruauté de ce nouveau genre de tortures, pour enfin rompre leurs fers, le firent éprouver à leur insigne tyran. Mais détournons la vue loin de ces excès sanguinaires d'un despotisme barbare et reposons-la sur des actes d'une méchanceté plus tolérable. L'histoire ancienne en retrace deux exemples remarquables, relatifs à deux grands hommes qui, après s'être signalés à la tête des armées de leur patrie, en reçurent le salaire, qui fut la rétribution de mon propre dévouement et qui eut également à peu près une semblable issue.

Dans la Thrace, Cléon, chef d'une faction malveillante, et contrariée par les vertus de l'illustre Thucydide, ne méditait que sa ruine, et se persuada l'avoir consommée, lorsqu'il scella sa félicité, en parvenant à le faire condamner à l'exil. De même l'intègre, l'immortel Xénophon, que l'ostracisme bannit d'Athènes.

par l'influence et les manœuvres d'Artaxercès, devint plus heureux à Scillonte, qu'il ne l'était sans doute, ainsi que Thucydide, son modèle en tout, à l'époque brillante où, se montrant d'abord son digne émule, comme guerrier, pour l'imiter ensuite comme historien, sa valeur et sa savante tactique militaire, lui décernaient la renommée qui n'est obtenue que par les plus fameux capitaines, puisque la glorieuse retraite des dix mille Grecs n'a pu encore être effacée ; de façon que ces deux célèbres proscrits ne purent que remercier les auteurs de leur disgrâce, qui, les ayant rendus au calme de la solitude, permit aux Muses d'y venir semer de fleurs la portion la plus belle d'une carrière, jusqu'alors si pénible, sous un lustre éclatant.

Mais quoique dépourvu de l'éminence du mérite belliqueux et littéraire de ces deux incomparables écrivains, de leurs vaillants exploits et de la haute réputation qu'ils se sont à jamais acquise, le premier par ses *Annales de la guerre du Péloponèse*, et son continuateur les ayant achevées, en y ajoutant les campagnes du jeune Cyrus contre son frère Artaxercès, me voici sûrement au sein paisible de ma chère solitude beaucoup plus favorisé, du moment que je savoure aujourd'hui les gracieux témoignages de la bienveillance la plus flatteuse et la plus honorable; tandis que je coule des heures enchanteresses, chaque fois que je me livre aux suaves épanchements d'une sincère amitié, d'autant plus précieuse, qu'elle est devenue plus que jamais rare, car l'antiquité a pu du moins célébrer celle de Castor et de Pollux, d'Hercule et de Philoctète, de Thésée et de Pirithoüs, d'Achille et de Patrocle, d'Oreste et de Pylade, de Damon et de Pythias, philosophes de Syracuse, au lieu que les modernes sont aussi pauvres en amitié marquante qu'en amour conjugal.

Cependant j'ai enfin trouvé un être selon mon cœur, qui me fait participer au bonheur de ces deux derniers amis, dont l'union profondément sentimentale attendrit par son zèle, d'une tendresse héroïque, balancée par l'exactitude magnanime de son inviolable fidélité, jusqu'au cœur farouche de Denys le Tyran ; et malgré que j'habite une contrée où les femmes ne sont guère que des Phrynés, je n'en jouis pas moins d'un bien que la nature offre à l'homme pour embellir tous les âges de sa vie, et qui se puise dans les attentions et les soins d'un attachement digne de Baucis. Enfin, pour comble de satisfaction, parmi le très petit nombre de mes connaissances, il en est quelques-unes des plus anciennes, dont particulièrement la vive affection serait absolument l'égale de l'intime amitié, s'il n'était pas vrai, qu'en cela, cette expansion cordiale ne ressemble que trop à l'amour qui n'admet point de troisième dans son nœud le plus étroit, autant resserré par une indéfinissable sympathie que rendu indissoluble par la pureté la cohérence et l'intensité des mutuels sentiments.

Voilà pourquoi Aristote définissait l'amitié, en répondant : « C'est une âme dans deux « corps ».

Ainsi, que me reste-t-il à désirer quand ce sont tous les différents véhicules des plus délicieuses sensations de la sensibilité qui viennent se réunir aux charmes de l'étude, servant eux-mêmes de délassements à mes travaux agricoles, pour que tant de douces émotions et d'agréments me permettent d'expirer désormais, en ayant plutôt à regretter l'existence qu'à m'en plaindre, ou du moins d'attendre la mort, comme le poète Maynard, sans la désirer, ni la craindre. Que le jour où je dois rendre le dernier soupir soit donc plus ou moins proche; complètement réconcilié avec mon espèce, lorsque j'ai plus de remerciements que de reproches à lui faire, en descendant au tombeau, le cœur parfaitement exempt de tout motif et de tout vestige de ressentiment, on peut y tracer cette inscription, qui peint assez bien les vicissitudes de ma vie :

> Sous ces palmistes, repose
> Un ami de la vertu,
> Qui de sa disgrâce fut cause,
> Et qui sut lui donner plus qu'il n'avait perdu.

Paris. — Imprimerie L. BAUDOIN, 2, rue Christine.

www.ingramcontent.com/pod-product-compliance
Lightning Source LLC
Chambersburg PA
CBHW070211240426
43671CB00007B/622